中国海洋大学“985工程”
海洋发展人文社会科学研究基地建设经费资助

文字词汇探究

刘中富 著

中国社会科学出版社

图书在版编目（CIP）数据

文字词汇探究/刘中富著. —北京：中国社会科学出版社，2017.7

ISBN 978-7-5203-0347-7

Ⅰ.①文… Ⅱ.①刘… Ⅲ.①汉语—词汇—研究 Ⅳ.①H13

中国版本图书馆CIP数据核字(2017)第099949号

出 版 人　赵剑英
责任编辑　安　芳
特约编辑　席建海
责任校对　周　昊
责任印制　李寡寡

出　　版　中国社会科学出版社
社　　址　北京鼓楼西大街甲158号
邮　　编　100720
网　　址　http://www.csspw.cn
发 行 部　010-84083685
门 市 部　010-84029450
经　　销　新华书店及其他书店

印　　刷　北京君升印刷有限公司
装　　订　廊坊市广阳区广增装订厂
版　　次　2017年7月第1版
印　　次　2017年7月第1次印刷

开　　本　710×1000　1/16
印　　张　23
字　　数　356千字
定　　价　96.00元

凡购买中国社会科学出版社图书，如有质量问题请与本社营销中心联系调换
电话：010-84083683

目录

文字词汇探究

CONTENTS

上编 理论篇

中编 应用篇

下编 文献篇

上编　理论篇

试论汉字对汉语词汇的影响*

一 引言

近现代西方语言学者已注意到汉字跟西方表音文字的不同。现代语言学之父瑞士语言学家索绪尔（Ferdinand de Saussure）把文字分为两种体系，即表意体系和表音体系，指出表意体系是“一个词只用一个符号表示，而这个符号却与词赖以构成的声音无关。这个符号和整个词发生关系，因此也就间接地和它所表达的观念发生关系。这种体系的典范例子就是汉字”。进而认为“对汉人来说，表意字和口说的词都是观念的符号；在他们看来文字就是第二语言”。还说明了汉字的超方言性质，“汉语各方言表示同一观念的词都可以用相同的书写符号”①。美国结构主义语言学创始人布龙菲尔德（Leonard Bloomfield）认为“汉字发展了完善的表词文字”，并指出以汉字为代表的表词文字的优缺点，“表词体系，照我们在汉字里所看到的，有一个缺陷，就是人们在这个语言里有一个词就得学习一个符号。……另一方面，这种体系却也有很大的优点，就是字形并不受词

* 本文曾刊于《中国文字研究》2012 年第一辑，总第十六辑。

① ［瑞士］索绪尔：《普通语言学教程》，高名凯译，商务印书馆 1980 年版，第 50—51 页。

的语言形象所约束。汉族人民讲好些互相听不懂的方言，但是在书写和印刷方面，他们遵循一定的词汇和词序习惯，这样就能互相看懂彼此所写的东西，并且，经过一番训练，也能阅读他们的古代文学作品了”①。

在汉语言文字学界，自从受西方现代语言学思想影响认识到汉语和汉字属于不同的符号系统后，有关汉字的性质、汉字与汉语的关系问题一直是受人关注的问题，但争议颇多。关于汉字的性质，有表意文字说、词文字说、语素文字说、语素—音节文字说、意音文字说等。② 关于汉字与汉语的关系，曾有适应说、互动说、本位说等。③ 北京师范大学民俗典籍文字研究中心、香港中文大学吴多泰中国语文研究中心、厦门大学汉语语言学研究中心还于2008 年11 月24 日至26 日在厦门联合主办“汉语与汉字关系”国际学术研讨会，本次会议有多位知名学者从宏观和微观角度深入探讨了汉字与汉语的关系表现，如王宁的《论汉字与汉语的辩证关系》、胡明扬的《汉字和汉语问题》、单周尧的《汉字与汉语关系研析》、李如龙的《汉语和汉字的磨合、互动与和谐发展》等。事实上，汉字的性质问题跟汉字与汉语的关系问题是紧密联系在一起的，从某种意义上讲，只有弄清汉字与汉语的关系，才可以准确为汉字定性。而讨论汉字和汉语关系的论著多集中在汉字与汉语词汇关系的研判上，这主要是因为汉字单位与词汇单位（主要是语素和单音节单纯词）有着最直接的对应关系。汉语语素和核心词以单音节为主的特点以及汉字构形和构意以所记录的语素或词的音义为基础的特点，就决定了汉字、汉语语素（或词）、汉语音节具有对应性和某种程度上的一致性。所以早期讨论汉字与汉语词汇关系的文献又多聚焦于汉字与汉语词汇单位的对应性、适应性，汉字字形与汉语词汇单位的音义互证等方面。近年来，有些学者开始注意到汉字不仅仅对汉语词

---

① ［美］布龙菲尔德：《语言论》，袁家骅等译，商务印书馆 1980 年版，第 360—361 页。

② 参见郑振峰《20 世纪关于汉字性质问题的研究》，《河北师范大学学报》（哲学社会科学版）2002 年第 2 期。

③ 参见苏新春《论汉字与汉语之间的适应性——兼评“脚与鞋子说”与“西瓜皮与西瓜瓤说”》，《延安大学学报》（社会科学版）1993 年第 2 期；杨自俭主编《字本位理论与应用研究》，山东教育出版社 2008 年版。

汇单位有适应性，而且对汉语词汇施加积极影响。[①] 但总体而言，研究还不够全面、深入，缺乏多层面、多角度的系统观照。

本文在前辈和时贤研究的基础上，拟就汉字对汉语词汇的局部影响和系统塑造进行概要描述。

二 汉字字形为部分汉语词的创造提供物质形式和理据

汉字对汉语词汇最直接的影响是部分汉语词的产生以特定的汉字字形为依托，字形成了造词的物质形式和理据。

汉字是形音义三位一体的视觉符号，有单体字和合体字之分。单体字由笔画构成，合体字由偏旁或部件构成。不管是单体字还是合体字，在视觉上都是平面型的方块，有的还具有鲜明的形象性特点。除了极个别由一个笔画构成的单体字，如“一”“乙”外，绝大部分汉字都具有组装性和可离析性特点。

汉语词汇中有的词就是借用汉字字形的形象性特征，通过联想，将语词符号所表达的事物对象的某种突出特征跟某个汉字的字形建立起联系，从而造出与该汉字字形具有隐喻关系，但与该汉字音义无关的词，可称之“借形造词”。例如：

一字阵　乙状结肠　十字架　十字绣　十字镐　十字花　十字路口　十字大街　丁字尺　丁字步　丁字裤　丁字镐　丁字架　丁字街　八字胡　八字眉　八字须　八字步　八字腿　人字架　人字门　人字桥　人字梯　工字钢　工字厅　川字纹　田字格　米寿　米字旗　品字莲　品字结构　井田制　回形针　国字脸

① 参见王菲、雷旭风《试论汉字对汉语词汇的反作用》，《安阳师范学院学报》2006 年第 1 期；徐时仪《略论汉语字与词的互动》，载《“汉语与汉字关系”国际学术研讨会论文提要》，2008 年；苏新春《汉字的分词与固词作用——基于〈现汉〉2886 组同音复音词的分析》，载《“汉语与汉字关系”国际学术研讨会论文提要》，2008 年。

当然，其他文字符号也可为造词提供物质形式和理据，如英语的A-frame（A形架）、I-beam（I形金属桁梁）、S wrench（S形扳手）、S-curve（S形曲线）、T-shirt（T恤）、T-bone（丁字牛排）、U-turn（车辆等做U形转弯）、V sign（V字手势）、V-neck（V形领）、V-shape（V字形的）等，这反映了使用不同文字的民族在造词选材和理据择取上的共同认知心理。但相较而言，由于汉字数量多，所以利用汉字字形的“借形造词”也就更常见些，特别是在言语词汇系统中，表现更为自由。例如：

［1］罗城，作亚字形，周敬王六年丁亥造。(陆广微《吴地记》)

［2］余等行经一广院后，旋至一游廊。廊濒湖滨，作之字形，极长。(裕德菱《清宫禁二年记》)

［3］已发掘的41座窑洞式居址大致可以分为凸字形、吕字形、甲字形和后室带有储藏室等4种主要形制。(新华社2004年新闻稿)

［4］为了使木板紧密拼合并防止翘起，在两侧加工，使一侧成凹字形，一侧成凸字形，这种板叫企口板。(《倒序现汉词典》)①

又如：

［1］有两只小山鸡争着饮水，蹬翻了小碗，在青石板上一跑，石板上印上许多小小的“个”字。(杨朔《泰山极顶》)

［2］她勇敢地问：“喜欢我吗?”他回答了，但没有声音，也没有言语。只做了一个吕字。(周立波《山乡巨变》)

［3］羿并不勒着马，任它奔跑，一面却拈弓搭箭，只一发，只听得铮的一声，箭尖正触着箭尖，在空中发出几点火花，两枝箭便向上挤成一个“人”字，又翻身落在地上了。(鲁迅《奔月》)②

有一种利用汉字字形造词的方法是其他语言不可能有的，那就是通过

① 用例均采自北京大学中国语言学研究中心CCL语料库。

② 用例转引自曹石珠《汉字修辞研究》，岳麓书社2006年版。

离析或拆解汉字来“翻造词语”。例如：

［1］处世须存心上刃，修身切记寸边而。（吴承恩《西游记》）

［2］本妇便害些木边之目，田下之心，要好只除相见。（冯梦龙《警世通言》）

［3］题花笑道：“不妨。如吃完了，我有‘昔酉儿’。”紫芝道：“怎么姐姐还未出阁，预先倒喜吃‘昔酉儿’了？”题花听了，把笔放下，举着扇子赶来要打。（李汝珍《镜花缘》）

［4］萧队长说到这儿，笑着打趣说：“童养媳是不准打八刀的。”（周立波《暴风骤雨》）

［5］冯玉祥出生于清末，他行伍出身，爱作诗，自命为丘八诗人。（何国瑞《冯玉祥拜吴组缃为师》）

［6］他们就动手打起来，有的丘八还跑上戏台胡闹。（巴金《家》）

［7］原来这时候胡杏已经不在蛇冈的连部，却叫那些丘八拿绳子捆了个五花大绑，扔进一只船里，连夜解到省城去了。（欧阳山《苦斗》）①

例［1］中的“心上刃”合为“忍”，“寸边而”合为“耐”。例［2］中的“木边之目，田下之心”乃为“相思”。例［3］中的“昔酉儿”指“醋”。例［4］中的“打八刀”是“打离婚”的意思，“八刀”合为“分”，隐指分手、离婚。例［5］例［6］例［7］中的“丘八”合为“兵”。“丘八”已被《现代汉语词典》收录。

在汉语隐语词汇里，利用汉字的构形特点造词还有一些更为特殊的方式。有的通过截取某个汉字字形的一部分，借以表示被截取汉字所记写的词语或截取下来的部分所记写的词语，如清代铜行隐语用“豆”表示数字“一”，乃是截取“壹”的结果；清代江湖隐语用“分炎”表示“火”，那

① 用例均采自北京大学中国语言学研究中心 CCL 语料库。

是因为“炎”字分开即为“火”；清代武术界隐语用“先张”表示“弓”，因“张”字左偏旁为“弓”，书写时先写，故称。有的通过描摹某个汉字的字形特征或借用跟某个汉字字形形象相类的事物，借以表示这个汉字所记写的词语，如旧时杭州杂货业隐语用“眠川”表示数字“三”；旧时浙东鱼行隐语用“眉毛”表示数字“八”。有的还利用汉字的笔画数或笔画特征造词，如旧时北京帮会隐语用“由、申、人、工、大、天、夫、井、羊、非”十个汉字分别表示数字“一、二、三、四、五、六、七、八、九、十”，就是根据汉字的笔画出头数造词的结果。[①]

三　汉字对汉语词汇单位的分化影响

汉字是记录汉语的书写符号系统，古代汉字多是以独立的单个汉字记录词，近现代汉字多是以独立的单个汉字记录语素，词和语素都是词汇单位，因此可以说汉字是记录汉语词汇单位的文字体系。汉字又是表意文字体系，或字形本身具有示义性，或字形固化了词或语素的意义，所以从某种程度上讲汉字可以不依赖语言而具有表意功能，是具有独立性的第二符号系统，这就是索绪尔将汉字称为“观念的符号”“第二语言”的原因，也是我国传统语言学研究以字为单位或者是“以字为词”[②] 的原因。汉字同表音文字的字母最根本的区别就在于它们不是简单地记录语言的语音单位（音素或音位），而是既受制于所记录的词或语素，又独立存在与发展，对汉语词或语素的形成和发展起着明显的反作用，特别是对书面语词汇来说更是如此。

古代汉语词汇以单音节为主体，而汉语的音节数量有限，口语中存在大量同音词。汉字构形因义而设，所以字形数量比音节数量多得多，口语同音词可在书面上得到有效区分。汉字以形别义区分同音词的功能人所共

---

① 刘中富：《汉字的字形特点与秘密语造词》，《汉字文化》2003 年第 3 期。

② 苏新春：《论古代语言研究中“以字为词”的合理性》，《川东学刊》1995 年第 3 期。

知，无须多说。

因字形的孳乳分化而导致词的分化在汉语词汇发展史上也是屡见不鲜的。无论传统语言文字学著作，还是现代语言学论著都多有论及。因字形的孳乳分化而导致词的分化的最典型实例是用不同的字形分化词的本义与假借义或本义与引申义，如“莫”与“暮”，“其”与“箕”，“反”与“返”，“原”与“源”，“取”与“娶”，“支”“枝”与“肢”等。正如有人所指出的，“文字一旦分化，即使语音不变，使用汉字的人通常就会因字形的不同，把本源字和孳乳字，当成两个各自独立的字，而在词汇学里也就被当作两个同音词”①。这种状况在以单音词为主体的上古汉语词的分化中尤为常见，“由于汉语音节的数量有限，词的派生便自然而然地以造字作为一种手段，即字变成为造词的一种标志”②。

一组异体字，本来记录功能完全相同，但因书写形式不同，人们往往视为不同的字，在发展过程中分化其功能，使其成为记录不同词或语素的字，从而产生不同的词或语素，这也是汉字分化和固化词语的表现。例如，《说文》：“氛，祥气也。从气，分声。雰，氛或从雨。”据《说文》可知，“氛”“雰”本为异体字。由于二字意符不同，在使用过程中人们逐渐使其分工，仍用“氛”表示“祥气”或泛指“气”，用“雰”表示“雾气”，久而久之，“氛”“雰”分化为记录功能不同的字，语言上也就分化为不同的词或语素。还有更复杂的情况，甲、乙二字本来就是记录功能不同的字，但因读音相同，经常用来记录同一个词汇单位，成了记词功能相同的异体字，然而在后来的发展过程中，二字又重新分工，各司其职，记录不同的词。例如，“倡，乐也。”颜师古《急就篇注》：“倡，乐人也。”《说文》：“唱，导也。”据此可知，“倡”“唱”二字本来记录不同的词。段玉裁《说文注》：“唱……古多以倡字为之。”这又说明，“倡”“唱”曾成为记词功能相同的异体字。现如今，“倡”“唱”又成了不同的词或语素。

---

① 王理嘉：《文字孳乳和词的音义关系》，《汉语学习》1991 年第 4 期。

② 徐时仪：《语言文字》，南京大学出版社 2009 年版，第 40 页。

由于汉字同音字多，或由于附会，常造成书写时误书，从而形成某些词的异形，而这种异形又往往流传开来，时间久了就会得到认同，甚至有人会视为不同的词。例如，《现代汉语词典》《现代汉语规范词典》等只收“喉结”，不收“喉节”。“喉结”理据鲜明，“喉节”理据不明显，或者有附会的理据。从实际应用看，“喉结”和“喉节”都有使用，CCL语料库现代汉语部分中“喉结”的词频是70，“喉节”的词频是16。从具体用例看，“喉节”与“喉结”音义完全相同，起初很可能是误书“喉结”为“喉节”，但“喉节”在一些名家作品中也有出现。如：

[1] 就是他么？那是高撑着两根颧骨，一个瘦削的鼻头，两只大廓落落的眼睛，而又满头乱发，一部灰黄的络腮胡子，喉节就像小拳头似的突出来；——这简直七分像鬼呢！（茅盾《秋收》）

[2] 拿到饭后，马上就开始吃，吃得很快，喉节一缩一缩的，脸上绷满了筋。（阿城《棋王》）

[3] 他抽动了一下喉节，嚅动着嘴唇，像是在做唱前的准备工作。（迟子建《原野上的羊群》）

[4] 马锐竭力忍着泪水，小小的喉节咕噜着上下滚动。（王朔《我是你爸爸》）

[5] 短短几个月，得屋长高了半个头，下巴上冒出了胡茬，喉节像锥子一样刺出来。（池莉《你是一条河》）

如果着眼于实际应用，从约定俗成的观点，可以把“喉节”视为“喉结”的异形，以“喉结”为规范词形。可是，2008年国家语言文字工作委员会以“中国语言生活绿皮书”（A001）的形式发布了《现代汉语常用词表》课题组研制的《现代汉语常用词表（草案）》，该词表将“喉结”和“喉节”作为不同的词同时收录，“喉结”的频序号是36813，“喉节”的频序号是51411。又如，《现代汉语词典》只收“览胜”，不收“揽胜”。《现代汉语规范词典》将“览胜”和“揽胜”处理为异形词，以“览胜”为规范词形。二词都指“观赏胜景或游览胜地”，古今皆然。相较而言，“览胜”的理据比“揽胜”清晰，但由于“揽胜”可附会“将胜景揽入怀中”的理据，所以“揽胜”使用频率越来越高。但从目前实际使用的情况看，“揽胜”还没有在语义上跟“览胜”分工，分化为意义不同的词。从二词的使用频率看，CCL语料库现代汉语部分“览胜”的词频是15，“揽胜”的词频是81。而《现代汉语常用词表（草案）》同样将“览胜”和“揽胜”作为不同的词收入其中，“览胜”的频序号是47746，“揽胜”的频序号是52814。可见，汉字作用于人们的认知，在分化词语时发挥着一定的作用。

目前，学术界存有一个争论不休的问题，那就是像“脸形”和“脸型”之类，究竟应把它们视为意义有别的同音词，还是看成音义完全相同的异形词？问题的症结往往存在于对构词中不同汉字所代表的语素的理据意义有不同的理解和认识。把它们视为不同的词，主要是受到构词中不同汉字所代表的语素的理据意义不同的影响；而将它们处理为异形词，主要是受到它们在使用中已混用、表义功能相同的语用表现的影响。我们认为，这类词在造词之初理据不同，意义有别，只是在后来的使用中由于同音且意义相近而出现了某种程度的通用情况，只要构词中不同的汉字所代表的语素还有表义作用，哪怕比较模糊，还是应该看作同音的不同词，不宜扩大异形词的处理范围。《现代汉语词典》（第5版）以“脸形”为规范词形，将“脸型”作为异形处理，不妥。《现代汉语规范词典》不作异形词处理，是可取的。从CCL语料库现代汉语部分的具体用例看，“脸形”和“脸型”虽有混用的实例，但使用上还是有明显的分工，正如《现代汉语规范词典》的释义所显示的那样，“脸形”指“脸的形状（侧重于个体特征）”，“脸型”指“脸的类型（侧重于共同特征）”。例如：

［1］他的脸形已经模糊不清，可是还能看到他的两道黑眉拧在一起，闭着眼睛。（刘流《烈火金刚》）

［2］他忽然对陆小凤笑了笑，道：“我也照你的脸形做好了一张。”（古龙《陆小凤传奇》）

［3］月光下只见他健壮的身材，脸形挺端正的，腮边黑茸茸的，

好像是连鬓胡。（雪克《战斗的青春》）

[4] 我看到毛主席身材高大，五官端正，是典型的中国知识分子脸型，面色有些苍白。（金凤《难忘的采访》）

[5] 他身边有一位漂亮的女人，大约是他的夫人，典型的东方脸型。（路远《白罂粟》）

[6] 金桥说，我们不要轻易地去摹仿别人，黄种人与白种人气质不同，脸型身材也不同，她留短发好看你不一定好看，让我说你不该剪头发……（苏童《肉联厂的春天》）

由此又可看出，汉字不仅对汉语词汇单位分化产生作用，而且对汉语词汇单位有固化作用，使汉语词汇单位不致因同音而合流，这是更高层面上的分化作用。

四 汉字对汉语词汇系统的影响

不管汉字有多少属性，最根本的还在于它的表意性。汉字的表意性表现在两个方面，一是汉字形体本身的以形示义，二是汉字由它所记录的词汇单位那里转嫁来的词义或语素义。对古汉字来说，这两个方面表现都很突出。对现代汉字来说，汉字的表意性主要不表现在以形示义上，而是表现在汉字与词或语素的对应性上，汉字的字义由它所记录的词汇单位那里转嫁而来，然后跟字形凝结在一起。“因而，具有一定文化水平的人们习惯在字形上寻找词义的信息。”① 同时也就习惯于根据书面上的汉字确定词汇单位，特别是语素。当然，汉字中也有少部分字在词中只起记录音节的作用，主要表现为联绵词用字和音译外来词用字两个方面。

联绵词是两个音节连缀成义的单纯词，汉字只是用来记录音节，用字比较灵活，一个联绵词常常有不同写法，但是在长期使用过程中稳定下来

① 徐时仪：《语言文字》，南京大学出版社2009年版，第32页。

的汉字常常是形声字，如“犹豫、狼狈、滑稽、徘徊、彷徨、恍惚、慷慨、逶迤、葳蕤、蜻蜓、魑魅、踟蹰、盯聍”等，这些汉字的形符一般都能起到提示所记录的联绵词的意义类属的作用。在单个汉字绝大部分跟词或语素相对应的总规律支配下，加之有的字独立存在时与词或语素对应，如“犹、狼、滑、稽、恍、慨”等，这就容易使人们把这些词不当作整体表义的单纯词对待，而是把其中的每一个字当成一个词或语素，出现古人分释“犹豫”和“狼狈”的情况。也存在分开使用或倒序使用的情况，例如：

[1] 道之为物，惟恍惟惚。惚兮恍兮，其中有象；恍兮惚兮，其中有物。(《老子》)

[2] 是谓无状之状，无物之象，是谓惚恍。(《老子》)

[3] 二八阴消兮，若恍若惚；三九阳长兮，如杳如冥。(罗懋登《三宝太监西洋记》)

[4] 他也不知道什么时候离开李德才，惚惚恍恍走到朱老忠家里。(梁斌《红旗谱》)

[5] 何止田文慨慷，刘靖心伤而已哉！(《全梁文》)

[6] 慨当以慷，忧思难忘。(曹操诗《短歌行》)

[7] 虎踞龙盘今胜昔，天翻地覆慨而慷。(毛泽东《七律·人民解放军占领南京》)

[8] 老子随便挥霍——即使是为行善——岂不是慷他人之慨？(老舍《新时代的旧悲剧》)

[9] 把一位党的无名英雄打成叛徒，这岂不是滑天下之大稽！(罗永常《至死不悔的翦伯赞》)

[10] 这真是滑天下之大稽，开创了工作不负责任之最。(丛维熙《无言之后……》)①

---

① 用例均采自北京大学中国语言学研究中心 CCL 语料库。

音译外来词是用汉字的字音模拟外语词的读音创造出来的词。用这种方法吸收外来词是最直接、最简便、最快速的方法，因为大量汉字的存在为选择译音用字提供了充分的可能性，只要是跟外语词的读音近似的字都可以选来使用，如英语词 disco 可译为迪斯科、迪斯克、狄司科、的思科、的士高等。但是，这种只记音不表义的汉字，不符合汉字的特点，这样造出来的外来词也不符合汉语词“据字寻义”的特点，所以人们就想出各种方法，尽可能让汉字在模拟外语词读音的同时，也起到提示词义的作用。值得注意的有两种情况：一是选择或创造能提示词义范畴的形声字。即使一开始用字自由，同一个外来词有不同的译音用字，一词数形，但在使用的规范过程中，也往往是能提示词义范畴的形声字优胜，如“猩猩、狒狒、葡萄、苜蓿、茉莉、骆驼、咖喱、咖啡、吗啡”等。[①] 二是想方设法选择既能模拟外语词的读音，又能够跟外来词的意义有联系的汉字，哪怕这种联系带有附会的性质。这样造出来的外来词颇似汉语土生土长的合成词，例如，绷带（bandage）、引擎（engine）、引得（index）、雪碧（Sprite）、可口可乐（Coca-cola）、奔驰（Benz）、乌托邦（Utopia）等。

汉语中有一类节译（或叫作略译）的单音音译词和简称式的单音音译词，只用一个汉字，而外语词却是多音节的，如英语的 ammonia，节译作“氨”；英语的 calorie，译作“卡路里”，简称“卡”。很少有人说明节译和简称形成的原因，我们认为，为了求得字词的一致或许就是促成这类外来词的背后动因。

还有一种情况是近来颇受关注的，那就是译音用字的语素化。译音用字的语素化是指外来词中的译音用字取得了独立使用或构词的能力，使汉语中增加了一类外来性质的语素，也产生了一批由外来语素构成的合成词。[②] 例如，“啤酒”（英语 beer）的“啤”本是只在“啤酒”中使用的专

---

① 在汉字上加“口”旁表示外来词或指示该字音是外来的，始于佛经翻译，后来在音译人名、地名、食品名和药品名中得到普遍使用。参见史有为《语言符号的有理认知》，《汉语学习》2008 年第 3 期。

② 苏新春：《当代汉语外来单音语素的形成与提取》，《中国语文》2003 年第 6 期。

用译音字，现今可单说，意义等于“啤酒”，如“喝啤的，喝白的，还是喝红的?”又可作为语素构成“生啤、扎啤、黑啤、青啤”等合成词；“巴士”（英语 bus）的“巴”也是译音用字，后来“巴”表意化，成为构词语素，构成“大巴、中巴、小巴”。译音用字的语素化不仅使汉语词汇增量，而且说明汉字在汉语词汇系统发展中的制约力量。

以上只是说明汉字在汉语词汇系统中的局部影响，即在联绵词和音译外来词这两种词汇类集中的影响，其实汉字记录并固化词和语素的特点对汉语词汇的系统构成和分布格局有着整体影响和制约。汉字对汉语词汇系统的整体影响主要表现在以下几个方面。

第一，汉语词汇的源头是单音节单纯词，用汉字记写下来就是单字词。上古汉语词汇以单音节单纯词为主体，记录汉语的汉字就以单音节单纯词为单位构建形体，形成了口语词与音节对应，书面词与汉字对应的格局。这样，字、词、音节就形成了系统对应。“汉字正是和汉语单音成义的特点相适应。既然每一个音节具有一个意义，所以就拿一个方块字作为一个音节的代表了。”① 由于汉字是视觉符号，它把所记录的词的音义固化在词形中，形音义三位一体，相对于音义结合的口语词，形音义结合的书面单字词更易感知，研究起来也更易把握，因此以汉字为中心的汉语认知和研究传统持续了两千年。中国古代字典发达，到了近现代，虽然词典和字典都很兴盛，但语文词典的条目编排仍以字头来统摄。直到今天，人们还是习惯于认为汉语是单音节语，汉字与词或语素具有一致性。

第二，汉语词汇的发展围绕单字词展开。上古汉语词汇的增量一般不表现为语素合成，而是语音分化和文字分化。秦汉以后由单字词作为构词语素产生新词逐渐成为词汇增量的主要方式，最终造成近现代汉语词汇以双音节词为主体，而双音节词中又以二字的双音节复合词为主。表面看来，汉语词汇在后来的发展中走上了词与汉字相背离的道路。事实并不尽然，首先，作为构成合成词材料的单字词并不因构词而失去独立性，往往

① 王力：《王力文集》（第 3 卷），山东教育出版社 1985 年版，第 665—666 页。

仍以单字词的形式存在于词汇系统中，只是由单一的记词功能发展为记词和构词并行，具有了功能的二重性。即使有的单字词后来失去独立组句功能，发展为只能构成合成词的语素，依然是表义的词汇单位，况且这个发展过程是缓慢的，有时口语不说了，但书面上还使用，所以一个单字词究竟是否失去独立性，常常是很难判断的。其次，很多合成词，特别是词根语素和词根语素相组合构成的复合词，一开始常常是词与词组合成的词组（短语），合成词的形成是词组词汇化的结果。词组词汇化同样是缓慢的过程，有时也很难判断一个二字组合到底是词还是词组，如“帮忙”“搞活”等。所谓汉语的词汇单位界限不清，具有模糊性特点，原因就在于此。①再次，汉语合成词（特别是复合词）的构成原理跟由单体字组合成合体字的构成原理相似，根据合体字的大量产生早于合成词的大量产生，合成词的组合特点和模式应该是受到了合体字的组合特点和模式的启发和影响，只不过合体字是由单体字和单体字组合而成，合成词则是单字词跟单字词组合而成。②

第三，单字词在现代汉语词汇中仍处于核心地位。从静态存在的绝对数量看，现代汉语词汇中二字组合的双音节词占优势，三字及三字以上组合的多音节词有逐渐增多的趋势，这在各种现代汉语的词典和词表中都有清楚的表现。但是单音节单字词依然处于现代汉语词汇的核心地位，这不仅表现在如上文所指出的，合成词都以单字词为基础，而且表现在最常用的高频词多为单字词。根据我们对1986年北京语言学院出版社出版的《现代汉语频率词典》的统计，频率最高的前300个词中单字词有228个，占总数的76%；语用分布最广的360个词中有单字词260个，约占总数的72.2%。根据我们对2008年商务印书馆出版的《现代汉语常用词表（草案）》的统计，频率最高的800个词中单字词有548个，占总数的68.5%。另据我们对口语性较强的言语作品的用词统计，臧克家的诗《有的人》共使用172词次，其中单字词有134词次，约占78%；曹禺的名剧《雷雨》

① 刘中富：《现代汉语词汇特点初探》，《东岳论丛》2002年第6期。

② 苏新春：《论会意字与复合词的共同生成机制》，《暨南学报》（哲学社会科学版）1994年第2期；徐时仪：《语言文字》，南京大学出版社2009年版，第42—43页。

第二幕从周朴园向鲁妈问雨衣之事，到周朴园认出鲁妈即鲁侍萍，人物对话使用1046词次，其中单字词有767个，约占73.3%；闻一多的演讲词《最后的一次讲演》共用788词次，其中单字词有463词次，约占58.8%。[①] 可见，现代汉语的单音节单字词仍然表达最基本、最常用的概念，是在动态使用中最活跃的部分，处于现代汉语词汇的核心层。由此也证明了由单字凝固的汉语核心词有着恒久的生命力。

五　结语

一方面汉字与汉语词汇相适应，形成一定的字词对应关系；另一方面汉字又对汉语词汇产生积极影响，不仅影响到个别词汇单位的产生和分化，而且影响到一些词汇类别的实际运用，甚至对整个汉语词汇系统的塑造产生影响。过去的研究或是过分强调汉字是书写系统，跟汉语的构成要素词汇系统属于不同的符号系统，从而割裂了二者之间的密切联系，或是过于注重汉字对汉语词汇的适应性，忽视了汉字对汉语词汇的能动作用，或是过分夸大汉字的作用，有以字为词、以字代词的研究倾向，这些都不利于正确认识汉字跟汉语词汇的关系。只有认识到汉字和汉语词汇的相互影响、相互制约的互动关系，才能进一步认识汉字的性质，探究汉语词汇的特点。

主要参考文献：

[1] 中国社会科学院语言文字应用研究所：《汉字问题学术讨论会论文集》，语文出版社1988年版。

[2] 许威汉：《汉语词汇学导论》，北京大学出版社2008年版。

[3] 王艾录、司富珍：《语言理据研究》，中国社会科学出版社2002年版。

[4] 李如龙：《汉语词汇学论集》，厦门大学出版社2011年版。

① 刘中富：《实用汉语词汇》，安徽教育出版社2003年版，第70页。

[5] 陈宝勤：《汉语词汇的生成与演化》，商务印书馆 2011 年版。

[6] 李仕春：《汉语构词法和造词法研究》，语文出版社 2011 年版。

[7] 王力：《同源字典》，商务印书馆 1982 年版。

[8] 许慎：《说文解字》，中华书局 1963 年版。

[9] 段玉裁：《说文解字注》，上海古籍出版社 1981 年版。

[10] 刘正埮、高名凯等：《汉语外来词词典》，上海辞书出版社 1984 年版。

[11] 岑麒祥：《汉语外来语词典》，商务印书馆 1990 年版。

现代汉语词汇特点初探*

对现代汉语词汇特点的研究目前还不够深入，有影响的成果比较少见。下面根据现代汉语词汇的实际情况，参考某些学者的有关论述，对现代汉语词汇的特点作如下概括。

1. 从静态词汇系统看，现代汉语的词汇单位以双音词为主体，但从动态系统看，现代汉语的词汇单位中单音词仍占有突出的地位，三音词有增多的趋势。

单就静态存在的词汇系统中的双音词的数量而言，双音词比单音词、三音词及三音节以上的词或固定词组的总和还要多。有人统计过 1978 年版《现代汉语词典》中的双音复合词，在该词典所收的 56000 多个词语中，双音复合词就有 32346 个，约占 57.8%。[①] 如果加上“秋千、沙发、沙龙、淙淙”之类的双音单纯词和“桌子、盒子、盼头、甜头、阿姨、老师”之类的派生词，双音词所占比例会更大。

闵家骥等编写的《汉语新词词典》（上海辞书出版社 1987 年版）共收词目 1624 个。据笔者统计，其中双音词有 1242 个之多，约占总词目数的 75%。

现代汉语词汇之所以形成以双音词为主体的局面，是因为汉语词汇在

---

* 本文曾刊于《东岳论丛》2002 年第 6 期。

① 周荐：《词语的意义和结构》，天津古籍出版社 1994 年版，第 3 页。

由古代汉语以单音词为主体向现代汉语发展的过程中，有一个明显的倾向，那就是双音化。具体表现有以下几个方面。

第一，新生词多为双音词。例如：

国格　快餐　派性　网点　定额
调价　批量　民主　法制　激光
套装　手机　电脑　代沟　法盲

第二，原有的单音词被双音词取代。例如：

朋——朋友　馑——饥馑　芹——芹菜
股——大腿　溉——灌溉　椟——匣子
樊——樊篱

第三，原有的单音词有了并行的双音词。例如：

身——身子　日——太阳　月——月亮
指——手指　臂——胳膊　皮——皮肤
桌——桌子　师——老师　道——道路

第四，三音词省去一个音节变为双音词。例如：

火轮船——轮船　机关枪——机枪
洗脸盆——脸盆　潜水艇——潜艇
电视机——电视　电冰箱——冰箱

第五，四个或四个以上音节的词组凝缩为双音词。例如：

科学技术——科技　高等学校——高校
环境保护——环保　人民警察——民警
彩色电视机——彩电　高级知识分子——高知

现代汉语词汇选择走向双音化的道路是人们追求表义明确性和形式简便性的结果。随着汉语音节数量的减少，同音的单音词越来越多。为了有效地区别同音词，使词的表义更明确，增加词的音节形式，由单纯词变成合成词，就可以一举两得，既增强了词与词之间的区别度，又使词在表义上更具有理据性。但是，语言的经济原则又不会让词的音节扩展走得太远。人们在追求表义明确性的同时，总是力求形式的经济简便。这样，追求表义明确性使汉语词的音节尽量由简趋繁，而形式的经济简便要求又使汉语词的音节尽量避繁就简。两种要求相互制约，致使现代汉语的词在音节数量上集中于双音节。

词汇单位的交际职能只有运用于语言交际过程才能实现。词汇单位的动态使用表现并不相同，有的活跃，有的不活跃；有的使用频率高，有的使用频率低；有的使用范围广，有的使用范围窄。从这方面考虑，现代汉语的单音词虽数量远不及双音词，但整体而言，单音词（尤其是历史悠久的根词）使用频率高，分布范围广。口语交际中单音词所占的比例大。因此单音词依然是现代汉语词汇的基础部分，占有重要的地位。

据北京语言学院（现为北京语言大学）语言教学研究所编写的《现代汉语频率词典》（北京语言学院出版社 1986 年版）的统计分析材料，我们发现前 300 个高频词中单音词有 228 个，占总数的 76%；分布最广的 360 个词中，有单音词 260 个，约占总数的 72.2%。

另据笔者统计，臧克家的诗《有的人》共使用 172 词次，其中单音词出现 134 词次，约占 78%；曹禺的话剧《雷雨》第二幕从周朴园向鲁妈问雨衣之事，到周朴园认出鲁妈即侍萍，人物对话使用 1046 词次，其中单音词有 767 个，约占 73.3%；闻一多的演讲词《最后的一次讲演》共用词 788 词次，其中单音词有 463 个，约占 58.8%。

在现代汉语的新生词汇中，三音节词语的比重越来越大。据笔者统计，闵家骥等编写的《汉语新词词典》收有三音节词语 243 个，约占收录词目总数的 15%。而林伦伦等编著的《现代汉语新词语词典》（花城出版社 2000 年版）收录词语约 1800 条，收录范围为 1978—2000 年出现的新词语。除去"BB、CCTV、CD、DJ、E-mail、NBA、WTO、110"之类纯拉丁字母式词和纯阿拉伯数字词及“AA 制、BP 机、CIH 病毒、IC 卡、IP 电话、IT 人才、211 工程”等拉丁字母或阿拉伯数字加汉字的“混合词语”之外，纯粹的汉语汉字词语共计 1705 个，其中三音节词语有 435 个，约占总数的 25. 5% 。

2. 现代汉语的词汇单位与非词汇单位之间缺乏明晰的界限，现代汉语词汇实际上是一个模糊集。

现代汉语词汇单位与非词汇单位的模糊不清表现在以下几个方面。

其一，词和语素的界限不清。从理论上讲，语素是最小的音义结合的语言单位，词是最小的独立的造句单位。如果一个语素不能独立地用来造句，就不可能独立地构成词，就是一个非成词语素，它只能是语素，不是词。这在判定像“伟、丽、绩、泽”之类的语素时比较容易，因为它们在现代汉语里无论处于何种语境都不能独立地用来造句。它们是现代汉语的非成词语素。但是，有些现代汉语的语素是不是成词语素却不容易确定。同一个语素有人认为是成词语素，有人认为不是。其原因就在于现代汉语的非成词语素都是从古代汉语的成词语素发展演变而来的，而发展演变有一个过程。有的成词语素发展为非成词语素的过程已经完成，有的处在发展的过程之中。对后者来说，它们可能在性质上具有两重性，既有非成词语素的发展倾向，又有在特定语境中独立成词的表现。如“丰”，除在“丰衣足食、人寿年丰、丰功伟绩”等成语中有词的资格，在现代汉语中一般不能独立成词，而是要跟其他语素构成合成词才能独立用来造句，如“丰富、丰产、丰收、丰满、丰美、丰盛”等。“今年小麦大丰收”不能说成“今年小麦大丰”，“现代汉语词汇丰富”也不能说成“现代汉语词汇丰”。但是，我们也看到《齐鲁晚报》2001 年 5 月 29 日有篇报道山东边防总队海上打击刑事犯罪的文章，题目是“海上严打战果丰”。这个题目可改为“海上严打战果丰硕”，然而未必好于“海上严打战果丰”。又例如，“老汉我今年七十三”“好汉有泪不轻弹”“我们都是英雄汉”“他是条硬汉子”等表达中的“老汉、好汉、英雄汉、硬汉子”，都不能用“汉”代替，似乎表示“男子”义的“汉”不能独立成词。可是歌曲《天蓝蓝，海蓝蓝》曾风靡一时，歌中唱道：“天蓝蓝，海蓝蓝，天尽头有一群铁打的汉。”在这里，“汉”又独立成词了，而且不宜改为“好汉、汉子、男子汉、英雄汉、硬汉子”之类的合成词。我们认为，像“丰”“汉”这样的语言单位是现代汉语的有条件的成词语素，它们处在现代汉语词汇的外围。

其二，词和词组的界限不清。又分两种情况，一种情况是词与固定词组界限不清。例如有人认为“砸锅、顶牛、露馅”等是惯用语①，而我们觉得这些单位具备词的一般特征，应视为词。不过，这类认识上的分歧不影响词汇单位的确立，因为无论它们是词还是惯用语，都是词汇单位。另一种情况我们更为关心，也是汉语词汇学乃至汉语语言学处理起来更为棘手的，那就是词和自由词组的界限问题。词是最小的造句单位，自由词组是由词构成的比词大的造句单位；词是备用单位，自由词组是临时组织的单位。从理论上讲，二者的界限是清楚的。但是对现代汉语中由两个成词语素构成的组合体来说，是词还是自由词组，有时分辨起来确实比较困难。人们习惯上用扩展法来区别词和自由词组，能扩展的是自由词组，不能扩展的是词。例如，“大河”可扩展为“大的河”，“大车”不能扩展为“大的车”，因为扩展形式“大的车”跟“大车”的意义不是一回事，“大车”指的是牲口拉的两轮或四轮载重车。“大河”是自由词组，“大车”是词。同理，“白菜”是词，“白纸”是自由词组；“骑兵”是词，“骑马”（可以说“骑一匹枣红马”）是自由词组。还有一种方法用来区别词和自由词组，那就是看两个成词语素组合起来以后意义是否融合。意义融合的是词，没有形成融合的完整义而是构成成分意义之和的是自由词组。例如“长江”是词，“大江”就是自由词组；“买卖”在“茶叶买卖”中是词，表示“生意”的意思，而在“买卖文物”中是自由词组，就是“买和卖”的意思。不过，语言中还是有用这两种方法不易定夺的情况。像“羊肉、猪皮、鸡毛、牛奶、象牙”等，似乎都可在中间加“的”进行扩展，并且扩展后的意义和原来的意义基本一样，说它们是自由词组符合以上两种做法。但是，这些词语单位的扩展形式是极其有限的，而且扩展形式在语言

① 万艺玲、郑振峰、赵学清：《词汇应用通则》，春风文艺出版社 1999 年版，第 244 页。

生活中一般又不用，如“买一斤羊肉”不说“买一斤羊的肉”，“鸡毛掸子”更不能说成“鸡的毛掸子”，它们结合较紧。由此，我们又可将它们视为词。如果把它们看成词，现代汉语词典也没有必要收释这类语言单位，因为这类语言单位大量存在，收不胜收。这类语言单位我们也应该看作现代汉语词汇的外围成分。

其三，固定词组与自由词组界限不清。一个词组是固定的还是自由的，看法上可能有分歧。事实上，一个词组可能正是处在“自由”与“固定”之间，说它是固定词组不够典型，说它是自由词组也有些勉强。比如“科学技术”，它不像成语、惯用语、专名语那样结构定型，意义完整，但“科学”与“技术”结合在一起使用的频率的确很高。再如“高科技、精神文明、精神污染、两个文明、改革开放、生态保护、生态农业”等，情况也是一样。《现代汉语词典》在“耍”字条下收有“耍把戏、耍笔杆、耍花枪、耍花招、耍流氓、耍贫嘴、耍手艺、耍无赖、耍心眼儿、耍嘴皮子”，没有收录“耍脾气、耍态度、耍手腕、耍手段、耍小聪明”，可是“耍脾气”等跟“耍把戏”等却没有什么本质区别。这种确立词目上的随意性就是由这类词汇单位的二重性造成的。

3. 现代汉语的构词以复合法为主，其中偏正式最为常见；存在大量的同素词，同素词族成为现代汉语词与词之间联系的显性范畴。

综观现代汉语词汇的构词法，虽然构词类型多种多样，有单纯构词、复合构词、附加构词和重叠构词等，但为数最多的当数复合法构词。从静态存在来看，现代汉语词汇中90%以上的词是合成词，而合成词中绝大多数为复合式合成词。若从动态发展来看，现代汉语的新生词汇中已极难见到单纯构词，附加构词和重叠构词也为数有限。

复合法构词的类型多种多样，若按语素之间的句法结构关系划分，有偏正式、联合式、动宾式、补充式、主谓式、连动式等。从这些复合法构词的类型可以看出，现代汉语复合构词的内部组织关系跟词组的内部结构关系具有较强的一致性。这反映出汉语语法一以贯之的简约特征。

而在各种类型的复合法构词中，偏正式结构又独占鳌头，成为最活跃、最能产的构词方式。据初步统计，复合法构词中偏正式的数量大于其他各式之和，且越来越显示出它在新词产生过程中的独特地位。笔者曾统计过新时期的汉语新词，偏正式合成词约占所统计新词的75%。偏正式构词之所以成为最活跃、最能产的构词方式，原因主要有以下几点。

第一，偏正式构词符合汉族人的认识思维规律。

第二，偏正式构词灵活方便，可以快速地对社会生活作出反映。

第三，偏正式构词表义明确，偏正式合成词易于理解，便于传播和巩固。

由于现代汉语在构词上以复合法为主，且偏正式最为常见，所以现代汉语词汇跟构词有关的另一个突出表现就是同素词丰富，往往一系列的词在归类原则和相关联系的支配下共用同一语素，形成一个包含共同语素的词族。词族内的各个词就是依赖这个共同语素建立起联系，并显示出现代汉语构词以类相聚的范畴特征。同素词族内部反映出的意义关系在各种语义关系中都有表现。例如：

反映属种关系的：军种——陆军、海军、空军；将官——少将、中将、上将、大将；学生——小学生、中学生、大学生、研究生；研究生——硕士生、博士生。

反映整体部分关系的：树——树根、树干、树枝、树叶；叶子——叶片、叶柄；叶片——叶肉、叶脉。

反映顺序关系的：小学——中学——大学；学士——硕士——博士；春季——夏季——秋季——冬季；童年——少年——青年——中年——老年。

反映类义关系的：课桌——饭桌——办公桌；长凳——方凳——圆凳。

反映对立关系的：女士——男士；出席——缺席；上班——下班；主体——客体；积极——消极。

反映近义关系的：辨别——识别；朴素——朴实；继续——连续——持续；请求——恳求——乞求；希望——盼望——期望。

古代汉语词汇以单音节为主，构词以单纯构词为主，同素词族自然不及现代汉语词汇丰富。拿现代汉语跟现代印欧语系的语言相比，现代汉语词汇的这一特点也是极为突出的。下面以包含共同语素“花”的同素词族为例，与现代英语的对应词作比较。

汉语词	英语词
花	flower
葵花	sunflower
菊花	chrysanthemum
茶花	camellia
荷花	lotus
兰花	orchid
玫瑰花	rose
月季花	Chinese rose
水仙花	narcissus
凤仙花	garden balsam
百合花	lily
牡丹花	peony
牵牛花	morning glory
花粉	pollen
花瓣	petal
花萼	calyx
花冠	corolla
花蕾	bud
花蕊	stamen（雄性）
	pistil（雌性）
花托	receptacle

火花	spark
烟花	fireworks
浪花	spray
雪花	snowflake

4. 造词加强了理据性，词语表义的明确度加大。

这一特点主要表现在以下几个方面。

第一，现代汉语造词主要运用契合法。契合法是根据人们对被指称的事物现象的认识成果，选择能反映被指称的事物现象的性质特征的语言材料，对被指称的事物现象加以描摹说明，从而创造新词的方法。用契合法造出来的词其造词材料直接或间接地表明了被指称事物的性质特征，理据鲜明，表义显豁。例如，用“退休”表示因年老或因伤病等原因离开原来的工作岗位而休息；用“病退”表示因病而退休；用“病休”表示因病而休假。再如，用“影星”表示电影明星；用“小小说”或“微型小说”表示篇幅短小，人物和情节极其简单的小说；用“私车”表示私人拥有的汽车；用“步行街”表示专供行人走的街道；用“斑马线”指行人穿过街道时经过的形状如斑马花纹的安全线。这些新词的造词材料都明确地提示了新词所指的事物现象的自身特征，为人们理解词义提供了线索。

第二，在现代汉语范围内，不再产生联绵词，极少产生单音词。联绵词的音义之间没有理据可言，音义的结合一般是任意的，所以联绵词是无理据的词。现代汉语的联绵词都是从古代汉语和近代汉语传承而来的，现代汉语的新生词汇中已没有联绵词的位置。单纯词跟合成词相比，合成词理据明显。像译自英语 cool 的“酷”，表示氢氧原子团的“羟”之类的单音节单纯词，在现代汉语的新生词汇中已极为少见。

第三，现代汉语的简缩造词是转化造词的主要类型，由于有基础形式作参照，并且基础形式一般是跟简缩形式分工使用，因而简缩造词也是理据性较强的。例如：

高等学校——高校　　　　电视大学——电大

武装警察——武警　　空中小姐——空姐
每人平均——人均　　失去控制——失控
公共关系——公关　　节约能源——节能
少年先锋队——少先队　　共产主义青年团——共青团
微型电子计算机——微机　　奥林匹克运动会——奥运会
高等学校入学考试——高考

第四，现代汉语吸收外来词语特别注重汉化，努力赋予汉语外来词语以理据，对以往音译的外来词语则常常用纯意译的自造词语去代替。汉语吸收外来词语不像印欧语系的语言那样，主要采用语音转写的方式，而是最大程度地进行汉化，以使其符合汉语词汇的特点。因为字不表义的纯粹音译的外来词语没有明确的造词理据，在汉族人的心目中是难以接受的，因此，纯粹的音译外来词语在现代汉语词汇中所占的比重不大，通用的为数更少。现代汉语吸收外来词语汉化程度最强的方法是对应外语词的结构用汉语语素直译，又叫作仿译，如“马力（horse power）、超市（super market）、笔名（pen name）、快餐（quick meal）、软件（software）、黑匣子（black box）、航天飞机（space shuttle）”等。其次为音加意译，如“艾滋病（AIDS）、曲奇饼（cookie）、高尔夫球（golf）”；半音译半意译，如“冰激凌（ice-cream）、因特网（internet）、浪漫主义（romanticism）”；音兼意译（又叫谐音译），如“乌托邦（Utopia）、绷带（bandage）、可口可乐（coca-cola）”等。即使纯粹音译的词，常常也要在汉字字形上意化，如“氨（ammonia）、胺（amine）、铵（ammonium）”等。当然，当社会高度开放，外来文化大量涌入时，用纯粹音译的办法吸收外来词语是最直接、最快速的，这时往往产生数量可观的纯音译的外来词。但是在发展的过程中，纯音译的外来词不少被纯意译的汉语自造词代替。例如，以下词语前者都是近现代纯音译词，后者是替代前者的纯意译的汉语自造词。

扑落(plug)——插头　　莱塞(laser)——激光
德律风(telephone)——电话　　赛因斯(science)——科学

盘尼西林(penicillin)——青霉素

德谟克拉西(democracy)——民主

柏理玺天德(president)——总统

5. 适应语体、节奏、韵律等的需要，现代汉语存在大量的表达同一事物现象的包含有共同语素的同义词，而这些同义词的音节却数量不等，表现出形式上的伸缩性。

例如，一年四季并举时说“春夏秋冬”，一般不说“春天、夏天、秋天、冬天”，也不说“春季、夏季、秋季、冬季”，而“阳光明媚的春天”却不能说成“阳光明媚的春”，“春季运动会”又不能说成“春天运动会”，更不能说成“春运动会”。“男子有泪不轻弹”用“泪”，“鳄鱼的眼泪”用“眼泪”，“泪水模糊了双眼”用“泪水”，都很自然和谐，如改成“男子有眼泪（或泪水）不轻弹”“鳄鱼的泪（或泪水）”“泪（或眼泪）模糊了双眼”就显得别扭而没有节奏感。可以说“害了别人也害了自己”，也可以说“害人害己”，但要说成“害了别人也害了己”或“害人害自己”，虽然合乎语法规则和语义规则，却不合乎表达对音节的要求，也可以说不合乎表达规则。

汉语表达不仅重视语法语义，讲究逻辑，而且非常注重形式上的整齐均衡，韵律和节奏上的和谐自然，以及风格上的协调一致。这样，在选择上就特别讲究词语的形式特征，该单则单，宜双则双。要满足汉语表达在词语形式上的多样性选择，势必就要求汉语词语在形式上单音节和双音节并存，双音节和多音节同在，甚至单音节、双音节和多音节并行不悖。举例如下：

牙——牙齿　眼——眼睛　舌——舌头　衣——衣服　衣裳

房——房子　写——书写　抄——抄写　美——美丽　美好

美国——美　台湾——台　因——因为　道——路——道路

姑娘——姑娘家　小孩——小孩子　眼球——眼珠——眼珠子

脑袋——脑袋瓜——脑袋瓜子　指——手指——指头——手指头

6. 现代汉语词汇中存在一定数量的叠音词和带有叠音形式的词，而且叠音形式多样化。

主要有以下几类：

AA 式叠音单纯词。例如：

楚楚　孜孜　熊熊　冉冉　袅袅

AA 式重叠式合成词。例如：

伯伯　叔叔　公公　婆婆　娃娃
苍苍　悠悠　匆匆　滔滔　飘飘
仅仅　刚刚　渐渐　恰恰　平平
星星　本本　条条　框框　杠杠

ABB 式附加式合成词。例如：

热乎乎　甜丝丝　娇滴滴　眼巴巴

ABB 式补充式合成词。例如：

雾茫茫　冷冰冰　白皑皑　静悄悄

BBA 式偏正式合成词。例如：

蒙蒙亮　毛毛雨　邦邦硬　哈哈镜

AABB 式联合式合成词。例如：

花花绿绿　星星点点　婆婆妈妈
鬼鬼祟祟　瓶瓶罐罐　轰轰烈烈

除以上谈到的六个方面的特点外，现代汉语词汇还有一些较显著的特征，比如构词语素以单音节为主，行业词语大批涌入通用词汇，词义的演变速度加快等。

主要参考文献：

[1] 中国社会科学院语言研究所词典编辑室：《现代汉语词典》（修订本），商务印书馆1996年版。
[2] 郭绍虞：《照隅室语言文字论集》，上海古籍出版社2009年版。
[3] 葛本仪：《现代汉语词汇学》（修订本），山东人民出版社2001年版。
[4] 刘叔新：《汉语描写词汇学》，商务印书馆1990年版。
[5] 张寿康：《构词法和构形法》，湖北人民出版社1981年版。
[6] 吕叔湘：《汉语语法分析问题》，商务印书馆1979年版。
[7] 刘正埮、高名凯等：《汉语外来词词典》，上海辞书出版社1984年版。
[8] 许德楠：《实用词汇学》，北京燕山出版社1990年版。

“棒”字意义演变的历史层次

——兼论词源研究应注意的几个原则问题*

“棒”字是现代汉字中的高频字，位在2500常用字之列。作为由一个语素构成的单纯词，属于高频词、常用词，在收词总数为56008个的《现代汉语常用词表（草案）》中的频序号为5435。[①]“真棒”“好棒”“太棒了”“棒极了”等已近乎当代流行语。然而，表示肯定赞美之义的“棒”跟“棍棒”的“棒”有无关系，它从哪里来，却成了一些学者们热议的问题。本文从学者们的争议出发，考察“棒”字意义演变的历史层次，进而讨论词源研究应注意的一些原则问题。

一 对表示肯定赞美意义的“棒”字来源的讨论

最早提出“棒”字来源与使用问题的是王蒙，他在谈到具有“好”的意思的口语在京腔中的变化时说：“棒，疑来自法语的bon。五十年前，我小时候，人们最喜说‘真棒’‘倍儿棒’之类。如今的北京年轻人已不用此字。倒是台湾海外，不住地说‘棒’呀，‘好棒’呀之类。”[②]且不说“棒”

---

* 本文曾刊于《南开语言学刊》2011年第1期。

① 《现代汉语常用词表》课题组：《现代汉语常用词表（草案）》，商务印书馆2008年版，第27页。

② 王蒙：《再话语词》，《读书》1990年第9期。

的使用情况是不是如王蒙所说的那样发生了如此的变化，就其来源而言，认为它来自法语的bon，很快就引起其他学者的质疑。

桑晔针对王蒙怀疑"棒"来自法语的bon，指出："棒字含有'好'和'强'的意思远于'五口通商'之前太多年，为啥要从红毛儿法兰西那译？难道是马可波罗带来的？我真不明白。……甭查字典，这个'棒'棒就棒在是一般词书所没有的俚字。"① 桑氏认为表示"好"和"强"的意思的"棒"是带有俚俗色彩的自源词，这种观点或许比较接近事实。但认为其产生远于"五口通商"之前太多年，缺乏论证，也没有事实依据。

石鹏飞认为："王蒙先生以为'棒'字，'疑来自法语的bon'，提出了研究'棒'字词源的一个角度。不过，我以为，'棒'字之有'好'意，恐怕乃生殖崇拜之遗。"并进一步论证说："'棒'即'棍'，'棍'者，男根也。故俗称无妻之男为'光棍'。'棒'，亦是男根。譬如印度上古文献《百道梵书》就称男根为'酥油金刚杵'。杵，棒也。《说文》段注引《系辞》'断木为杵'，可证。""'棒'既为男根，故其越雄强则丈夫气越重，丈夫气越重自然越好（'阳痿'到底是病）。这样，'棒'字便引申为'顶呱呱'，其中道理不难明白。"② 石氏极具想象力，提出了"棒"字富有文化色彩的来源，但他的论证缺乏逻辑性，没有说服力，颇有戏说之嫌。

戎椿年既不同意王蒙的说法，也不认同石鹏飞的意见。他说："王蒙以为'棒'字'疑来自法语的bon'，这是文艺家的语言艺术，况且他没有肯定，只是'疑'罢了；石鹏飞以为'棒'字'恐怕乃生殖崇拜之遗'，提出了词源问题，讲的是语言科学。科学就要有证据。试问，说'棒即棍，棍者，男根也'有何证据？""汉字的特点是方块字，不同于拼音文字，偶有某字与西洋文字的字音差不多，词义也相近，只能认为是偶然的巧合，决没有什么渊源关系；至于引用弗洛伊德学说，更须慎重。"③ 这提出了语言研究的科学态度问题，也指出了汉语词源研究应注意的问

---

① 桑晔：《关于〈再话语词〉——和王蒙先生抬杠》，《读书》1991年第2期。

② 石鹏飞：《我说棒》，《读书》1990年第12期。

③ 戎椿年：《也说"棒"》，《读书》1991年第5期。

题，难能可贵。不过，戎氏认为“汉字的特点是方块字，不同于拼音文字，偶有某字与西洋文字的字音差不多，词义也相近，只能认为是偶然的巧合”的观点，未免过于绝对。同时也没有明确说明表示肯定赞美之义的“棒”跟“棍棒”的“棒”究竟有无关系，它到底是如何产生的。

与上述学者不同的是，以研究历史语言见长的著名学者周振鹤在《你真蚌》一文中提出了全新的观点。他说：“读到这个标题，一般人都会觉得大概是笔者写错了，因为正确的写法应该是‘你真棒！’但是如果认真追究下去，问问看‘真棒’是什么意思，那么能答上来的人恐怕没有。难道说一个人长得像根棍子？显然不是。既然不是，又为何形容人为棒呢？这话说起来就长了。古人以丰满为美，说白了是以胖为美，不似今天到处是瘦身广告，以苗条为时髦。所以《诗经·郑风》说：‘子之丰兮’，意思就是‘你真丰满耶’。（毛传：‘丰，丰满也。’）这句夸奖与‘你真好看呵’是等值的，因为时尚如此。所以称男人好看，曰‘美丰仪’。称女人好看还造有一个专门的字叫‘妦’，见于西汉杨雄《方言》一书。”“所以今天讲你真棒，只是借音而已，你真棒实际上就是‘你真丰’，你真丰满，你真大块头，你真胖。在古人这是夸，在今人却要着急了。今人以瘦为美，许多模特儿在T形台上已经如同行尸走骨。但古人却以瘦为病，你看瘦字不是从病吗？古人既以丰为赞美语，引申开来，称赞你很行，你很能干，也同样说你真丰（音 bang）。问题是，丰与从丰的字后来大多声母都改成轻唇音，韵母也有变动，例如‘丰’就改读为 feng。但字的读音虽改，口语里称赞人真 bang 的音没变。口头上讲没问题，要写出来就犯难了，只好借用同音的字‘棒’。久而久之，大家就以为‘你真棒’的‘棒’字是正写了。在官话中，从丰的字只有个别读音未改，如蚌字。所以说‘你真蚌’比说‘你真棒’离事实还近一些。为什么蚌从丰，也有道理，哪一个蚌不丰满呢？至于在方言里，从丰的字还有一些保留着古老的读音，如厦门话中的‘蜜蜂’的‘蜂’即读为 pang。”① 这种考据，或许你不得不佩服！因为它看起来立足汉语，考古论今，从雅言到方言，符合

① 见周振鹤《知者不言》，生活·读书·新知三联书店2008年版，第340—341页。

当今汉语研究强调“普——方——古”贯通的科学精神。可是，我们不禁要问“以丰满为美”是不是古人泛时空的审美观？“棒”字是“丰”字的借音，纯属音理上的推测，为什么要借音？为何借“棒”而不借作者认为更接近事实的“蚌”？用“你真棒”表示“你真丰”的意思，有语言事实根据吗？再退一步想，即使“你真棒”来源于“你真丰”，那么由“你真丰”就可以合乎逻辑地引申出“你很行”“你很能干”吗？

由上述讨论可以看出，无论是作家之言，还是学者之论，抑或是语言文字学家之说，均不能令人信服。关于表示肯定赞美之义的“棒”的来源与断代问题，还得从“棒”字的历史发展过程中去探寻。

二 “棒”字意义演变的历史层次

先看历代辞书收释的情况。

东汉的《说文解字》没有“棒”字，只有“棓”字。“棓，棁也。从木音声。”“棁，木杖也。从木兑声。”① 段玉裁在“棓”字下注曰：“棓棒，正俗字。”② 段氏视“棒”为“棓”的俗字，可见“棒”本作“棓”。

至迟到唐代，“棒”字已见于字书收录，且“棒”与“棓”的异体关系已得到沟通。《篆隶万象名义》：“棓，蒲讲反，大杖，棁，破。棒字。”③

辽代的《龙龛手镜》：“棓，步项反，大杖也。又音浮。又俗蒲交反。”“棒，步项反，打也。”④ 棓、棒二字释义虽然不同，但“棓”的一个读音与“棒”相同，且显示出“棓”是一个多音字，“棒”有“打”义。

从宋代的字书和韵书看，“棒”字族又有了新成员“柈”和“榔”，音义关系也更为复杂。《大广益会玉篇》：“柈，步项切，杖也。棒，同上。

① 许慎：《说文解字》，中华书局1963年影印版，第123页。
② 段玉裁：《说文解字注》，上海古籍出版社1981年版，第263页。
③ ［日］释·空海：《篆隶万象名义》，中华书局1995年版，第122页。
④ 释行均：《龙龛手镜》，中华书局1985年影印版，第379—380页。

棓，同上，又连枷也。”[①]《广韵·灰韵》：“棓，薄回切，姓也。前汉爰盎之棓生所问占。又庞项切。”又《广韵·尤韵》：“棓，缚谋切，杖也。又音棒。”又《广韵·讲韵》：“㭋，杖也，打也，步项切。棒，上同。棓，上同。《魏志》云：曹操为北部尉，门左右县五色棓各十枚。”[②]《集韵·灰韵》：“棓，晡枚切，姓也。汉有棓生苏林读。”又《集韵·咍韵》：“棓，蒲来切，姓也。”又《集韵·尤韵》：“棓，房尤切，犬（大）杖。”[按：“犬”字疑为“大”之讹字]又《集韵·讲韵》：“棓㮄棒㭋，部项切，《说文》：棁也，谓木杖。或作㮄，亦从奉，从丰。”另外，《集韵·讲韵》：“丰，部项切，打也。”[③]可见，在“杖”义、“打”义上，“棓㮄棒㭋”为一组异体字，“棓”字还有其他音义。“丰”字或为“㭋”之讹俗字，或为改易“㭋”字形旁的分化字。

到清代的《康熙字典》，在前代辞书释义的基础上，比较全面地诠释了“棒”和“棓”的音义以及二者的关系。“棒，《唐韵》《集韵》《韵会》《正韵》并步项切，旁上声。《说文》：棁也。《类篇》：同㭋，亦作棓。《广韵》：杖也，打也。《魏志·武帝纪》：除北部都尉，造五色棒，县门左右，各十余枚。《魏书·尔朱荣传》：人马逼战，刀不如棒。又《正韵》蒲浪切，音傍，义同。棓，同上。又连枷也，打谷具。扬子《方言》：自关而西谓之棓。又天棓，星名。《史记·天官书》：紫宫右三星曰天棓。《索隐》：蒲麋切，音皮。又《唐韵》普口切，音剖，义同。又击也。扬子《太玄》：远之眡，近之棓。又高下有绝加蹑板曰棓。《公羊传·成二年》：踊于棓而窥客。又《类篇》蒲侯切，音裒，义同。又木名。《类篇》：依树生枝如网。又《集韵》蒲来切，《唐韵》蒲回切，并音裴。《集韵》：板也。《唐韵》：姓也。《前汉·袁盎传》：盎之棓生所问占。又《集韵》晡枚切，音杯，义同。”[④]至此，“棒”仍然只有“杖”“打”二义，而没有表示肯定赞美的“好”“强”之类的意义。与之形成异体关系的“棓”虽

① 陈彭年等：《大广益会玉篇》，中华书局1987年版，第65页。
② 余迺永：《新校互注宋本广韵》，上海辞书出版社2000年版，第98、211、240页。
③ 丁度等：《集韵》，北京市中国书店1983年版，第229、240、561、641页。
④ 张玉书等：《康熙字典》，上海书店1985年版，第583页。

有较多“棒”字所没有的其他音义，但是也没有表示肯定赞美的“好”“强”之类的意义。

现代辞书对“棒”的释义一般都有表示肯定赞美的“好”“强”之类的意义，并在该义项上标注“方言”或“口语”。例如，《汉语大字典》：“棒，①棍，杖。也作‘棓’。《集韵·讲韵》：‘棓，《说文》：“棁也。”亦从奉。’《正字通·木部》：‘棒，俗棓字。’晋崔豹《古今注·舆服》：‘汉朝执金吾，金吾亦棒也。以铜为之，黄金涂两末，谓为金吾。’《三国志·魏志·武帝纪》：‘（太祖）除洛阳北部尉，迁顿丘令。’南朝宋裴松之注引《曹瞒传》：‘造五色棒，县门左右各十余枚。’鲁迅《呐喊·阿Q正传》：‘不料这秃儿却拿着一支黄漆的棍子——就是阿Q所谓哭丧棒——大踏步走了过来。’②用棍棒打。《广韵·讲韵》：‘棒，打也。’《北齐书·琅玡王（萧）俨传》：‘王公皆遥住车……其或迟违，则赤棒棒之。’③方言。好，强。老舍《龙须沟》第二幕第二场：‘没了臭水，没了臭味，没了苍蝇，没了蚊子！呕，太棒了！’冯志《敌后武工队》：‘武工队人数不多，四十六七个人，可是从人员到武器，真是棒得出奇。’④方言。坚硬，不柔软（多指食物）。如：肉没煮烂，还棒着呢！”① 《现代汉语词典》：“①名棍子：木～｜炭精～。②〈口〉形（体力或能力）强；（水平）高；（成绩）好：～小伙子｜字写得真～｜功夫～。”② 《现代汉语规范词典》：“①名可以用手握持的棍子：木～｜棍～｜～槌｜～球｜接力～。○②形好；健壮：文章写得～极了｜功课～｜～小伙子。”③ 《应用汉语词典》：“①〔名〕棍子：棍～｜大～｜指挥～｜是姻缘～打不开。②〔量〕用于动作的工具（棒）：打到第三～，他就挺不住了。③〈口〉形强壮；好：身体～｜学习～｜这篇文章写得真～｜～小伙子。”④ 除了历时和共时

① 汉语大字典编辑委员会：《汉语大字典》（缩印本），湖北辞书出版社、四川辞书出版社1992年版，第514页。

② 中国社会科学院语言研究所词典编辑室：《现代汉语词典》（第5版），商务印书馆2005年版，第42页。

③ 李行健：《现代汉语规范词典》，外语教学与研究出版社、语文出版社2004年版，第38页。

④ 商务印书馆辞书研究中心：《应用汉语词典》，商务印书馆2000年版，第42页。

兼顾的大型辞书《汉语大字典》外，立足现代汉语的辞书释义中“棒”已没有“打”义，也不与“棓”形成异体关系，但是都仍然把表示肯定赞美之义的“棒”跟“棍棒”的“棒”视为同一个字（词），尽管《现代汉语规范词典》用“○”标示出两个义项之间引申脉络不明。

再看文献语料实际使用的情况。

北京大学中国语言学研究中心的汉语语料库收古今汉语语料 4.77 亿字，属于大型语料库。本文对“棒”字使用情况的讨论就根据该语料库的实际语料展开。从该语料库中可搜索到使用“棒”字的语料 10299 条，其中古代汉语部分 4218 条，现代汉语部分 6081 条。使用“棓”字的语料 123 条，均为古代汉语语料。“桂”“梆”等字属于俗字，而且较生僻，无从搜索，所以本文不讨论它们在实际语料中的使用情况。

从该语料库的语料看，早于《说文解字》的《论衡》即见“棒”字，如“文帝之时，玉棒见”。《说文解字》为何未收“棒”字？这有两种可能：一是《论衡》中的“棒”本作“棓”，“棒”乃后世改字的结果。上文《广韵》所引《魏志》语料作“五色棓”，而《康熙字典》和《汉语大字典》所引《魏志》语料均作“五色棒”，可参。二是许慎编撰《说文解字》时“棒”字已存在，许氏漏收，或是因其俗字地位而未予收录。

从古代汉语部分的语料看，表示棍棒或棒状的事物，是“棒”字最基本的意义。例如：

［1］须臾间，在屋头吐，嗔怒非常，便棒打窗户。（六朝《搜神后记》）

［2］乃多作劲木白棒，选异力精卒五千人为先登，尽捉掊彼山贼。贼恃其善禁者，了不能备，于是官军以白棒击之，大破彼贼。（六朝《抱朴子》）

［3］令其人踣心于木橛上，缚四支于小橛，以棒殴其背，应时溃烂。（唐《通典》）

［4］因此袈裟，南北道俗极甚纷纭，常有刀棒相向。（唐《神会语录》）

［5］伺命把棒忽至，遍体白汗如浆。（唐《王梵志诗》）

［6］于是挥剑，断下三指，指粗于今槌帛棒。（五代《玉堂闲话》）

［7］大愚才见，便拟棒师。师接得棒子，则便抱倒大愚，乃就其背，殴之数拳。（五代《祖堂集》）

［8］既去，久之乃还，赠杜山木棒十条，委之而去，莫知所之。（五代《稽神录》）

［9］有两人手把铁棒，修理门首。（北宋《太平广记》）

［10］故户部所得者，皆是枷棒栲棰得来，所以户部愈见匮乏。（南宋《朱子语类》）

［11］凡学者致问，唯以棒打地示之。时谓之打地和尚。（南宋《五灯会元》）

［12］垂钩的是大小渔艇，弄水穿波的是觅死的鱼虾，无边无涯的是浮萍蒲棒，喷鼻眼花的是红白荷花。（元《朴通事》）

［13］才跨进房门，忽然两边门侧里走出七八个老妪、丫鬟，一个个手执篱竹细棒，劈头劈脑的打将下来。（元《金玉奴棒打薄情郎》）

［14］舵上所操柄名曰关门棒，欲船北则南向捩转，欲船南则北向捩转。（明《天工开物》）

［15］自小儿有些膂力，长大来习学些拳棒。（明《三宝太监西洋记》）

［16］咬金乘势斫倒三四个部下，众人都丢枪弃棒，过涧而去，把银子弃在长叶林中。（清《隋唐演义》）

［17］恼了孙行者，手举金箍棒，喝声：“齐天大圣在此，吃我一棒!”（清《说唐全传》）

［18］玉腕雪白粉嫩，好似打了皮的藕棒儿一般。（清《三侠剑》）

［19］那拉氏这才放下皮鞭，忙招呼十来个太监，带着麻绳铁索，长棒短棍，蜂拥的出宫。（民国《西太后艳史演义》）

［20］许多纸烟屑、火柴棒，都横七竖八的，在那些小块上乘凉。

（民国《留东外史续集》）

工具名词转化为使用该工具的行为动词是词义演变的一条重要规律，如“用锁把门锁上”“用锯把木头锯开”等。“棒”作为工具，其主要功能是用以击打，因此“棒”很自然地由名词义衍生出动词义“（用棒）打”。例如：

［1］道穆令卒棒破其车，主泣诉于帝，帝不责穆。（唐《通典》）

［2］至战时，不听斩级，以棒棒之而已，虑废腾逐。（唐《通典》）

［3］取公卿子弟膂力雄健者，辄将至家，以车轮括其颈而棒之。（唐《隋书》）

［4］阎老忽嗔迟，即棒伺命使。（唐《王梵志诗》）

［5］言讫便棒，推出门。（五代《祖堂集》）

［6］爱连呵之，妇人忙遽入网，乃棒之致毙，而人形不改。（北宋《太平广记》）

［7］师曰：“劈脊棒汝，又作么生？”（南宋《五灯会元》）

［8］包公急令拿拶棍二副，把周德、罗氏拶起，各棒二百。（明《包公案》）

［9］裨将持尺书入王翊军，越关走，翼明棒而遣之。（清《东南纪事》）

值得注意的是，可能由于“棒打”“棒击”等复合语词的产生和越来越多地运用，元代以后的语料中，“棒”作“（用棒）打”的用法已比较少见。

工具名词借用为量词是汉语量词的一个重要来源，如“砍了一刀”“开了一枪”“记了一笔”等。作量词也是“棒”的常见用法。例如：

［1］天子怒，打脊二十棒。（唐《入唐求法巡礼行记》）

［2］沙弥领旨去，传语声未绝，早被云居打一棒。（唐《筠州洞山悟本禅师语录》）

[3] 老僧臂长，则便打二十棒。(五代《祖堂集》)

[4] 今夜不答话，问话者三十棒。(南宋《五灯会元》)

[5] 张飞叫把旗人王强，当面打五十棒。(元《三国志平话》)

[6] 县尉人等，两棒鼓，一声锣，簇拥推着任珪，前往牛皮街示众。(明《喻世明言》)

[7] 第三棒锣鼓一响，又出来六十名挠钩手，三十名面向东，三十名面向西。(清《三侠剑》)

从近代汉语语料看，“棒”越来越成为习武练兵的重要器械，木棒、铁棒、浑金棒、杆棒、哨棒、拐棒、狼牙棒、虬龙棒、花楞棒等都是常见的兵器，棍棒刀枪、刀枪拳棒、长枪短棒、枪刀叉棒、舞刀弄棒、使枪耍棒、引拳使棒、拳殴棒击、棒敲棍击等都是常用习语，还出现了以教习刀枪拳棒为职业的拳棒师、枪棒师等。习武练兵最直接的结果有两个：一是使习练者的身体如同棍棒一样硬实，健壮；二是使习练者练就一身硬功夫，习得一手好武艺。于是到民国时期，“棒”又产生了“身体硬棒，健壮”和“功夫好，武艺高强”两个新义。语料库中的实际用例除一例表示“身体硬棒，健壮”者见于小说《武宗逸史》外，其他用例均见于以京津方言为背景的小说《雍正剑侠图》中。表示“身体硬棒，健壮”的例子如：

[1] 再往后是高举红罗伞，下面一乘竹椅轿，两个棒小伙儿抬着。

[2] 这小伙子身体多棒呀，受点儿伤根本也不在乎。

[3] 甭说你这脑袋，铁背罗汉法禅僧那脑袋多棒啊，一巴掌我都让他吐了血!

[4] 真叫棒，这个人就跟半截大黑塔一样。

[5] 人家胡二爷的胳膊比他那钢棍都棒啊，就把徐源的一对怀杖给夹住了。

[6] 说真的，浑身横练，骨硬如钢，出家的僧人自幼为僧，童男

子啊，棒极了！给他一刀，白砍！

[7] 挑出一百来个年轻力壮的棒小伙子待命。

[8] 前胸宽，背膀厚，虎背熊腰，好棒的身子骨！

表示“功夫好，武艺高强”的例子如：

[1] 以后练鞭，这功夫练得真叫棒啊！

[2] 朴鹿还有一样本事，能蹿能蹦，这可不简单，比傻小子于恒都棒。

[3] 后来有人跟他提，说李铁拐斜街住着一个姓石的，外号叫铁熊，功夫棒着呢。

在123条使用“棓”的语料中，属于星名“天棓”用字的最多，有72条；表示“棍杖”义的有39条，其中有9条属于辞书例，在30条其他用例中涉及文献从西晋的《三国志》到清代的《聊斋志异》；表示“（用棒）打”义的只有2条，均见于《大藏经》；姓氏用字有4条；表示“蹑板”义的有4条，均为引《公羊传》用例；表示木名的有2条。

在6081条使用“棒”字的现代汉语语料中，表示棍棒或棒状的事物，依然是“棒”字最基本的意义。在这个意义上，“棒”可以单用，独立成词，但更常见的是作为构词语素跟其他语素构成合成词，如：棒子、棒球、棒冰、棒儿香、棒糖、棒针、棒操、棒槌、棍棒、木棒、草棒、魔棒、火柴棒、炭精棒、玻璃棒、接力棒、指挥棒等。除了引用古代文献的一条外，纯粹的现代语料没有一条使用“（用棒）打”的意义，说明在现代汉语中“（用棒）打”已不是“棒”的现实使用义。“棒”字作量词的用法继续使用，只是主要用于接力赛跑和棒球等运动项目中。“身体硬棒，健壮”义使用更加普遍，可以适用于男女老幼不同人群，如“离开复旦三年多了，93岁的苏老是否还是身体棒棒的呢?”“孩子吃一阵子郝阿姨做的饭，眼看着身体棒多了。”“还是秀芬身体棒一些，她先到了城墙上，帮助往上拉许凤。”“功夫好，武艺高强”当然还可以说“棒”，但此义已泛化到用来形容一切值得肯定赞美的人和事物现象，如优异的成绩、美好的事物、出色的表现、畅快的心情、怡人的景致、漂亮的相貌等等，而且使用频率不断提高。“真棒”“好棒”“特棒”“极棒”“非常棒”“太棒了”“棒极了”等组合也非常活跃地流行在人们的口头上，比如“棒极了”在语料库中有112条，“太棒了”有232条之多。

综合以上材料与分析，“棒”字意义演变的历史层次大致是：在古代汉语里，“棒”本字作“棓”，指木杖。“棒”字出现以后，与“棓”并用，其间还出现过异体字形“桻”和“槰”等，但以“棒”字最为常用，所指包括木杖在内的各种材质、形态和用途的棍棒及棒状物。在名词义的基础上产生了动词义“（用棒）打”和作量词的用法，作动词时字形一般用“棒”，作量词时字形只用“棒”。后来由于练兵习武常用棍棒作器械，而且棍棒又属于硬器械，随着练兵习武越来越流行，大约到民国时期，“棒”又有了“身体硬棒，健壮”和“功夫好，武艺高强”两个形容词义，在字形上也只用“棒”。这后出的两个形容词义，可能首先在某个地区的江湖武术界产生，然后在社会上传播开来。到了现代汉语，“棒”在字形上已经完全替代了“棓”，指称棍棒及棒状物的意义基本没变，但指称范围有所扩大。“（用棒）打”的动词义完全消失。量词用法在使用范围上发生变化，变得比较狭窄。民国时期产生的形容词义“身体硬棒，健壮”广泛运用开来，适用人群也完全社会化了。另一个形容词义“功夫好，武艺高强”发生了更大范围的泛化，尤其是近一二十年以来，口头上非常流行用“棒”表示对一切人和事物现象的高度肯定与赞美，很难找到一个与之完全对应的同义词。

三　词源研究应注意的几个原则问题

词源研究是一项特别细致而严肃的工作，它涉及的内容广泛而复杂。张志毅指出：“词源学作为词汇学的一个分支，它至少应该研究以下五项内容：一、一个词的来源：（1）起源于何时；（2）最早见于何种典籍；（3）来自何种语言或方言，跟其相对应的词有什么关系。二、一个词可追溯的原始形式：主要是语音形式及其书写形式。三、一个词可追溯的最古的意义。四、一个词的原始形式和最古意义之间的联系：(1) 词的语音形式和词义的联系，事物命名的理由与根据；(2) 词的书写形式和词义的联系。五、一个词的形式（语音及其书写形式）与意义的演变及其结果。”① 可见词源研究既要研究一个词的源头及跟起源有关的词际关系，还要研究这个词自身的形音义关系及其历史发展过程与结果。上面我们对“棒”字一词形义演变历史层次的讨论，可以从某种程度上反映出词源研究的内容与难度。

面对繁难的研究任务，词源研究者对研究对象可以有合理的想象与推测，但应该对所作想象与推测进行严密的逻辑论证与分析。更重要的，所有的想象与推测都要得到语言事实的支持，所有的论证与分析都要以语言事实为依据。因此，词源研究只有在科学原则的指导下，做严谨而扎实的探求工作，才能得出可靠的结论，避免虚妄之说。以下几点是进行词源研究时应该注意的原则问题。

（一）不能随意比附词际关系来断定一个词的来源

一个词的产生可能是自源性的，即不受其他语言影响由本民族语言系统自主产生。又分两种情况：一是在语言交际需要的支配下，独立创造新词，跟语言中原有的任何词都没有渊源关系。对这类词的来源研究主要是断定它产生的时间及历史文化背景，产生之初的音义情况等。二是在语言交际需要的支配下，由原有的词分化产生新词，原有的词与新词之间有源流关系，二者之间形成同源词族。例如，“莠”是从“秀”分化出来的，“秀”是“莠”的源词，“莠”是“秀”的派生词；“名”是从“命”分化出来的，“命”是“名”的源词，“名”是“命”的派生词。② 对这类词的来源研究除了断定它产生的时间及历史文化背景等内容外，更主要的是揭示它起初的音义乃至字形跟源词音义及字形的联系。

---

① 张志毅：《〈说文〉的词源学观念——〈说文〉所释“词的理据”》，《辞书研究》1991年第4期。

② 黄易青：《上古汉语同源词意义系统研究》，商务印书馆2007年版，第51—52页。

一个词的产生也可能是他源性的，即受其他语言某个词的影响而产生，是吸收外来词的结果。例如，汉语的“蒙太奇”译自法语 montage，“因特网”译自英语 internet。对这类词的来源研究主要是探寻它的语源，考察它产生的时间与历史文化背景，分析它的译借方式等。

不管是自源性的词，还是他源性的词，都不能简单地根据它与本语言系统的另一个词或其他语言的某一个词在音义上有某些相同、相近或相通之处，就贸然断定它们之间有源流关系，因为它们之间的这种联系可能只是偶然的。要证明它们之间有源流关系，必须有充足的理由并进行充分的论证，最终还要以语言事实作根据。刘熙的《释名》之所以遭人诟病，就是因为其中有些用声训方式系联的词源关系缺乏根据。王蒙疑具有“好”的意思的“棒”来自法语的 bon，之所以遭到质疑，也是因为缺乏根据。石鹏飞根据印度上古文献《百道梵书》称男根为“酥油金刚杵”，而“棒”与“杵”同义，就断定“棒”亦为男根，并进而由男根“越雄强则丈夫气越重，丈夫气越重自然越好”来推断“棒”可以引申为“顶呱呱”，这种论证是没有说服力的。周振鹤认为“棒”来自“丰”，是“丰”的借音；以丰为赞美语，引申开来，称赞“你很行”“你很能干”，也同样说“你真丰（音 bang）”。虽然他做了音理上的推求，也做了义理上的推论，但我们还是不能相信表示肯定赞美意义的“棒”来自“丰”，因为这种推导没有事实根据。

（二）不能割断一个词发展演变的历史脉络而误判词源

一个词如同一个有机体，有它产生、发展、变异、分化乃至死亡的过程，词源研究就是要客观而准确地描写它的这一历史过程与结果。如果对一个历史悠久的词，我们不能客观而准确地了解它的整个历史发展过程与结果，而是截取它的不同发展片段，单就不同片段来看它的性质与来源，就有可能肢解一个一脉相承的词，把一个处在不同发展阶段上的词视为不同的词。与之相伴而来的是，我们往往搞不清楚一个词的真正来源，而是附会出与实际情况完全不符的词源。

有的学者之所以误判“棒”的来源，就是因为由表示“棍棒”的

"棒"到表示肯定赞美义的"棒"的中间环节不易被人体察，他们便割断了表示肯定赞美之义的"棒"跟表示棍棒义的"棒"的历史发展过程，割裂了"棒"的同一性，于是为表示肯定赞美之义的"棒"另寻词源，或认为是自源性的，或认为是他源性的，从而背离了语言事实。

（三）确定词源不能没有实际语料的支持

无论确定一个词的源头，还是系联同源词族，抑或寻绎一个词的历史发展过程，都应该用语言事实说话，都要有可靠的断代语料支持，而不是仅仅靠看似合理的简单推论。

下面是关于"乃"音转滋生"能"，"能"进而音转滋生"恁"的一段文字，这段文字就符合词源考据立足断代语料事实的原则。

> 唐代以前，"乃"有"如此、这样"的意思，可用于强调程度之高，含有夸张之意。例如《世说新语·赞誉》："谢车骑问谢公：'真长性至峭，何足乃重？'"唐宋时期这种用法的"乃"音转为"能"，例如白居易《生别离》诗："食檗不易食梅难，檗能苦兮梅能酸。"辛弃疾《水调歌头》词："却怪青山能巧，政尔横看成岭，转面已成峰。"宋代以后，"能"又音转为"恁"。《正字通》："恁，俗言如此也。"《水浒全传》第十九回"如何心地倒恁窄狭！"清洪昇《长生殿·闻乐》："那壁桂花开的恁早。"直接孳生词"能"和间接孳生词"恁"始终保存着源词"乃"的主要元音 ə。①

当然，断定一个词或词的某个意义产生的确切时代和最早出现的文献典籍有时是困难的，所以常常有学者就所见到的后出文献语料断定它的最初产生时间，出现判断延后的情况。这很正常，因为文献语料浩繁，而个人的时间和视野总是有限的，只要后来的学者在此基础上继续考察更早的语料，最终总会找到其真正的源头。如"问"有介词用法，义同"向"。

① 张博：《汉语同族词的系统性与验证方法》，商务印书馆2006年版，第60页。

冯春田断定这种用法产生的时间是唐代，而汪维辉通过进一步研究发现，这种用法早在西汉就已萌芽。①

我们上文所引述的关于表示肯定赞美义的“棒”字来源的各种意见，普遍有违于词源研究应以实际语料为依据的原则，有悖于词源研究的科学精神，因而没有一种观点是可以完全让人信服的。

附记：

关于“棒”字“好”义的来源，杨琳先生在《“棒”与“老板”考源》（《南开语言学刊》2012 年第 2 期）一文中虽然认为本文的观点“有一些道理”，但就“棒”字“好”义的引申途径，有着不同的看法。他认为“棒”的“好”义是从普通的棍棒义引申出来的，跟武器或习武没有什么关系。杨文论证细密，可参。

不过，我们也注意到，杨先生在论证过程中首先说明在清代文献《施公案》一一〇回中就用“棒子”指好汉，引例是“看这光景，必定有些武艺，该当先叫他施展施展，老爷们瞧瞧，果然也好，算他是个棒子，也有个交头儿”。认定该例是“棒”有“好”义的早期例证，并进一步指出，“棒子”就是棍棒，而可以指称好汉，可见“好”义是从棍棒义引申来的。

我们觉得，这跟我们对“棒”字“好”义的来源推测并不矛盾。上例用“棒子”指称“好汉”的语境也与习武有关，这正可跟我们的推测相印证。我们也同样认为“棒”的“好”义是由棍棒义引申而来，只是“习武”语境和“棒”作为最常用的习武器械成了引申的“触媒”。

① 汪维辉：《汉语词汇史新探》，上海人民出版社 2007 年版，第 126—127 页。

新造·吸收·转化

——当代汉语新词语产生的基本方式*

新中国成立后，特别是新时期以来，汉语词汇涌进了大批新成员，丰富了汉语词汇系统，逐步完善着词汇的指谓功能。这是易于察觉的客观事实。那么这众多的新词语是怎样产生的呢？我们认为，新词语的产生是个动态过程，是客观作用于主观的必然结果。它既要受交际需要的支配，又要受认识规律的制约，同时还要适应语言的系统结构。但上述三者在新词语产生的过程中所起的作用是不一样的，交际需要是新词语产生的出发点和驱动力，有了这种需要和动机，人们的认识活动便在新词语的创造过程中起主导作用，它决定着材料的选择和组合，从而使新词语与语言系统相融合，最终决定了新词语的基本面貌。通过对新中国成立以来新词语的综合分析和历史考察，我们发现，其产生的基本方式有新造、吸收和转化三种。本文试就这三种方式做些探讨。

一　新造

"新造"可以有广义和狭义两种理解。从广义上来说，任何新词语都是新造的产物，吸收和转化也有改造加工的过程，所以有时人们把新词语

---

* 本文曾刊于《山东师大学报》1988 年增刊（青年学者论文专辑），中国人民大学书报资料中心复印报刊资料《语言文字学》1990 年第 1 期全文转载。

统称为“新造词语”。我们这里使用的“新造”概念，是狭义的。它专指既不受外来词语、方言词语和古语词的影响，又没有基础形式，而是利用现有的构词材料和构词方法，创造出从总体上来看是新的语言形式和新的语义内容的统一体的一种造词方式。这是产生新词语最直接、最简便的方法，也是最能产的。因此，这种方式是新中国成立后新词语剧增的最主要源泉。

用“新造”这种方式产生的新词语，几乎都是合成式的。人们的造词事实也证明，“新造”所产生的新词语，都是采用语言中已有的单音节或双音节（也有可能是多音节）词或语素作为构造部件，组合而成的。比如，“评估”一词是近年来广泛使用的新词。它是由现成的语素“评”和“估”并列组合形成的。组合以后，语义就兼有了“评价”和“估量”两个方面的内容。至于新造的固定短语，这一特点就更为明显了。比如，“多快好省”这一新成语，从形式上看，新中国成立前没有出现过；从语义上说，它表达了人们建设社会主义的一种新观念。但用以构成该成语的四个单音节词“多”“快”“好”“省”，却是人们早已熟悉的固有词。以上实例的组合方式也都是语言中的固有模式。

就造词法而言，“新造”这种方式可以运用各种各样的具体方法。比如随着种植业的发展，大面积的植树种草已普遍利用飞机来撒播种子。这是一种新现象，人们要称谓它，有了造词需要。人们又清楚地认识到这是一种种植方法，所使用的工具是飞机。于是便选用“飞”和“播”两个语素，采用说明的方法，造出“飞播”一词。又比如，生活中出现了一种羽绒制成的服装，其外形蓬松鼓胀，质地柔软轻便，在这一点上，与面包有酷似之处。人们认识到了这种联系，抓住了两种事物的相通、相似点，就用比拟的方法，把这种服装命名为“面包服”。再如，用借代的方法造出“大团结”一词，用来指代十元票面的人民币；用引申的方法造出“挂鞋”一词，用来指称田径、滑冰或某些球类项目的运动员不再参加正式比赛而从此结束运动生涯；用双音化的方法，在“洋”之后加一个虚语素“乎”，构成口语性新词“洋乎”等。

以上所述是“新造”这种方式的造词法多样性的一面，然而它还有集中性的一面。据我们抽样统计的结果，用说明法造出的新词语约占总数的80%。这种集中使用说明法的情况，是新中国成立以来新造词语的突出特点之一。说明法的使用度之所以如此之高，是与人的认识规律分不开的。人们认识新事物、新现象，或是重新认识旧事物，总是在一定的已知基础上，用事物或现象的普遍联系性，由已知推导未知，并从事物或现象的表面和外部联系中，由表及里、由浅入深地把握事物或现象的本质特征和内部联系。在为新事物、新现象命名或改换旧有事物或现象的名称时，自然而然地要利用已有的认识，选取语言中能够反映事物或现象的本质属性和内部联系的词或语素，来说明新知的东西。这样就使得新词语有着深厚的认识基础，掌握起来有理可循，便于广泛传播和迅速巩固。

人们认识的有向性和多维性，事物和现象的普遍联系性，以及语言材料和组合方式的多样性，又使说明法造词具有深刻而丰富的内容，呈现出复杂多样的特点。考察结果表明，采用说明法造词，既可从性质、数量、领属、情状和特征等方面入手，也可以从方式、方法、用途、色彩和材料等方面加以说明。这样一来，同一事物或现象可以因认识的角度不同而采用不同的说明手段，获得不同的名称，形成一组同义词。例如，同是一种烫发方法，从使用的材料是化学原料着眼，造出了“化烫”一词；从烫发时人的感觉是凉爽的角度，又造出“冷烫”一词来，与“化烫”形成一组同义词。再比如，“平视光学取景照相机”是科学思维的结果，它是从科技术语要求精确、严密出发，利用该产品的性质、功能及特征等多方面加以说明的。在日常生活中却不使用“平视光学取景照相机”，而是另造了一个“傻瓜相机”。这个俗名是从这种照相机使用简便，只要按动快门即可拍照而不需要调试的特点来命名的。

当然，不同事物和现象的命名方式更是可以根据不同事物和现象的自身特点、人们的认识程度和角度，采用不同的说明手段。例如：

从情状方面说明的：扩印、待业、弱智、展销、短平快等；

从方式上说明的：刊授、滴灌、喷镀、遥控、帮教、满堂灌、填鸭式、组合家具等；

从性质方面说明的：武斗、黑会、电子、专业户、个体户、人造棉、复合肥、杂交水稻、集成电路、生物工程等；

从特征方面说明的：快餐、冲击波、喇叭裤、碰碰车、微型小说等；

从色彩方面说明的：绿肥、红领巾、紫外线、红头文件等；

从用途方面说明的：菜牛、肉鸡、眉笔、复印机、摄像机、保鲜纸、试验田、纪念封、过街天桥、地对空导弹等；

从数量方面说明的：三连冠、三种人、四人帮、一刀切、万元户、一国两制、第二课堂、第三医学等。

二 吸收

任何语言都具有吸收功能，吸收的内容多集中在语言的词汇上，汉语也不例外。汉语词汇发展史告诉我们，汉语在每个发展时期都不同程度地从外民族语言、方言以及古语词中吸收一些有用的成分，来不断地充实汉语词汇。所以，吸收外来词语、方言词语和古语词，是新中国成立后产生新词的又一重要渠道。

50 年代到 60 年代初，汉语吸收外来词语的数量比新中国成立前特别是五四时期曾一度减少，而且吸收的重点由新中国成立前的英语、日语等逐渐转移到俄语上来。向苏联学习的过程中吸收了一些俄语词，如“米格机”“工作量”“劳动日”“喀秋莎”“布拉吉”“康拜因”“教研室”“课堂讨论”“条件反射”等。“文革”十年，由于众所周知的原因，汉语极少吸收外来词语。实行“改革开放”政策以后，随着中外文化的交流和外来技术及设备的引进，汉语吸收外来词语才慢慢多起来，出现了汉语史上吸收外来词语的又一高峰期，而且重点又转移到英语。如音译的“迪斯科”（disco）、“康巴斯”（compus）、“比基尼”（bikini）、“迪士尼”（Disney）；音加意译的“艾滋病”（AIDS）、“桑拿浴”（sauna）、“保龄球”（bowling）、“嬉皮士”（hippy 或 hippie）；意译的“代沟”（generation gap）、“热狗”（hot dog）、“黑匣子”（black box）、“硬科学”（hard science）、“软科学”（soft science）、“软性饮料”（soft drinks）、“黑色幽默”

（black humor）、“试管婴儿”（test-tube baby）等。

新中国成立后吸收外来词语的方式多为意译或音加意译，没有特殊必要一般不用纯音译的方式。同时，还把从前吸收的一些音译词语进一步汉化，改为意译词语。例如，改“维他命”［vitamin（e）］为“维生素”，改“盘尼西林”（penicillin）为“青霉素”，改“引擎”（engine）为“发动机”，改“麦克风”（microphone）为“扩音器”（现又多称“话筒”）等。就是新中国成立后才吸收的音译词“喀秋莎”（Катюша）、“布拉吉”（Платье）和“康拜因”（комбайн），也分别被“火箭炮”“连衣裙”和“联合收割机”代替了。这是汉语词汇追求表义有理性的表现之一。可是，目前由于外来文化的冲击，人们（特别是青少年）似乎有一种崇尚新奇的心理，有意无意地使用一些音译形式，来和原有的意译词语分庭抗礼，形成音译和意译并存的局面，这种局面能维持多久，谁存谁废现在还不好决断。比如，汉语本来有和“taxi”对译的“出租汽车”，可近年来，由南到北的各类城市中，大街上跑的尽是“的士”。这一音译形式是粤语借自香港，然后在全国流行的。又比如，凡以“mini-”开头，带有“微小”“微型”意的英语词，过去习惯于用“微小”“微型”或其他表示“小”意的词或语素来对译，典型的例子是把“mini-skirt”译为“超短裙”。然而，改革开放政策实行以来，偏偏有不少人喜爱用音译的方式，把“mini-”译成“迷你”，什么“迷你手表”“迷你电池”“迷你相机”之类，常常见诸报章杂志，逐步深入人们的日常生活中，就连“超短裙”也常被叫作“迷你裙”了（与此相反的例子倒也有，如不把“minibus”译为“迷你巴士”，而是译为“小巴”）。这是一种有趣而且值得注意的现象。不过，根据汉语词汇发展的规律，我们应该对此加以限制。因为音译外来词语不能闻声知义，而且往往不太符合汉语的表达习惯。

当代汉语也酌情吸收了为数有限的少数民族语言的词语，吸收方式大多是音译。如译自蒙古语的“巴特尔”（英雄）、“乌兰牧骑”（红色文化工作队或宣传队、轻骑兵）；译自维吾尔语的“雅克西”（好）；译自藏语的“金珠玛米”（解放军）；译自朝鲜语的“阿妈妮”（妈妈）、“金达莱”（杜鹃花）等。汉语本来都有与这些外来词语相对应的词语，吸收它们只是为了表达的特殊需要，如抒发民族感情，反映地方特色，表现边疆人民的风俗习惯等，因此，这些词语都有特殊的功能分布，一般在文艺语体中使用，尤其是在反映少数民族人民生活的题材中常用。

吸收方言词语也是丰富汉民族共同语词汇的途径之一。吸收到共同语词汇中的方言词语，虽然在方言中可能早已存在，但它们只是方言词汇系统里的固有词语。对共同语词汇系统来说，在吸收之初都是新成员，所以也是新词语。

新中国成立后，由于全国政治、经济和文化的高度统一，加之汉语词汇规范化的制约，人们自觉学说普通话，作家、艺术家努力使用普通话创作。这样，无论在口语中，还是在书面语中，吸收方言词语都受到很大限制。几十年来，真正被共同语吸收的方言词语不是很多，而且所吸收的多为基础方言的词语。例如，来自以北京话为中心的北方方言的词语有“棒”“帅”“捣鼓”“折腾”“没准”“盖帽”“够呛”“倒爷”“过硬”“丢份儿”“大呼隆”等。也有来自非基础方言的词语，如来自上海话的“阿拉”“白相”“尴尬”“揩油”“拆烂污”等。

为表达和交际的需要，当代汉语也适时地吸收了部分古语词。这些被吸收的词语都是曾经一度消失而重新被起用的，并且绝大部分的意义都有新发展，并非简单的死而复活，因此也是以新词语的面目进入当代汉语交际生活的。例如：取经、挂帅、争鸣、回合、伯乐、挑战书、先行官、紧箍咒、包青天、白骨精、照妖镜、拨乱反正（按：最初见于《公羊传·哀公十四年》）、排忧解难（按：最初见于《战国策·赵策三》）等等。这些词语具有很强的不稳定性，往往只是为汉语交际服务于一时，随着社会的向前发展，有些马上又转为古语词。

三 转化

所谓“转化”，是就非词汇单位向词汇单位的转变以及固定词组向词的转化或向新的固定词组转化而言的。比如，“科学技术”本是个自由词组，是非词汇单位，但由于它的使用频率不断提高，人们为了交际的省便，慢慢地把它简缩为“科技”，就变成一个新词了。这实际上也是一种创造新词语的方法，只是和“新造”相比，它们都能找到未转化之前的基础形式。下面我们就新中国成立后新词语的实际，谈两种常见的转化方式。

（一）自由词组词汇化

有两种情况：

其一，有些双音节的述宾式和述补式自由词组，由于语音形式较为简短，符合汉语词汇双音化的发展方向，长期连用的结果又使构成自由词组的词在意义上发生融合，逐步得到凝练概括，甚至有所变化，从而具备了词的特性，成为新词。例如，“搞活”本是个述补式自由词组，随着“对外开放，对内搞活”这一口号的流行，“搞活”经常和“开放”对举着用，使用度极高，意义也融合了，已经转化为新词。它的组合能力很强，如“搞活经济”“搞活市场”“搞活企业”“搞活流通”“搞活思想”“介绍搞活经验”等。与其相类的例子还有“放权”“扩权”“松绑”“碰硬”“推出”“理顺”“放活”等，它们都经过或长或短的由自由词组到新词的历程。

其二，有些三音节以上的自由词组，由于用以构成这些自由词组的词经常连用，造成了在语言运用中这些自由词组以整体形式出现的频率越来越高，以至于在造句时可以省去重新组合的功夫，结果就使得这些自由词组逐渐定型化，成为语言运用的完整的备用单位。例如，瞎指挥、作家群、产业结构、道德法庭、以权谋私、联产承包、精神污染、精神文明、横向联合、集资企业、智力开发、智力投资、外引内联等。还有一些新的惯用语，是通过在原有自由词组的意义基础上产生比喻义，转化为固定词组的。例如，半边天、吃小灶、剃光头、抬轿子、打棍子、割尾巴、开绿灯、扛大梁、踢皮球、铁饭碗、梳辫子、一阵风等。

（二）简缩词组构成新词语

用这种方式形成的新词语都能找到未简缩的基础形式。基础形式既可以是较自由的词组，也可以是固定词组。例如，“揭批”的基础形式是“揭发批判”；“双百”的基础形式是“百花齐放、百家争鸣”；“中顾委”的基础形式是“中共中央顾问委员会”等。这类新词语的词汇意义和语法意义完全跟基础形式相同，只是色彩意义有时有些差别。再者，这种方式和上面的“自由词组词汇化”相比，根本区别在于语流是否缩短。用这种方式形成的新词语比基础形式语流短，而“自由词组词汇化”基本上保持语音形式不变。

1. 简缩联合式自由词组构成新词语

有两种情况：

其一，有些经常运用的联合式自由词组，经过一定的时间，在不影响语义明确表达的条件下，往往受语言经济原则的支配而发生新的组合。通过省去某些词或语素缩短语流，剩下的词或语素构成一种定型或较为定型的表达复合概念的新词语。例如：

调查研究→调研　检验测量→检测　研究试制→研制　电影电视→影视　整顿改进→整改　低级庸俗→低俗　批判斗争→批斗　展览销售→展销　青年少年→青少年　冠军亚军→冠亚军　离休退休→离退休　公安检察司法→公检法　老年中年青年→老中青　冤案假案错案→冤假错案

用这种方式构成的新词语，人们一般都熟悉基础形式，简缩不致造成语义的模糊和歧异。而且在语用上原有基础形式跟简缩后的新词语大多并用。比如有时用“调查研究”，有时则用“调研”。当然，它们也不是在任何环境下都可替换，作为新词的“调研”可以构成“调研员”“调研室”等，但不说“调查研究员”，也不大说“调查研究室”。

其二，有些具有相同的词或语素的联合式自由词组，常常把相同的词或语素提取出来，然后在它的前面加一个数字，有几个联合项就加数字几。通过这种标数统括的方式缩短语流，从而造成新词语。例如：

反贪污、反浪费、反官僚主义→三反　身体好、学习好、工作好→三好　废气、废水、废渣→三废　拥军优属、拥政爱民→双拥　工业现代化、农业现代化、国防现代化、科学技术现代化→四化　讲文明、讲礼貌、讲卫生、讲秩序、讲道德；心灵美、语言美、行为美、环境美；热爱祖国、热爱社会主义、热爱党→五讲四美三热爱

2. 简缩专有名称构成新词语

有些表示单位、机构、组织等专有名称的词语，语音形式往往较长，在语言实践过程中，人们也常常使之简缩，构成语流较短，使用方便的新的词语形式。当然，这种简缩必须以社会成员普遍接受为条件，以不妨碍交际的顺利进行为原则。例如：

中国民主建国会→民建　中国民主同盟→民盟　宝山钢铁总厂→宝钢　教育工作委员会→教委　语言文字工作委员会→语委　巴勒斯坦解放组织→巴解组织　东南亚国家联盟→东盟　文学艺术工作者代表大会→文代会　农业机械工业部→农机部　科学技术协会→科协　房地产管理局→房管局

3. 简缩其他类型的词组构成新词语

除以上所讲的两种词组可以简缩成新词语外，其他类型的一些自由或半自由词组以及一些固定词组也可以简缩造词，形成新词语。例如：

地下铁道→地铁　对外贸易→外贸　环境保护→环保　环境卫生→环卫　春节运输→春运　人民警察→民警　电视大学→电大　教学改革→教改　知识青年→知青　筹集资金→集资　节约能源→节能　每人平均→人均　肃清反革命→肃反　助理工程师→助工

用简缩法造成的新词语跟基础形式在语用上一般有三种情况：（1）有了明显取代基础形式的倾向。例如，科技、三好、四化、地铁、扫盲、民警等。（2）与基础形式分工合作，具有不同的分布特征。主要是指那些与基础形式具有不同色彩意义的新词语。例如，“中顾委”多用于口语体或不太正式的交际场合，显得轻松、随便一些。在会议、文件及国家大事中，为渲染一种庄严、隆重的气氛，一般使用全称“中共中央顾问委员会”。（3）与基础形式并行使用，还看不出谁主谁次和明显的交际分工，如何发展，尚待语言实践的检验。例如，“人均”之于“每人平均”，“节能”之于“节约能源”等。

浅谈由多义词素造成的多义复合词*

一

多数学者认为，多义词是单义词词义扩张增殖运动的结果。也就是说，一个词产生之初都是单义的，在发展过程中由原义派生出新的意义，实现了多义化，于是单义词就转化为多义词。

最简单的多义词是只包含两个意义的多义词，两个意义之间有历时的源流关系。例如，"叶片"一词本指叶的组成部分之一，通常是很薄的扁平体，有叶肉和叶脉，是植物进行光合作用的主要部分；后来，在此基础上作比，用以指涡轮机、水泵、鼓风机等机器中形状像叶子的零件，许多叶片构成叶轮。

由词义派生原因造成的复杂多义词有三种类型。

其一，单义词在原义基础上向不同方向延伸，在一个层次上派生出两个或两个以上的新义。新义以原义为中心，呈向四周发散的态势，即每个新义都跟原义发生直接的派生关系。例如，"尾声"一词有四种意义：①南

* 本文曾刊于《东岳论丛》1996 年第 5 期。

曲、北曲的套曲中的最后一支曲子；每出戏结束时用唢呐吹奏的曲牌。②大型乐曲中乐章的最后一部分。③文学作品的结局部分。④指某项活动快要结束的阶段。（《现代汉语词典》，以下用例均取自该词典）义项②③④都直接派生于义项①。其派生模式可图示为：

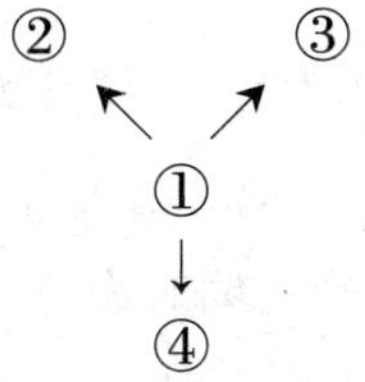

其二，单义词在原义基础上派生出一个新的意义，再由新义直接派生出更新的意义，由原义到最新的意义呈环环相扣的连锁反应态势。例如，“不平”一词有四种意义：①不公平。②不公平的事。③因不公平的事而愤怒或不满。④由不公平的事引起的愤怒或不满。义项②由义项①直接派生，义项③由义项②直接派生，义项④又由义项③直接派生，义项③与义项④跟义项①发生间接的派生关系。其派生模式可图示为：

①→②→③→④

其三，综合上述两种类型的派生方式，即在一个词的多义化过程中，既有发散式派生又有连锁式派生。例如，“肥”一词也有四种意义：①含脂肪多（跟“瘦”相对）。②肥沃。③使肥沃。④肥大（跟“瘦”相对）。其中义项②和义项④由义项①直接派生而来，义项③由义项②直接派生。其派生模式可图示为：

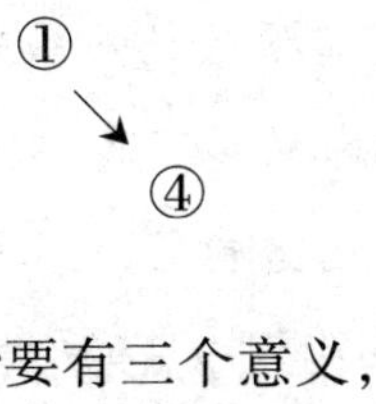

前两种类型的多义词至少要有三个意义，后一种类型的多义词则至少要有四个意义。

词义派生的方法有比喻、引申、借代、特指、象征等。

二

我们不怀疑上述分析的科学性和可操作性。词义运动也许是多义词产生的显性的和主要的原因，派生关系也可能是多义词意义间的基本关系。不过，我们在考察现代汉语的多义词时发现，对多义复合词来说，有不少词多义化的原因跟构词词素的多义性直接相关，多义化的原因不一定是词义运动的结果，多义化过程也不见得是词义派生的过程。

比较以下多义词。

中央 ① 中心地方：湖的中央有个亭子。

② 特指国家政权或政治团体的最高领导机构：党中央｜团中央。

中游 ① 河流中介于上游与下游之间的一段。

② 比喻所处的地位不前不后；所达到的水平不高不低：要力争上游，不能甘居中游。

中人 ① 为双方介绍买卖、调解纠纷并做见证的人。

② 在身材、相貌、智力等方面居于中等的人：中人以上｜不及中人。

中线 ① 三角形的一顶点与对边中点的连线。

② 球场中间划的一条横线，是双方的界限。

以上四个词都有两种意义，但意义关系并不一样。“中央”的义项①为原义，义项②是义项①的特指义，二者之间有派生关系；“中游”的义项①是原义，义项②是义项①的比喻义，二者之间也有派生关系。“中央”和“中游”属于一个类型，即由词义的派生原因形成的多义词。而“中人”和“中线”的情况却不是这样，它们的两种意义没有明确的派生关系，无法确定谁先谁后，哪是源哪是流，因为它们的两种意义不是以其中的某一个为前提条件符合逻辑的自然滋生，而是由构词词素的多义性产生的。“中人”在义项①里，构词词素“中”使用的是“中间”义，在义项②里，构词词素“中”使用的是“中等”义；“中线”在义项①里，构词词素“中”使用的是“中点”义，在义项②里，构词词素“中”使用的是“中间”义。“中人”和“中线”属于另一个类型，即因构词词素的多义性形成的多义词。这种多义词的不同意义是在一个层次上的。

因构词词素的多义性造成的多义复合词，在现代汉语中并不少见，只是没有引起人们的注意而已。再举几个例子。

半夜 ① 一夜的一半。(半：二分之一；一半)
② 夜里十二点钟前后，也泛指深夜。(半：在……中间)

变色 ① 改变颜色。(色：颜色)
② 改变脸色（多指发怒）：勃然变色。（色：脸上表现出来的神气、样子）

暗笑 ① 暗中高兴。(笑：愉悦；高兴)
② 暗中讥笑。(笑：讥笑)

炒面 ① 煮熟后再加油和作料炒过的面条。(面：面条)
② 炒熟的面粉，做干粮，通常用开水冲了吃。(面：面粉)

要道 ① 重要的道路。(道：道路)
② 重要的道理。(道：道理)

三

由多义词素造成多义复合词的成因是多方面的。

其一，一个复合词产生之初是单义的，也就是说参与构词的词素以单一的意义相复合，而在使用过程中，构词词素的另外意义参与了该词的深层结构，使构词词素的意义发生了转移，导致了词的新义的产生。如果新义的产生不以原义的消失为代价，那么该词就有了多义性，成为多义词。这一情形虽然原义跟新义有时间上的先后，但没有直接的派生关系，而是多义词素在不同的意义上先后参与同一词形的构词的结果。例如，“明处”一词本指“明亮的地方；有光亮的地方”。“明”以“明亮”或“有光亮”的意义参与构词。而“明”还有“公开；显露在外；不隐蔽”的意义，把这一意义再赋予“明处”的深层构词，于是“明处”又有了“公开的场合”义。

其二，一个复合词在使用过程中不顾原有词义的存在和造词理据，根据构词词素的含义望词生义，形成了多义词。例如，“持平”本指“公平；公正”，如“持平之论”。由于这一意义不太常用，而“持”有“保持”义，“平”有“平衡”义，于是乎，人们据此就用它来指“两种事物之间保持平衡”了，如“今年的钢产量与去年同期持平”；“钢窗跟木制门窗的价格基本持平”。

其三，多义复合词的形成是不同时期、不同区域、不同群体的人们根据词素的不同意义，根据不同的造词理据共用多义词素造词的结果，是由造词活动的广泛性和造词理据的选择性决定的，是不同造词渠道因共用多义词素的偶然相合。例如：

洋务 ①清末指关于外国的和关于模仿外国的事务。
②香港等地指以外国人为对象的服务行业。

种花 ①培植花草。
②（方）种痘。
③（方）种棉花。

正片 ①经过晒印带有图像的照相纸。
②拷贝。（按：指用拍摄成的电影底片洗印出来供放映用的胶片）
③电影放映时的主要影片（区别于加映的短片）。

其四，有少数多义复合词由不同的基础形式简缩而来。因基础形式不同，意义也就不同。又因简缩形式——复合词有相同的构词词素，意义之间也就有了某种联系。例如：

军工 ①军事工业。
②军事工程。

语文 ①语言和文字：语文程度（指阅读、写作等能力）。
②语言和文学的简称。

四

由多义词素造成的多义复合词，其内部的意义联系都是通过词素义建立起来的。具体来讲，又有两种情况。下面我们以由两个词素构成的多义复合词为例，作一简单分析。

第一种情况是，构成复合词的词素有的意义相同，有的意义不同，但意义不同的词素是有语义联系的多义词素，而不是一组同音又同形的词素。意义相同的词素使多义复合词的意义之间具有了共同成分，意义虽不相同但有语义联系的词素使多义词的意义之间产生差别，同时也使多义词的意义之间建立起更深层次的联系。例如，“初婚”有两义：①第一次结婚。②刚结婚不久。“婚”是意义相同的构词词素，在两个意义里都是“结婚”的意思。“初”是意义不同的多义词素，在义项①里是“第一次”的意思，在义项②里是“刚开始”的意思，而“第一次”与“刚开始”的意义是相通相合的。如果我们用 A 来表示这类复合词，用 B 和 C 表示构词词素，用 B_1、B_2 和 C_1、C_2 分别表示多义词素中意义不同的词素，那么这类多义复合词的意义联系模式就可以图示为：

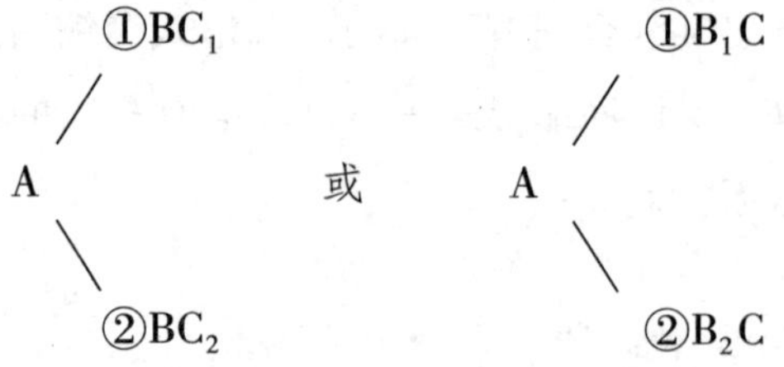

第二种情况是，构成复合词的词素意义都不同，都是多义词素。多义复合词意义之间的联系均由多义词素的意义联系来折射，联系更为隐曲。例如“机组”有两义：①由几种不同机器组成的一组机器，能够共同完成一项工作，如汽轮机、发电机和其他附属设备组成汽轮发电机组。②一架飞机上的全体工作人员。“机”和“组”在义项①和义项②中意义都不同，在义项①里“机”指“机器”，“组”指“一组（机器）”，义项②里“机”指“飞机”，“组”指“一组（人员）”。这类多义复合词占由多义词素造成的多义复合词的极小一部分，其意义联系模式可图示为：

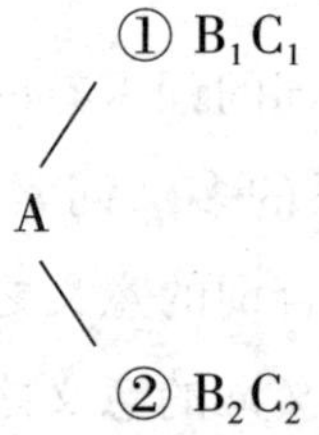

如果构成复合词的词素意义不同且没有任何联系，即构词词素是一组同音同形词素的话，只能形成一组同音同形词，而不能造成一个多义的复合词。例如：

仪　人的外表。

仪　机器。

表　①外表；外面。②测量某种量的器具。

仪表　人的外表（包括容貌、姿态、风度等，指好的）：仪表堂堂。

仪表 测定温度、气压、电量、血压等的仪器，形状或作用像计时的表。

了解多义词素在形成多义复合词上的作用是很有意义的。它不仅使我们能从另外一个侧面认识多义词的成因，看到多义词类型的多样性，而且有助于认识词素义跟词义的关系，帮助分析词的内部结构，对于有效地分辨多义词和同形同音词也提供了一种理论依据和操作方法。

现代汉语三音节词的判定问题*

一 问题的提出

在汉语研究中，确定汉语里相当于西方语言学所讲的 word 的语言单位，从而建立词的观念，走向字词分离之路，是中国现代语言学跟传统语言学的重要区别之一。词观念的建立，也促成了真正意义上的汉语词汇学的产生。但是，由于对确立汉语词的标准问题认识不一，汉语词的判定问题一直是困扰汉语研究，特别是汉语词汇研究的老大难问题。不过，古代汉语（特别是上古汉语）以单音词为主体，字和词具有大致的对应关系，人们可以借助字认识古代汉语的词，甚至仍可按照历史传统“以字为词”。近代汉语双音词大量增加，发展到现代汉语双音词已占优势，由于现代汉语的核心构词语素大都可以独立成词，双音词跟二字短语的划界就成了问题。经过长期的研究，结合社会大众的实际语感，目前学界普遍接受这样一种理念，即当一个二字结构是词还是短语不易确定时，倾向于认为是词。随着社会的发展和交际的变化，现代汉语词汇系

---

* 本文曾刊于《中国海洋大学学报》（社会科学版）2014 年第 2 期。

统也出现了新的特点，三音节词不但占有一定的比例，而且还有不断增加的趋势，“三字格”正逐渐成为汉语构词的基本范式，因此如何判定现代汉语三音节词，怎样把三音节词跟短语有效区分开来又成了一个新的研究课题。我们认为，识别和判定现代汉语三音节词是一项基础性的研究工作，值得重视。

二　正确认识现代汉语三音节词的必要性

正确认识现代汉语三音节词的性质及其在现代汉语词汇中的地位，准确判定每一个现代汉语的三音节词，进而廓清现代汉语三音节词的范围，具有重要的理论意义和应用价值。

首先，可以帮助我们认识现代汉语词汇的特点。

不少论著在谈及现代汉语词汇的特点时认为，现代汉语的语素（或称词素）多是单音节的，双音节词占优势，构词以复合法为主。这种看法基本符合现代汉语词汇的实际状况，但是有一个事实也必须承认，随着汉语词汇的发展，合成词素越来越多，不少合成词素有了较强的构词能力，用合成词素造成的三音节词正日渐增多，[①] 我们应该正视这些词的存在。比如用“安全”这个合成词素构成的三音节词《现代汉语词典》[②] 收录了“安全带、安全岛、安全门、安全套、安全线”，《现代汉语规范词典》[③] 收录了“安全带、安全岛、安全灯、安全阀、安全感、安全帽、安全门、安全套、安全线”，其实还有“安全服、安全港、安全角、安全局、安全厅、安全期、安全区、安全员、安全年、安全月、安全日、安全锁、安全绳、安全网、安全罩、安全性、安全型”等不见于普通语文词典收录。更

---

① 葛本仪：《现代汉语词汇学》（修订本），山东人民出版社2004年版，第66页。

② 中国社会科学院语言研究所词典编辑室：《现代汉语词典》（第6版），商务印书馆2012年版。

③ 李行健主编：《现代汉语规范词典》，外语教学与研究出版社、语文出版社2004年版。

值得注意的是，有一批语素跟合成词素或语素组①构造三音节词的能力极强，呈高度开放的态势，如用表示“器具”义的“器”构成的“～器”构式的三音节词就有很多，比较常见的有：

按键器	按摩器	拔毛器	报警器	报时器	避雷器
编辑器	编码器	变速器	变压器	变阻器	表决器
播放器	捕鼠器	充电器	除尘器	储水器	处理器
触发器	传感器	传声器	存储器	打蛋器	导航器
点火器	电抗器	电热器	电容器	定时器	定位器
定向器	读卡器	发射器	放大器	放电器	飞行器
蜂鸣器	服务器	孵化器	干扰器	干燥器	感应器
跟踪器	刮削器	观测器	轨道器	过滤器	航空器
航天器	恒温器	呼叫器	呼吸器	互感器	化油器
集热器	计步器	计程器	计价器	计时器	计算器
计数器	继电器	寄存器	加速器	加热器	加湿器
加油器	监控器	监视器	减速器	减压器	减震器
交换器	搅拌器	接收器	接受器	节水器	节育器
解读器	解码器	净化器	净水器	开瓶器	空调器
控制器	扩音器	扩胸器	拦截器	冷凝器	拉力器
离合器	联轴器	连通器	量角器	淋浴器	浏览器
路由器	滤波器	滤光器	滤水器	灭火器	灭蚊器
喷火器	喷雾器	喷射器	启动器	起搏器	起跑器
汽化器	潜水器	抢答器	窃听器	驱动器	驱蚊器
取景器	取样器	燃烧器	热水器	熔断器	散热器
识别器	示波器	受话器	鼠标器	刷卡器	探测器

① 语素组跟合成词素不同。合成词素是由合成词转化而成的，如“编辑器、处理器、表决器”中的“编辑、处理、表决”本身都是合成词。语素组是指在造词时临时组织在一起的语素组合，脱离了词就不能独立存在或变成自由词组的形式，如“变阻器、路由器、起搏器、削皮器”中的“变阻、路由、起搏、削皮”。

提示器　调节器　调解器　调速器　调制器　听诊器
通话器　推进器　稳压器　吸尘器　吸奶器　吸痰器
显示器　限速器　消毒器　消声器　削发器　削皮器
谐振器　扬声器　遥控器　引爆器　雨刮器　运算器
增压器　振荡器　蒸馏器　整流器　指示器　制动器
助跑器　助视器　助听器　助推器　注射器　转换器
着陆器

再如，表示“影视片”义的“片”也有较强的构造三音节词的能力，除《现代汉语词典》收录的“故事片、贺岁片、商业片、武打片、功夫片、纪录片、科教片、动画片、动作片、警匪片、戏曲片、木偶片、美术片、剪纸片、彩色片、黑白片、无声片、电视片”之外，常见的还有：

哀情片　爱情片　暴力片　成人片　传奇片　打斗片　儿童片
犯罪片　风光片　风情片　风景片　歌舞片　古装片　观摩片
国产片　黑帮片　幻灯片　幻想片　监狱片　间谍片　教育片
进口片　惊险片　卡通片　科幻片　恐怖片　历史片　历险片
漫画片　闹剧片　枪战片　强盗片　三级片　色情片　神话片
生活片　武侠片　西部片　喜剧片　献礼片　新闻片　宣传片
悬疑片　言情片　艺术片　音乐片　娱乐片　灾难片　战争片
侦探片　政治片　专题片　传记片　宗教片

从新词的创制角度看，三音节新词所占比重越来越大，与双音节新词持平，甚至有超越双音节新词的趋势。我们初步统计了侯敏、周荐主编的《2007汉语新词语》[①] 和《2008汉语新词语》[②]，结果是：《2007汉语新词语》正文收录明确标注词性的三音节词有146条，双音节词只有84条；

① 侯敏、周荐主编：《2007汉语新词语》，商务印书馆2008年版。
② 侯敏、周荐主编：《2008汉语新词语》，商务印书馆2009年版。

《2008汉语新词语》正文收录明确标注词性的三音节词有192条，双音节词只有70条。

现代汉语三音节词在词汇系统中所占总量虽无法估计，但有一个特点是我们注意到了的，那就是随着词汇量的扩大，三音节词所占的比例也就越大，即三音节词与词汇量成正比。我们初步统计了按词频高低排列的《现代汉语常用词表（草案）》① 所收录的56008条词语，以5000词为一个统计段，结果如下：

词汇范围	三音节词数量	所占比例	例　词
1—5000	142	2.84%	办公室　房地产　价值观
5001—10000	326	6.52%	出发点　目的地　水电站
10001—15000	357	7.14%	个性化　高峰期　技术性
15001—20000	455	9.1%	目击者　观察家　贴心人
20001—25000	495	9.9%	乱糟糟　承包商　乳制品
25001—30000	539	10.78%	节骨眼儿　性骚扰　摇头丸
30001—35000	612	12.24%	棚户区　走极端　致命伤
35001—40000	702	14.04%	敲门砖　吃得开　强心剂
40001—45000	751	15.02%	乱弹琴　遗腹子　腐蚀剂
45001—50000	882	17.64%	三脚架　看不上　警匪片
50001—55000	946	18.92%	调皮鬼　翘辫子　金质奖
55001—56008	230	22.82%	阴阳人　瞌睡虫　老油子

① 《现代汉语常用词表》课题组：《现代汉语常用词表（草案）》，商务印书馆2008年版。

认识到三音节词的能产性和它在现代汉语词汇系统中的开放性，对我们认识现代汉语词汇的丰富性和多样性有积极意义，对我们预测现代汉语词汇的发展趋势也有启发性。

其次，可以帮助词典和词表编纂者确定词目并标注词性。

对于一个三音节单位，它是不是词汇单位，应不应该作为词目收入词典或词表，有时容易判定，有时不易定夺。“过来人”是词，应该入典；“过河人”是自由短语，不能入典；“过路人”是不是词，该不该入典？[①]《现代汉语词典》和《现代汉语规范词典》均收了“葡萄干、葡萄酒”，都没收“葡萄汁”，那么“葡萄汁”是不是词呢？《现代汉语规范词典》在“大”字头下收的“大半天、大半夜、大包干儿、大爆炸、大兵团、大部分、大部头、大串联、大道理、大动作、大肚汉、大而全、大方向、大个子、大规模、大红伞、大换血、大奖赛、大轿车、大教育、大经济、大科学、大老粗、大礼服、大礼堂、大路菜、大帽子、大妹子、大脑炎、大农业、大清早、大晴天、大染缸、大熔炉、大赦令、大牲畜、大实话、大使馆、大苏打、大团结、大碗儿茶、大屋顶、大舞台、大西北、大西南、大西洋、大小姐、大学士、大烟鬼、大檐帽、大洋洲、大一统、大衣呢、大跃进、大专生、大总统”等，《现代汉语词典》均未收。同一个字头之下，两部规模相当的规范词典为何收词差别如此之大？《现代汉语常用词表（草案）》收录“是不是、想不到、总收入、接下来、年收入、不景气、说清楚、年产值、有你的、这一阵、提意见、打基础、想得到、古时候、真本事、下星期、穷讲究、线手套、饮牲口”等是否合理？要回答这些问题，最根本的就是要搞清楚这些单位到底是不是词汇单位。如果它们是词或固定短语就应该收录，如果它们是自由短语就不应该收录。如果是不是词汇单位有争议，就要开展讨论，进行深入研究，找到尽可能合理的解决办法。

目前，辞书学界普遍采用给词标注词性，固定短语不标注词性的做

① 《现代汉语词典》和《现代汉语规范词典》均收“过来人”。《现代汉语规范词典》收“过路人”，《现代汉语词典》未收。

法。这就触及汉语研究的另一个难题，即词和固定短语的划界问题。而词和固定短语划界的困难又主要集中在三个音节的多语素词汇单位上。怎样从理论和实际操作上把三音节词跟三音节固定短语区分开，是一个值得认真讨论的课题。这个问题解决得好，就会给词典编者提供理论依据和具体操作办法，解决得不好或各行其是，就会造成混乱。比如"大出血、明摆着、双肩挑、无所谓"，《现代汉语词典》都标注为动词，《现代汉语规范词典》都不标词性；《现代汉语词典》的"透心儿凉"标为形容词，《现代汉语规范词典》的"透心凉"不标词性；《现代汉语规范词典》的"无奈何"标注为动词，《现代汉语词典》不标词性；"半瓶醋、马后炮、肉中刺、眼中钉"，《现代汉语词典》标注为名词，《现代汉语规范词典》不标词性。

三　判定现代汉语三音节词的原则

现代汉语词汇研究者和现代汉语词典编纂者在判定现代汉语三音节词时，实际上都遵循着一定的标准和原则，但是很少有人深入讨论，加以明确表述。由于遵循的标准和原则多不彰显且不统一，加上有的现代汉语三音节单位在性质上具有多面性，当我们面对一个三音节单位要确定它是不是词时，常常意见不一，同一个三音节单位有人认为是词，有人认为是短语。认为是短语的，还可能有固定短语和自由短语的分歧。所以在有的论著中索性不去严加区分，以"三音节词语"统称之。

尽管确立判定三音节词的原则是困难的，但是我们认为在现代汉语词汇研究中判定三音节词应遵守以下几个原则。

第一，不能完全以词典是否收录为依据，也不能以词典是否标注词性为依据。

在现代汉语词汇研究中，有一种较普遍的做法，那就是以词典为依据，特别是以《现代汉语词典》为依据，从词典中找语料，就词典确立研究对象的范围。这种做法有便利之处，也有一定的合理性，可以保证材料的稳妥性，易于做封闭式的定量研究。然而这种做法也有它的问题，就整体而言，词典在收释词语上多是保守的，不能反映汉语词汇系统的全貌。我们不能根据词典中没有收录某个词语，就不承认它的客观存在，也不能根据某个词语在词典中没有某个义项，就认定该词语不具有某种意义，一切要以语言事实为依据。就词典立目来说，目前的词典（包括词表）对三音节词的收录都是谨慎的，能不收就不收，能少收就不多收，特别是成系列、开放式的三音节词族，往往只收有限的数量。下面是以“会”的“有一定目的的集会”义构造的常用三音节词，《现代汉语词典》（下表简称《现汉》)、《现代汉语规范词典》（下表简称《规范》）和《现代汉语常用词表（草案)》（下表简称《词表》）都是有选择地收录了一部分。像“办公会、订货会、汇报会、纪念会、鉴定会、拍卖会、庆祝会、讨论会、协调会、展示会”等高频词均未收录，倒是都收录了词频相对较低的“游园会、游艺会”，表现出一定的随机性。

词　目	词典和词表收录情况	北京大学中国语言学研究中心(CCL)语料库现代汉语部分使用条目数量
办公会		381
报告会	《规范》《词表》	1305
辩论会		116
博览会	《现汉》《规范》《词表》	5206
茶话会	《现汉》《规范》《词表》	508
吹风会	《规范》《词表》	183
促销会		23
党代会	《规范》《词表》	345
订货会		497
发布会	《词表》	4662
观摩会		20

续表

词目	词典和词表收录情况	北京大学中国语言学研究中心(CCL)语料库现代汉语部分使用条目数量
汇报会		266
纪念会		413
家长会		81
见面会		187
鉴定会		238
交易会	《规范》《词表》	1841
恳谈会		173
扩大会		198
朗诵会		86
联席会		133
联谊会	《词表》	1039
拍卖会		908
碰头会	《现汉》《规范》《词表》	124
批斗会		115
洽谈会	《规范》《词表》	1772
庆祝会		272
庆功会		172
讨论会		1869
听证会	《规范》	782
文代会	《规范》	161
务虚会		16
现场会	《规范》《词表》	701

续表

词　目	词典和词表收录情况	北京大学中国语言学研究中心（CCL）语料库现代汉语部分使用条目数量
协商会		111
协调会		249
研讨会	《词表》	9091
演唱会	《规范》《词表》	710
音乐会	《规范》《词表》	2566
游艺会	《现汉》《规范》《词表》	29
游园会	《现汉》《规范》《词表》	77
展览会	《规范》《词表》	2636
展示会		566
展销会	《规范》《词表》	698
招待会	《规范》《词表》	7091
职代会	《规范》《词表》	399
追悼会	《词表》	608
座谈会	《词表》	9151

由于上文所指出的情况，当判定一个三音节词汇单位是词还是固定短语时，也不能以某一部词典是否标注词性为根据。

第二，要立足现代汉语的实际情况和人们的实际语感，不要固守成见。

对待现代汉语词在音节上的表现，人们容易把它限定在单音节和双音节上。对于三音节词汇单位，如果是体词性的，还比较宽容，多认定是词，如“客流量、黄金周、自驾游、风景区、背包客、旅游车、自助餐、核燃料、核潜艇、驱逐舰、商品房、廉租房、房地产、不动产、新纪元、新能源、新人类、新闻学、心脏病、脑溢血、高血压”等。如果是谓词性的，特别是动词性的，就比较严格，能不作词看的尽量不看作词。学界一般把“出风头、碰钉子、揭疮疤、闯江湖、捞稻草、满天飞、连轴转、翘尾巴、甩包袱、拖后腿”之类有非字面意义的看作惯用语[①]，也有人视为成语[②]。把“打点滴、打群架、打下手、抢时间、缺心眼儿、跑单帮、跑买卖、说闲话、说笑话、找麻烦、找窍门”等没有非字面意义的也看作语，至于给一个什么名称，尚不明确。有人把“来得及、来不及、禁不住、了不起”之类叫作短语词，也就是说它们介于词和短语之间。[③] 说到底，还是不承认它们是词汇词，不认可它们具有普通词的性质。

我们认为在对待一个三音节单位是不是词的问题上，应该有发展的眼光，一定要立足现代汉语的实际使用情况和人们的实际语感，而不是固守成说。如果一个三音节单位是一个完整的组句单位，在人们的语感上有整体感，不妨就认定是词汇单位。像《现代汉语规范词典》“大”字头下收录的“大半天、大半夜、大包干儿、大肚汉、大奖赛、大老粗、大礼堂、大实话、大使馆、大跃进、大专生、大总统”等；《现代汉语常用词表（草案）》收录的“是不是、接下来、年收入、不景气、年产值”等都可视为词汇单位。当然，像《现代汉语规范词典》收录的“大牲畜”和《现代汉语常用词表（草案）》收录的“下星期、饮牲口”等还是比较自由的组合，不宜视为词汇单位。

至于三音节词汇单位是词还是固定短语，我们认为应转变观念，改变过去认定词从小不从大，特别是动词一般不超过两个音节的做法，只要一个三音节单位结构固定、意义具有整体性，内部语法或语义结构关系变得模糊，在语感上有较强的词感，就不妨认定是词。《现代汉语词典》在这方面也做出了有意义的尝试，比如将“不成文、不大离儿、不得了、不得已、不名誉、不人道、不是味儿、不像话、不要紧、不要脸、吃不开、吃

---

① 周荐在《惯用语新论》（《语言教学与研究》1998 年第 1 期）、《三字组合与词汇单位的确定》（《语言科学》2003 年第 5 期）、《汉语词汇趣说》（暨南大学出版社 2011 年版）等论著中不同意把这类单位视为惯用语，而是看作词。观点与众不同，分析也较深入，值得参考。

② 刘叔新：《汉语描写词汇学》（重排本），商务印书馆 2005 年版，第 137—138 页。

③ 邢福义、汪国胜主编：《现代汉语》，华中师范大学出版社 2003 年版，第 179 页。

得开、靠得住、靠不住、了不起、了不得”等标注为形容词；将“不敢当、不过意、不失为、不识闲儿、不下于、不在乎、不至于、不足道、吃不服、吃不来、吃不消、吃不住、吃得来、吃得消、吃得住、对不起、对不住、对得起、对得住、赶不及、赶得及、来不及、来得及、连根拔、连锅端、连轴转、满负荷、殊不知”等标注为动词；将“保不定、保不齐、里外里、满世界、时不时”等标注为副词。有点遗憾的是《现代汉语词典》没能把这种做法贯彻到底，比如用“不像话”给“不成话”释义，但“不成话”不标词性；不收“不外乎、不屑于、不亚于、取决于、不足取”等动词。

第三，坚持语音、语义、语法、语用和语感综合考察，以语用和语感为主的定性标准。

我们发现，在判定一个三音节单位是不是词时，单纯从语音、语义、语法、语用或语感某一个方面定标准都是不充分的，已有的一些判定标准常常顾此失彼，相互矛盾。比如，按照习惯上使用的语义标准，词的意义不能是构成词的词素义的简单相加，而应该是构成词的词素义融合而成的完整义，像“白矮星、白报纸、白大褂、白条子、白斩鸡、保护伞、保险带”之类符合该标准，可以判定为词。而像“白开水、白天鹅、白皮松、白种人、保温杯、保管员、保健品”之类，其意义基本上就是构成成分的字面意义之和，按此标准似乎不应判定它们为词，可是从实际使用的角度看，它们都是最小的组句单位，不能拆开使用，“白开水”不能说成“白的开水”，“白种人”也不宜说成“白种的人”，更何况“杯、员、品”都是不能独立使用的成分，不把它们看成词是不合理的，也是不符合人们的实际语感的。

我们主张在判定一个三音节单位是不是词时，应该从语音、语义、语法、语用和语感等方面综合考察，当发生矛盾时，以实际语用和人们的实际语感作为主要的定性标准，这样可能得出的结果有时跟传统的判定方法得出的结果有出入，但可能更符合现代汉语词的实际。比如“真本事”，从语音、语义、语法上看不太容易被认定为词。因为按照韵律词理论，“真本事”的语音结构模式是［1+2］式，而［1+2］式的三音节组合不容易构成韵律词和复合词，“真本事”在语义上缺乏融合性，在语法上“真”和“本事”也都具有独立性，所以《现代汉语词典》《现代汉语规范词典》等均不收“真本事”。但在语用上“真本事”作为整体单位来使用是比较普遍的，查 CCL 语料库现代汉语部分，“真本事”有 138 条，而与其语义相对的“假本事”一条也没有，这说明“真”和“本事”结合使用已具备了习惯性和一定的凝固性，把它看成词符合人们的语感，也就是说人们对“真本事”是有词感的，所以《现代汉语常用词表（草案）》收录了它。

四 几种判定现代汉语三音节词的具体方法

判定现代汉语三音节词的主要任务是把它跟自由短语和固定短语区别开来。对有些三音节词来说，用比较简单的方法就可以识别，也不会有认识上的分歧。但由于现代汉语三音节词与非词单位的界限总体而言是比较模糊的，所以确定识别现代汉语三音节词的具体方法还是有困难的，不容易做到客观而周全。我们这里根据已有的相关成果，结合个人的认识，提出几种判定现代汉语三音节词的具体方法，权作尝试。

第一，语音形式识别法。

所谓语音形式识别法，就是根据一个三音节单位的语音形式特点，确定其是不是词。有人根据“看不见、找不着”这样的语言单位，三个音节用的是三音节词的重音形式——中轻重，认定它们是词，[①] 就是立足词的语音形式特点做出的判断。韵律词理论从韵律角度判断一个三音节单位什么样的是词，什么样的不是词，[②] 也是很有意义的尝试。

另外，一般来说含有轻声音节和儿化音节的三音节单位大多应判定为词，例如：

① 俞敏：《北京口语“看不见、找不着”一类的词》，《世界汉语教学》1988 年第 4 期。
② 冯胜利：《汉语的韵律、词法与句法》（修订本），北京大学出版社 2009 年版。

暗地里　不见得　不由得　对不起　看不起　愁得慌
闷得慌　见不得　私下里　犯不上　犯不着　大师傅
大少爷　大呼隆　打交道　真格的　不在乎　明摆着
人情味儿　节骨眼儿　铺盖卷儿　小心眼儿　豆腐脑儿
小人儿书　过滤嘴儿　精神头儿　大碗儿茶　老白干儿
偏心眼儿　瓜子儿脸　细高挑儿　指甲盖儿　土老帽儿
小大人儿

第二，语素数量识别法。

所谓语素数量识别法，就是根据一个三音节单位包含的语素数量来判定其是不是词的方法。

如果一个三音节单位只包含一个语素，那么它只能是词，不可能是短语，这种情况主要是三音节外来词，如“俄罗斯、意大利、巧克力、天妇罗、萨其马、可卡因、咖啡因、尼古丁、迪斯科、开司米、喀斯特、卡路里、赛璐珞、荷尔蒙、马拉松、马赛克、麦克风”等。

如果一个三音节单位包含两个语素，而其中至少有一个不能独立成词，那么这个三音节单位是词。又有不同情况：其一，前一语素不能独立成词，后一语素能独立成词，如“乔其纱、沙丁鱼、卡宾枪、卡丁车、卡介苗、来复枪、道林纸、唐宁街、华尔街、艾滋病、太妃糖”等。其二，前一语素能独立成词，后一语素不能独立成词，如“垃圾股、桑拿浴、荷兰豆、咖啡机、沙发椅、热乎乎、慢腾腾、猛不丁、冷不丁”等。其三，前后两个语素都不能独立成词，这种情况比较少见，如“拉力赛”等。如果两个语素都能独立成词，那么这个三音节单位可能是词，也可能是短语，要分情况用其他方法来辨别。“沙发床、咖啡壶、咖啡糖、糖葫芦、水葫芦、猕猴桃”等是词，因为它们都表达简单概念。“沙发背、咖啡树、酒葫芦、猕猴毛”等是词还是短语，不好断定，可能会有争议，因为它们表达的概念都具有复合性，组合上也带有临时性，但我们倾向于认定为自由短语。而像“睡沙发、喝咖啡、种葫芦”之类，只能是自由短语，不会有认识上的分歧。

如果一个三音节单位每个音节都有意义，那么它就包含三个语素。这种情况比较复杂，它可能是词，也可能是短语（包括自由短语和固定短语），要根据语素的性质、结构层次及其关系、表义的特点、实际使用的情况等来判定。

第三，语素性质识别法。

所谓语素性质识别法，就是根据一个三音节单位包含的语素性质来判定其是不是词的方法。

如果一个三音节单位包含有不能独立成词的语素，即非词语素，而这个语素又处在第一个结构层次上，那么不管这个三音节单位包含两个语素还是三个语素，有一个结构层次还是两个结构层次，它都是词。包含有两个语素、只有一个结构层次的情况，上文已经分析过，如"沙发椅、桑拿浴、拉力赛"，不再赘述。包含三个语素、有两个结构层次、非词语素是第一个结构层的直接成分的，也是词，如"洗衣机、挖掘机、内燃机、工作服、中山装、开放式、封闭式、杀虫剂、消毒剂、视网膜、保鲜膜、可读性、实用性、非金属、非党员、老百姓、老大娘、老豆腐"等。特别是当这个非词语素是词缀时，这个三音节单位是词的性质更加明显。如果一个三音节单位的非词语素不在第一个结构层次上，是不是词要根据具体情况确定，"老虎机、痱子粉、二愣子、药引子"等是词，"有盼头、大院子、老乡情、老虎头"是短语。

有些三音节单位包含三个语素，第一个结构层次分析出来的两个直接成分中，那个包含有两个语素的成分（语素组）或是短语形式，或是不能单说单用的成分，它们都是在构造词的过程中出现的，因此这样的三音节单位都应视为词。例如：

滞纳丨金	西丨红柿	花丨楞棒	高射丨炮	迫击丨炮
迷魂丨药	迷魂丨阵	脚手丨架	手提丨包	洗手丨间
龙卷丨风	黄丨鼠狼	火丨烧云	俯卧丨撑	强心丨针
响尾丨蛇	肺心丨病	苦肉丨计	买路丨钱	拴马丨桩
拦河丨坝	笑面丨虎	黑死丨病	跟屁丨虫	穿堂丨风
刀削丨面	连理丨枝	连裤丨袜		

第四，语法特点识别法。

所谓语法特点识别法，就是根据一个三音节单位在语法方面所具有的特点来判定其是不是词的方法。

如果一个三音节名词性单位是词汇性的，不管它的内部结构是什么关系，判定它是名词而不是名词性短语比较合理，因为它具有指称性，结构又比较简短，符合人们的词感，如“大陆架、内陆国、亚麻布、阳春面、直筒子、蝙蝠衫、超短波、观音土、国防绿、孔雀石、冷兵器、龙爪槐、速决战、带头羊、灌溉渠、失语症、釉面砖、包身工、电视柜、防沙林、火筷子、火头上、溜冰鞋、曲别针、全武行、热带鱼、活化石、活教材、遮羞布、遮阳伞、水蛇腰、啤酒肚、柳叶眉”等。

如果一个三音节动词性单位是词汇性的，内部结构又为述宾关系，语音形式为［1+2］模式，这样的三音节词汇单位多被认定为固定短语，名之为“惯用语”，如“敲竹杠、泼冷水、撂挑子、踢皮球、拆墙脚、揭老底、出岔子、吃独食、吹牛皮、抬轿子、吹喇叭、看热闹、过日子”等。虽有学者指出这种判定未尽合理，但由于已成习惯，且这类词汇单位有其特点，都具有陈述性，因此沿用旧说还是容易使人接受的。

对于内部结构为非述宾关系的三音节动词性词汇单位，如果是在双音节动词之上附缀虚化成分，那么这样的三音节单位无疑应判定为动词，如“意味着、有赖于、不屑于、不外乎、理想化”等。内部结构为述补关系、状中关系的，如果是凝固化程度强，词感明显，也以判定为动词为宜，如“吃不消、吃得来、等不及、说不准、犯不着、过得去、看得起、经不起、经得起、比不上、比不了、免不了、行得通、行不通、称得上、玩得转、冷处理、不用说、明摆着、不敢当、殊不知、不由得、不自量、不足道、活受罪”等。其他内部结构关系的动词性词汇单位比较少见，主谓关系的可判定为固定短语，归入“惯用语”，因为主谓关系的结构最具陈述性，如“鸟兽散、面对面”。

如果一个具有词汇性的三音节单位是形容词性的、副词性的、代词性的、数词性的、量词性的、连词性的、助词性的，内部结构关系往往变得模糊，词感也较强，一律可判定为词，如形容词“不像话、不对劲儿、不景气、不在乎、不得了、了不起、活见鬼、火辣辣、冷飕飕、两面光、讨人嫌”，副词“不得不、充其量、到头来、无怪乎、冷不防、冷不丁、里外里、岂不是”等，代词“这么样、这么点儿、这么些、这阵子、那么样、那么点儿、怎么样、怎么着、大家伙儿”等，数词“二十五、三十八、第十一”等，量词“平方米、立方米、吨公里、吨海里、人架次”等，连词“甚至于、以至于、于是乎、之所以”等，助词“什么的”等。

第五，语义特点识别法。

所谓语义特点识别法，就是根据一个三音节单位在表义方面所具有的特点来判定其是不是词的方法。

虽然不能完全根据一个三音节单位表达的意义是不是字面义、有没有非字面意义判定其是否是词汇单位，也不能完全根据一个三音节单位表达的意义是不是字面义、有没有非字面意义判定其是否是词，但是当一个三音节单位表达的意义不是字面义、有了非字面意义时却完全可以断定其是词汇单位。比如“吹气球”表达的就是字面义，易于认定是自由短语；“吹牛皮”表达的不是字面义，而是“说大话，夸口”，它一定不是自由短语，无疑是词汇单位。但是，到底是词还是固定短语，可以有争议，一般认为是固定短语，是一个“惯用语”，有人会认为它跟“吹牛”同义，“吹牛”是词，“吹牛皮”也是词。

再比如，“红牡丹”表达的纯粹是字面义，即“红色的牡丹”，一般应认为是自由短语；“红宝石”虽然可以根据其字面意义来理解，但是它指称的是一种特定质地的红色透明的刚玉，并非泛指“红色的宝石”，所以其意义并非完全是字面意义，应该认定为词；当“红马甲”表达“红色的马甲”时它是自由短语，当它表达“证券交易所等市场内穿红色背心的交易员”时，这是一种借代义，这时的“红马甲”是词。

第六，语用对比识别法。

所谓语用对比识别法，就是根据一个三音节单位在语用方面跟相关词进行比较所显示出来的特点判定其是不是词的方法。

有些三音节单位的词汇性质是通过跟相关词比较显示出来的。比如“不在乎”是不是词汇单位？如果是词汇单位，那么它是词还是固定短语？

通过跟“在乎”一词的语用对比，我们发现，“在乎”的“在意；介意”义跟“不在乎”相对，照理“在乎”是词，它的否定形式“不在乎”应是自由短语。可是进一步比较会发现，在实际语用中“在乎”跟否定形式“不在乎”的使用频率很不均衡，查 CCL 语料库现代汉语部分，“在乎”有 662 条，而“不在乎”高达 2778 条。《现代汉语词典》“在乎”的第二个义项解释为“在意；介意（多用于否定式）：满不～｜只要能学会，多学几天倒不～”。这个解释完全反映了“在乎”一词在使用上的实际状况。由于“不在乎”的高频使用，它已经词汇化。又由于“不在乎”的“乎”是轻声音节，“不在乎”的语音长度近乎双音节，所以准确地说“不在乎”已经词化。《现代汉语词典》将“不在乎”标注为动词，道理就在于此。再如，现代汉语实际使用中有表示“不低于；不次于”意义的“不下于”，而没有与之相对的“不上于”，这说明“不下于”不是临时组合的自由单位，而是现成的备用单位。“不下于”的“于”是动词词缀，因此可以断定“不下于”是词。

五 结语

现代汉语三音节词已在现代汉语词汇系统中占有一定的比例，三音节合成词正成为现代汉语新生词中的主导类型。根据什么原则和标准区分三音节词和三音节短语（包括固定短语和自由短语），如何探索判定三音节词的具体方法与途径，都是汉语词汇学和汉语词典学面临的急需解决的问题。汉语词汇学研究再不能只是关注单音节词和双音节词，汉语词典学收释三音节词也不应该跟着感觉走，随机而随意。当然，从某种意义上讲，三音节词的研究还是新课题，加上三音节词与三音节非词单位本身界限模糊，不易辨别，一时还不容易取得成熟的研究成果，也很难达成共识，但做些尝试研究总是有益的。本文所提出的判定三音节词的原则和方法就是一点个人的想法和尝试，也许未尽合理，姑作引玉之砖。

汉字的字形特点与秘密语造词*

汉字是记录汉语的书写符号，是一种表意性的文字。汉字有独体字和合体字之分。独体字也叫单体字，由笔画构成。合体字由偏旁或部件构成。有的合体字是由意符构成的会意字，如“明”；有的合体字是由意符和音符构成的形声字，如“桂”；有的合体字，从现代汉字角度看，是由既不表音又不表意的部件构成的既非会意又非形声的字，如“件”。除极个别的字由一个笔画构成外，绝大多数汉字都是由多笔画构成的，而且汉字的主体是合体字，所以从总体上说汉字具有组装性特点。与此相应，绝大部分汉字在构形上均有可离析的特点，或可拆解为偏旁、部件，或可拆解为笔画。另外，作为方块型的汉字，还具有视点的多维性和鲜明的形象性特点。汉字的可离析性、视点的多维性和形象性特点，常被用来作为语言表达和造词造语的手段。

通过离析或拆解汉字可以形成析字格。析字格既是一种修辞方式，又可用来制作字谜，这是人们比较熟悉的。其实析字还可用来翻造词语，如“丘八”一词就是离析“兵”字翻造出来的。这种词语翻造在民族共同语的造词造语活动中并不多见，目前收入《现代汉语词典》的只有“丘八”一词。可是在特定群体或特定行帮里制造秘密词语时，利用汉字字形特点翻造词语却是经常使用的手段，并且不局限于传统的析字格。据初步统计，

---

* 本文曾刊于《汉字文化》2003 年第 3 期。

钟敬文先生主编的《语海·秘密语分册》（上海文艺出版社 1994 年版）就收有利用汉字字形特点翻造的秘密词语约 150 条。

利用汉字字形特点翻造秘密词语大致有以下不同类型。

1. 按汉字的结构离析合体字，即把合体字的构成偏旁或部件拆解开来，借以表示被拆解的汉字所记录的词或语素的意义。例如：

山灰：清代江湖秘密语，指炭。

虫门：清代江湖秘密语，指福建。因福建别称“闽”，“闽”可拆为“虫门”，故称。

人至：清代江湖秘密语，指侄子。从“侄”拆解而成。

禾乃：旧时洪门秘密语，指秀。

口天子：旧时洪门秘密语，指吴姓。

双口犬：清末丐帮秘密语，指哭。

以上例子虽可视为一类，但情况并不完全相同。有的是直解，如“山灰”；有的有变异，如“人至”，“人”在“侄”中是单立人旁；有的加了衬字，如“口天子”中的“子”；有的带有描述性，如“双口犬”，不直解为“口口犬”。旧时金银业秘密语用“西贝”指“假的”，也属这种类型，只是情况更为特殊，在拆字的基础上又多了一道谐音手续。“西贝”是“贾”的拆解，“贾”与“假”谐音。

2. 不按汉字的实际结构及层次离析汉字，而是把独体字当作合体字拆解，或是在一个层次上拆解合体字的不同层次的偏旁、部件，借以表示被拆解的汉字所记录的词或语素的意义，或者表示与被拆解的汉字所记录的词或语素相关的意义。例如：

十一：旧时建筑业秘密语，指黄泥。从“土”拆解而成。“土”与“泥”同义，故称。

了一：旧时算命业秘密语，指子时。从“子”拆解而成。

一大：清代江湖秘密语，指天。

一木：清代戏剧界秘密语，指戏剧行当的末行；旧时巫卜业秘密语，指未时。前者从“末”拆解而成，后者从“未”拆解而成。

十八公：宋代市井秘密语，指松树。从“松”拆解而成。

三八廿一：旧时洪门秘密语，指洪门。将“洪”字的“氵”变异为“三”，“共”一次拆成“廿”“一”和“八”。

3. 截取汉字的构成部分，用截取部分来代替整个汉字，借以表示被截取的汉字所记录的词语的意义。例如：

豆：清代铜行秘密语，指数字一。从大写数字“壹”截取而成。

三月：旧时洪门秘密语，指清。截取“清”的左偏旁“氵”，变异为“三”，再截取右下偏旁“月”而成。

川大丁首：旧时洪门秘密语，指顺天行道。

川大车日：旧时洪门秘密语，指顺大转明。

清代江湖秘密语用“双王”表示“琴瑟”，亦可归为此类。不过它是在截取“琴瑟”二字上半部分的同时，变成了对截取部分的描述说明。

4. 截取汉字的构成部分，而截取出来的部分自身能够成字，秘密词语的意义就是截取出来的汉字所记录的词语的意义，或者秘密词语的意义是跟截取出来的汉字所记录的词语的意义相关的意义。例如：

平头：旧时杭州杂货业秘密语，指数字一。

皂底：旧时杭州杂货业秘密语，指数字七。

毛尾：旧时浙江仙游工商业秘密语，指数字七。

旭边：旧时浙江仙游工商业秘密语，指数字九。

早下：旧时浙江仙游工商业秘密语，指数字十。

杀西：旧时皮革业秘密语，指数字四。

分炎：清代江湖秘密语，指火。

分磊：清代江湖秘密语，指石。

先张：清代武术界秘密语，指弓。“张”字左偏旁为“弓”字，书写时要先写，故称。

皂头：清代江湖秘密语，指银子。因银子色白，“皂头”为“白”字，故称。

5. 根据汉字的构形特点，对汉字字形加以描写说明，或者跟与字形形象相类的事物对象类比，从而制造秘密词语，借以表示被描写的汉字或被类比的汉字所记录的词或语素的意义。例如：

眠川：旧时杭州杂货业秘密语，指数字三。

睡目：旧时杭州杂货业秘密语，指数字四。

倒川：旧时浙江仙游工商业秘密语，指数字三。

横目：旧时浙江仙游工商业秘密语，指数字四。

入开：旧时皮革业秘密语，指数字八。

列九：清代江湖秘密语，指井。“列”通“裂”。“井”字如同分裂平地为九块，故称。也说“区九”。

眉毛：旧时浙东地区海鱼行秘密语，指数字八。因“八”字形如双眉，故称。

开口笑：旧时浙东地区海鱼行秘密语，指数字四。因“四”字形如张开大口、露齿而笑，故称。

圈吉儿：旧时丝绸业秘密语，指周姓。

匡吉子：旧时洪门秘密语，指周姓。

6. 根据汉字的构形表意特点，通过联想会意，借一个合体字的部件可能传达的意义隐曲地表示秘密词语的意义。例如：

加：旧时山西理发业秘密语，指吃喝。因吃喝需口用力，故称。

老林：元明市井秘密语，指呆笨。因呆笨即木头木脑，二木合为“林”，“老”为衬字，故称。

做吕：明代市井秘密语，指接吻。“吕”字为“口对口”之形，“做吕”即做两口相接之行为，隐指接吻。

老明：清代江湖秘密语，指祖母。清代江湖以“日”为父，以“月”为母。祖母乃“父之母”，而“明”字合“日”“月”而成，可隐指“父之母”，即祖母。“老”在江湖秘密语中是表示称谓的字。

孩交：清代江湖秘密语，指半夜。“孩”字为“子”与“亥”之合写，而半夜乃子时与亥时之交，故称。

尖先生：清末妓院秘密语，指冒充处女的非处女妓。在清末妓院秘密语中，处女妓称为“小先生”，非处女妓称为“大先生”，而冒充处女的非处女妓是名义上的“小先生”，实际上的“大先生”，即“尖先生”。

7. 利用含有特定笔画数或含有某种笔画特征数的汉字制造秘密词语，借以表示与汉字笔画数或某种笔画特征数相同的数字以及含有数字的词语的意义。例如：

愚园路：旧时上海市井秘密语，指傻里傻气的人。旧时上海市井把言谈举止不合时宜而带有傻气的人称为“十三点”。汉字“愚”“路”和“园”的繁体“園”均为十三画，跟“十三点”暗合。

大、土、田、东、里、春、轩、书、藉：清代杭州旧衣业秘密语，分别指数字一、二、三、四、五、六、七、八、九。“大”有一个横笔，隐指数字一；“土”有两个横笔，隐指数字二；“田”有三个横笔（包括第二笔“横折”），隐指数字三；“东”的繁体“東”有四个横笔（包括第三笔“横折”），隐指数字四。其余可类推。

由、申、人、工、大、天、夫、井、羊、非：旧时北京帮会秘密语，分别指数字一、二、三、四、五、六、七、八、九、十。“由”字的竖笔上方出头，隐指数字一；“申”字的竖笔上下出头，隐指数字二；“人”字的撇笔两端出头，捺笔末端出头，共有三个出头，隐指数字三。其余可类推。

各种社会群体和行帮之所以经常利用汉字字形特点制造秘密词语，是由于几个方面的原因共同作用促成的。汉字字形本身提供了可资利用的物质形式条件，为制造秘密词语开通了路径。析文解字是汉语文字学和汉字教学的传统，析字格修辞、字谜制作，甚至文字游戏等也有着深厚的语言文化基础，这些又为利用汉字字形制造秘密词语提供了民族文化氛围。利用汉字字形制造的秘密词语虽有理据，但必须经过转换才能实现所指，这为秘密词语罩上了一层迷障，适应了秘密词语的保密需求。

秘密语社会化的表现及其原因*

秘密语是一种特殊的社会方言，是各种行帮、组织或集团因内部交际需要而制造和使用的带有保密性质的语言变体，如江湖秘密语、帮会秘密语、盗匪秘密语、流氓集团秘密语。秘密语的突出特点是封闭性和隐秘性。秘密语的语言形式是多种多样的，但最常见的还是词语形式的秘密语。例如，旧时东北土匪“红胡子”使用的秘密词语就很多，像东叫“倒”，西叫“切”，南叫“阳”，北叫“烈”；日出叫“掀帘子”，日暮或阴天叫“撂帘子”；吃饭叫“抄付”，吸烟叫“打管”，睡觉叫“压苇子”；饺子叫“漂洋子”，面条叫“顺水子”，米饭叫“马心散”；军队叫“水”，负伤叫“带花”，阵亡叫“打板啦”，大炮叫“大嗓”，机关枪叫“碎嘴子”，发射枪弹叫“递管”，被官兵捉住叫“落网”，绑架来的人票叫“秧子”。[①]又如，当代上海个体户群体也使用一些秘密词语，像钱叫“分”或“血”，有钱叫“分挺”，掏出钱来叫“挺分”，赚到钱或赢到钱叫“进分”，赌输或蚀本叫“坏分”，借钱叫“输血”，花钱叫“出血”，被没收全部非法收入叫“赤膊”，便衣警察叫“阿条”，身材苗条叫“条杆清爽”，妓女叫“煤饼”等。[②]

---

* 本文曾刊于《汉语学习》1997 年第 1 期。

① 沈寂等：《中国秘密社会》，上海书店 1993 年版，第 4—5 页。

② 王希杰：《黑话说略》，《汉语学习》1989 年第 5 期。

目前，对秘密语的研究多侧重于它的社会分布、构造方式、历史传承等方面。至于它跟共同语的关系，有人只注意到了它对共同语的变异和扭曲，没有人论及它对共同语所施加的正面影响。事实上，有的秘密词语伴随社会化的进程，成为普通词语，进入了共同语词汇系统。

一 秘密语社会化的表现

拿一部秘密语词典跟一部普通语文词典相对照，就会发现有些词语的秘语义跟普通义是相同或相通的。再进一步考察又会发现，作为具有社会化意义的普通词语有的来源于秘密词语。例如“绑票”一词，《语海》（秘密语分册）[①] 释为“旧时东北地区盗匪集团指抢劫人质以勒索”。《现代汉语词典》[②] 释为“匪徒把人劫走，强迫被绑者的家属出钱去赎”。从词语所反映的事象推断，普通词“绑票”显然是秘密词“绑票”社会化的结果。

秘密语社会化的表现主要有两种。

第一种，秘密词语在不改变意义的情况下社会化，直接成为普通词语，进入共同语词汇系统。上例“绑票”即属这种情形。下面再举几例，以见一斑。

肉票 《语海》（秘密语分册）释为“旧时帮会指被绑架者，即被盗匪绑去，作为勒索钱财的人质”。原为帮会秘密词语。《现代汉语词典》释为“旧时指被盗匪掳去的人，盗匪借以向他的家属勒索钱财”。转化为普通词语。

撕票 《语海》（秘密语分册）释为“旧时帮会、盗匪集团指勒索钱财不成，将人质杀害”。原是帮会、盗匪秘密词语。《现代汉语词

① 钟敬文主编：《语海》（秘密语分册），上海文艺出版社 1994 年版。

② 中国社会科学院语言研究所词典编辑室：《现代汉语词典》（第 2 版），商务印书馆 1983 年版。

典》释为“绑票的匪徒因勒索金钱的要求没得到满足，把掳去的人杀死，叫作撕票”。转化为普通词语。

撑腰 《语海》（秘密语分册）释为“旧时帮会指主使，支持”。原是帮会秘密词语。《现代汉语词典》释为“比喻给予有力支持”。转化为普通词语。

出点子 《语海》（秘密语分册）释为“旧时帮会指出主意。旧时帮会有为神主牌位点主的仪式，点主者皆帮会中首脑、遇事能拿主意者，故称”。原来也是帮会秘密词语。《现代汉语词典》（补编）[①]释为“出主意，拿出办法”。转化为普通词语。现在社会上还出现了“点子公司”。

小白脸儿 《中华隐语大全》[②]释为“流行于旧时北京。娼妓隐语。指美少年”。原是娼妓秘密词语。《现代汉语词典》（补编）释为“指相貌好看的年轻男子”。转化为普通词语。

据明代田汝成的《西湖游览志余·委巷丛谈》记载，宋元时杭州民间秘密语“有谋未成曰扫兴”“无言默坐曰出神”“言涉败兴曰杀风景”“言胡说曰扯淡”。由此看来，现如今日常生活中常用的“扫兴”“出神”“杀风景”“扯淡”，均源自秘密词语。

第二种，秘密词语通过语义变化实现社会化，成为普通词语，进入共同语词汇系统。最常见的情况是，将局限于特定行帮、组织或集团内使用的秘密词语的语义泛化，产生泛指义或在秘密词语的语义基础上产生新义。这些秘密语正是在泛指义或新义上成为普通词语。例如：

倒贴 《中华隐语大全》释为“流行于旧时。娼妓隐语。妓女反给嫖客或爱她的男人钱物，叫倒贴”。原是娼妓秘密词语。后来语义泛化，产生了泛指义，成为普通词语。《现代汉语词典》释为“反过

---

① 中国社会科学院语言研究所词典编辑室：《现代汉语词典》（补编），商务印书馆 1989 年版。

② 潘庆云主编：《中华隐语大全》，学林出版社 1995 年版。

来给予或拿出（钱、物等）”。

下水　《语海》（秘密语分册）释为“①清代江湖指妹妹。语见清·卓亭子《新刻江湖切要》。②清末北方地区市井指男女发生了性关系。语见《文明小史》二三回：‘看这万华甫合倌人那种亲热的样儿，恐怕贪恋着要～哩！’③旧时淫业指妓女初次侍应嫖客。④江苏南京犯罪集团指被捕”。当今黑龙江流氓集团用“一水没下”指处女，大抵导源于义项③。在喻指初次做坏事上成了普通词语。《现代汉语词典》释为“①进入水中。②把某些纺织品、纤维等浸在水中使收缩。③比喻做坏事”。需要指出的是，《现代汉语词典》的处理明显不妥。因为义项③既非因义项①而生，也不是缘义项②而来，而是来源于秘密词语，是不同于义项①②的另一个词。再者义项③的释义也欠准确。并非所有做坏事的行为均可叫作“下水”，只有初次做坏事的行为才可称为“下水”。

下海　《中国秘语行话词典》[①]释为“清末民初戏曲行称业余演员转而从事专业演出。《切口·优伶·伶人》：‘下海：票友鬻艺而为伶者。’”后来这一戏曲行业秘密词语产生了新义，成为普通词语。《汉语新词新义词典》[②]释为“现也指科技人员离开研究单位去办公司、搞实业”。不仅如此，如今机关工作人员离开机关去办公司、搞实业，教师离开教学岗位去办公司、搞实业等，也叫“下海”。甚至不脱离原工作岗位，兼职办公司、搞实业也常称为“下海”。

社会化了的秘密词语还有很多，如来源于娼妓秘密词语的“跳槽、拉皮条、回头客”，来源于江湖秘密词语的“走穴、托儿、大腕儿”等。总的来说，来源于秘密词语的普通词语大多还带有源语的某些格调色彩，品位不高。

① 曲彦斌主编：《中国秘语行话词典》，书目文献出版社1994年版。

② 闵家骥等：《汉语新词新义词典》，中国社会科学出版社1991年版。

二　秘密语社会化的原因

秘密语社会化的原因很微妙，很复杂。从大的方面来看，是因为秘密词语反映了各种行帮、组织或集团的内部隐秘事象，填补了共同语词语在反映这些事象方面的空缺。当人们述及这些事象时，就会很自然地起用秘密词语。随着这种起用的多次反复，就可能使其不断扩散，逐步社会化。具体点讲，以下几个方面是促成秘密词语社会化的重要因素。

第一，制造和使用秘密语的各种行帮、组织或集团作为现实的或历史的存在，人们不会漠视它们，对于各种秘密词语也就不会视而不见，听而不闻。实际情形是，不少人一旦接触到秘密词语，就可能发生兴趣，由陌生感引发新奇感，由此产生破译欲望。当弄清了个中隐秘，便可能一传十，十传百，加上有人在语言生活中有意起用或改造利用，便使部分秘密词语逐渐摆脱原有使用范围的严格限制，失去隐秘性，走向社会大众。

第二，文学作品尤其是纪实性文学作品中，有诸多描述秘密行帮、组织或集团的文字常常如实地使用一些秘密词语。随着文学作品的传播，这些秘密词语也便扩散开来，成为不成秘密的秘密词语，像“凤姐、凤巢、慰安妇、风化区、红灯区、应召女郎”等词语，本是流行于港台的娼妓秘密词语。由于这些词语在港台文学作品中频频出现，随着港台文学在大陆的广泛传播，这些词语对大陆一般人而言已不陌生，就成了普通词语。

第三，影视剧和新闻报道中使用的秘密词语极易在社会上传播开来，并得到确认。特别是新闻报道中使用秘密词语，无疑会大大加速秘密词语的社会化，因为新闻媒体既具有权威性，又富有影响力，传播迅速，且覆盖面大。例如，1995年8月26日中央电视台“早间新闻”节目就使用了“蛇头”一词。“蛇头”本是香港黑社会组织使用的一个秘密词语，指偷渡的组织者。另外，香港黑社会组织还把偷渡者叫作“蛇”，把男性偷渡者叫作“男蛇”，把女性偷渡者叫作“女蛇”，把窝藏偷渡者的场所叫作“蛇窦”，把专门捉拿偷渡者的组织叫作“打蛇友”。

第四，语言学、社会学、民俗学、历史学等学科都关注秘密语现象，对秘密语的搜集、整理和研究为秘密词语的传播和社会化提供了条件。各种秘密语词典的编纂出版及可观的发行量，使大批秘密词语为人们所熟悉。甚至有些秘密词语还被收入了普通语文词典，从而加快了秘密词语社会化的进程。例如，“水货”本是香港市井秘密词语，指走私货，后来流行于闽粤东南沿海走私集团；“二进宫”本是剧名，后来犯罪集团借指第二次被拘捕或判刑入狱。这些词语既见于《语海》（秘密语分册），也见于《汉语新词新义词典》。又如，《语海》（秘密语分册）收录的“大团结”（本是犯罪集团使用的秘密词语，指拾元票面的人民币）、“修长城”（本是赌博集团使用的秘密词语，指打麻将赌博）等，同样编进了《当代中国流行语辞典》①。

第五，秘密词语的社会化跟秘密词语本身不无关系。在构造上，秘密词语多采用比喻、借代、夸张、析字、藏词、反语、象征等修辞手段，不乏语言变异的“机巧”和语言表现的“风趣”，因此很容易引人注意并借用。

秘密语的社会化现象是语言发展的必然现象，我们应该正视它。但是无论如何，我们不主张在日常生活中大量使用秘密词语，更是坚决反对滥用秘密词语。只有这样，才能有一个对待秘密词语的正确态度。既不把它视为洪水猛兽，又不把它当作语言玑珠，借此保证共同语词汇的健康发展。

---

① 熊中武主编：《当代中国流行语辞典》，吉林文史出版社 1992 年版。

成语的界定与成语的层次性*

一 引言

语言的建筑材料由词汇和语汇两个部分构成，词汇和语汇都包含不同的类型。过去的词汇学研究总是把词汇和语汇一起纳入其研究范围，且以词汇研究为主，语汇研究为辅。随着语词分立观念的确立，语汇研究越来越受到重视，语汇学已逐步成为一门跟词汇学并列的语言学分支学科。当然，尽管语汇学研究已取得了令人瞩目的成绩，但不少语汇学的基本问题讨论得还不够深入，往往分歧大于共识，影响着语汇学研究的发展与成熟。其中关于语汇的分类问题就争议颇多，既有分类多少的不同，又有对不同类型性质范围界定的差异。成语作为一个语汇类型，是研究成果最多的，同时也是认识分歧较大的。成语到底是一种什么性质的语汇类型？如何界定？范围多大？这些都需要进一步讨论，因为它们不仅关系到对成语的科学认识，而且关系到成语跟其他语汇类型的本质区别。本文在学习和借鉴相关主要成果的基础上，讨论成语的性质范围问题。

---

* 本文曾刊于《山东师范大学学报》（人文社会科学版）2016 年第 4 期。

二　学界对成语的不同界定

温端政先生指出："在成语的理解上经历了由广义到狭义的过程。"[①]在笔者看来，对成语的理解也可以说经历了由模糊到逐渐清晰、由因循成说到不断创新的过程。就笔者所见，对成语的界定有几十种之多。大致说来，除个别学者对成语的界定主要是从字面上理解，如"成语是现成的话"[②]外，大都是多标准的，所采用的标准包括使用上的现成性或习用性、结构上的定型性、表意上的完整性、风格上的书面性、形式上的齐整性或韵律性、四字格等方面。以下几种界定有一定代表性：

> 人们长期以来习用的、简洁精辟的定型词组或短句。汉语的成语大多由四个字组成，一般都有出处。有些成语从字面上不难理解，如"小题大做、后来居上"等。有些成语必须知道来源或典故才能懂得意思，如"朝三暮四、杯弓蛇影"等。[③]
>
> 比较而言，较为完整的定义是：成语是人们长期习用的、意义完整、结构稳定、形式简洁、整体使用的定型短语。[④]
>
> 成语是相沿习用的成型词组，四字格形式，大都有特定的来源，意义具有整体性，结构具有凝固性。[⑤]
>
> 成语是人们长期沿用的，结构稳定、形式简洁、意义完整的定型短语。它是汉语词汇的一个重要组成部分，主要运用于书面语中。[⑥]

---

① 温端政：《汉语语汇学》，商务印书馆2005年版，第285页。

② 刘洁修：《成语》，商务印书馆1985年版，第38页。

③ 中国社会科学院语言研究所词典编辑室：《现代汉语词典》（第6版），商务印书馆2012年版，第166页。

④ 张斌主编：《新编现代汉语》，复旦大学出版社2006年版，第255页。

⑤ 陆俭明主编：《现代汉语》，北京师范大学出版社2012年版，第111页。

⑥ 万艺玲、郑振峰、赵学清：《词汇应用通则》，春风文艺出版社1999年版，第172页。

以上界定大同小异，都采用了多标准。由于不同标准之间有时并不能达成一致，再加上表述中使用的词语有的带有模糊性，因此在理解上有时会出现一些差异，在判定一个具体单位是不是成语时，不可避免地带有主观性。在目前情况下，出现认识上的主观性是很自然的，在一定意义上也是应该允许的。

以下几种成语观值得关注。

其一，刘叔新先生从寻求成语的重要特征——对于成语来说比较有意义的特征出发，认为“四字格”形式、出自古代作品或故事传说而历史悠久都不能作为鉴别成语的标准。“如果就人们的成语语感作一番考查，即寻查某些固定语所以被公认为或被多数人看作成语的原因，那会不难发现，成语的独特之处，是在表意方面——表意的双层性。一个固定语，如果有一层字面上（表面上）的意义，同时透过它又有一层隐而不露的意义，而且这隐含着的才是真正的意义，那么就会被大家看作成语。是否具有这表意的双层性，可以把成语同固定语中其他的单位有效地区别开来，区分的结果，是成语或不是成语都大体符合人们的语感。”① 按照这种标准，“戴高帽、跑龙套、鹤立鸡群、刻舟求剑、快刀斩乱麻、杀鸡给猴看、牛头不对马嘴、不到黄河不死心、吃着碗里的看着锅里的”等是成语，“声色俱厉、身体力行、风和日丽、微不足道、不胜枚举、后生可畏、党同伐异、大逆不道”等都不是成语。这是一种全新的成语观，也是单一标准的成语观。从识别成语的角度看，尽管有些固定语有没有表意的双层性可能也不好断定（这一点刘叔新先生也很清楚），但绝大多数有明显表义双层性的固定语是可以确定下来的，用这种单一标准确定成语，比较方便。当然，至于用这种标准确定下来的成语和由此逐出成语门墙的固定语是否符合人们对成语认知的语感，哪怕是学人的语感，是值得怀疑的。正如有学者指出的，“同刘叔新所圈定的惯用语一样，他的这一番大手术所得到的成语，是仅仅着眼于表意的双层性所确定的所谓成语，是一种另类成语，并不是我们一向关注的‘成语’，而我们所讨论的成语，如‘从容

① 刘叔新：《汉语描写词汇学》，商务印书馆2005年版，第139页。

不迫、一如既往、等量齐观、不露声色、不胜枚举、胆小如鼠、从善如流、弥天大谎、蠢蠢欲动’等，仅仅因为不具有所谓的‘表意的双层性’就被逐出了成语的范围。”①

其二，周荐先生在学界不少学者认为成语具有书面语性质的基础上，提出成语具有经典性的主张，“所谓经典性，是说某个熟语单位出自权威性的著作，由于该熟语所从出的著作具有权威性，熟语本身也具有了一种权威性。”据此认为“经典性是成语所具的一个重要特点”，“成语之外的他类熟语不像成语这样具有经典性”。由于成语具有经典性，“因此可以说，成语本身不存在什么时代特点或地域特点，或者说，时代性、地域性不是成语这类熟语的本质特点。”“成语这类熟语绝大多数都只有一种形式。”② 他还对成语的经典性和成语的判定问题做了进一步阐释，“成语多出自权威性的著作，如十三经、官修和私撰的正史、子书和集书中的名家作品，因而具有经典性；成语之外的别类熟语，如谚语、歇后语、惯用语，则很少出自权威性的著作而多是随机的口头创作或出自俗白的作品，因而不具经典性。”成语的经典性表现在意义内容上和结构形式上，从两个方面看，成语都是雅言。“判定一个熟语单位是否为成语，须看其具备不具备成语的特征。成语的特征，依我们看来，有两个：一个是形式上的，即四字语式；另一个是内容上的，即含有古朴、典雅的语素成分。……具体地说，形式上的标准只是个相对的标准，内容上的标准才是绝对的标准。如果一个熟语单位只是在形式上具备四字语式，而内容的表达所依赖的却是通俗、直白的语素成分，那么，它就只能是个俗语而不是成语；如果一个熟语单位虽然在形式上不具四字语式但在内容的表达上所依赖的是古朴、典雅的语素成分，那么，它就有可能是成语，或至少是有向成语转化的可能的古代他类熟语单位。”③ 说到底，就是把成语限定在出自权威著作、含有古朴和典雅语素成分的雅言范围，不承认有俗成语的存在，像“一口咬定、一门心思、一五一十、一头雾水、一年半载、一声不

① 曹炜：《现代汉语词汇研究》，北京大学出版社2003年版，第157页。

② 周荐：《熟语的经典性和非经典性》，《语文研究》1994年第3期。

③ 周荐：《论成语的经典性》，《南开学报》1997年第2期。

响”之类都绝对不能视为成语。这种成语观当然不失为一种解决成语性质范围问题的尝试，也在一定程度上能有效地区别成语与惯用语、歇后语、谚语等俗语类，但这并不符合人们对成语认知的语感，有抹杀成语多样性之嫌。

其三，温端政先生对成语性质范围的分析深入独到，颇具影响力。“所谓成语，实际上是四字结构的描述语加上四字结构的表述语。”“由四字（即四个音节）构成的成语，有一条重要的规律，就是在结构上‘二二相承’。多数表现在语法或语义结构上，有的表现在语音结构上。”“由此，我们可以进一步把成语定义为‘二二相承的描述语和表述语’。”[①] 温端政先生对“二二相承”的解释是：“‘二二相承’有两个含义，一是不论语法结构还是语音结构都采用‘二二相承’式；二是语法结构虽然不是‘二二相承’式，但语音结构或习惯读音仍是‘二二相承’式。前者属于完全意义上的‘二二相承’式，后者属于不完全意义上的‘二二相承’式。”[②] 这个界定符合人们对成语的传统认识和实际语感，可以比较有效地区分成语与谚语、惯用语、歇后语等其他语类，所以响应者众。值得讨论的一点是，根据温端政先生对表述语和描述语的界定，表述语和描述语似乎都应该是叙述性的，“表述语都是通过判断或推理体现某种思想认识”，“描述语的特点，是描述人或事物的形象和状态，描述行为动作的性状”。[③] 根据这样的说明，按照一般人的理解，成语都应该是谓词性的。可是在给成语分类时又从语法性质的角度分为体词性成语和谓词性成语两类，书中也把“一丘之貉、花花公子、红男绿女、露水夫妻、纨绔子弟、四乡八镇、靡靡之音”等体词性固定语视为成语，似乎有内在矛盾。不过我们也注意到，温先生强调叙述性是成语的主要特征，是为了区分成语跟词、专名语、专门用语等其他定型语言单位；同时在讲到描述性成语时，也把“井底之蛙”作为描述性成语的比喻式用例。如果把描述语解释得更清晰些，或许就能释疑。另外，温端政先生明确提出

① 温端政：《汉语语汇学》，商务印书馆 2005 年版，第 69—70 页。
② 同上书，第 296 页。
③ 同上书，第 60—63 页。

成语有雅俗之分，“成语内部并不那么单纯，并非都是雅语，还有所谓‘俗成语’。”① “成语中有俗成语，而且随着新成语的出现，俗成语越来越多。”② 这对认识成语的范围有启发性。还有，温端政先生对有关成语划界的几个具体问题的分析也具有指导意义，尤其是提出“对那些‘两可’的，应当允许有‘过渡性’的不同处理意见”的观点，在某种意义上可以平息目前在成语认定上的某些无谓争执，体现了一种发展观和辩证观。

应该说，尽管对成语的界定争论颇多，但每一种对成语的界定都有其合理的一面，都认识到了成语的某个或某些本质的或非本质的特征，大都能够圈定成语的典型部分、主体部分。当然也应该承认不同的界定有高下之分，有离事实远近的差别。对成语认识产生分歧的原因既跟研究者认识问题的角度、研究的目的有关，也跟成语自身就是一个历史形成的具有多属性、多层次的模糊集合有关。

三　成语是带有层次性的开放系统

首先要说明的是，我们认同汉语成语都是四字格形式的观点。这既是为了讨论问题的方便，也是考虑到了语言事实和实际语感。“《中国成语大辞典》（上海辞书出版社 1987）收条目 17934 个，其中由四音节构成的有 17140 个，约占总数的 95.57%；非四音节构成的有 794 个，仅约占总数的 4.43%。”③ 我们初步统计了李行健先生主编的《现代汉语成语规范词典》（第 3 版）（长春出版社 2006 年版）收条目的情况，词典条目数为 5000 条（此为词典“凡例”数据），非四字格的只有 246 条，占总数的 4.92%。其中三字格的只有“莫须有”和“破天荒”两个，而这两个一般是作惯用语看待的。五个字及五个字以上的条目很多是应该作谚语处理的，同时收入

① 温端政：《汉语语汇学》，商务印书馆 2005 年版，第 74 页。

② 同上书，第 293 页。

③ 周荐：《论成语的经典性》，《南开学报》1997 年第 2 期。

李行健先生主编的《现代汉语谚语规范词典》(长春出版社2001年版)的就有61条。[1] 其实除这61条，像“一物降一物”“冰炭不相容”“无风不起浪”“日月经天，江河行地”“长江后浪推前浪”“水至清则无鱼”“生于忧患，死于安乐”“他山之石，可以攻玉”“百闻不如一见”“冰冻三尺，非一日之寒”“江山易改，本性难移”“英雄所见略同”“知足不辱，知止不殆”“使功不如使过”“学然后知不足”“兼听则明，偏听则暗”“兼听则明，偏信则暗”“疾风知劲草”“逆水行舟，不进则退”“麻雀虽小，五脏俱全”“覆巢无完卵”“流水不腐，户枢不蠹”“欲速则不达”“知之为知之，不知为不知”“树欲静而风不止”“海内存知己，天涯若比邻”“得道多助，失道寡助”“先天下之忧而忧，后天下之乐而乐”“工欲善其事，必先利其器”“山雨欲来风满楼”“尺有所短，寸有所长”“不塞不流，不止不行”“己所不欲，勿施于人”等也是应该作谚语处理，或者作格言、名言处理的。246条中还有几条是应该处理为歇后语的，如“八仙过海，各显神通”“八仙过海，各显其能”“司马昭之心，路人皆知”“老鼠过街，人人喊打”“姜太公钓鱼，愿者上钩”“韩信点兵，多多益善”。其他的，大都可以划归惯用语，如“依样画葫芦”“挂羊头，卖狗肉”“照葫芦画瓢”“快刀斩乱麻”“恨铁不成钢”“一鼻孔出气”“小巫见大巫”“太岁头上动土”等。所以，把成语限于四字格不仅方便操作，也符合成语存在的客观实际，更重要的是符合人们的语感。

除了四字格这个共同的形式特征，从不同的属性角度看成语，成语都是有层次的，有典型成员，也有非典型成员，甚至是类成语。

(一) 有雅俗之分

从上文所述可知，学界对成语的雅俗问题是有不同意见的。有人主张成语属雅言，不存在所谓的俗成语；有人主张成语有雅俗之分，既有雅成语，也有俗成语。其实雅和俗是相对而言的，有层次区别，有的是大雅大俗，也有的是不雅不俗，还有的是有点雅或有点俗。我们把成语的雅俗色

---

① 温端政:《汉语语汇学》，商务印书馆2005年版，第50—53页。

彩分为三个等级：雅、通（即不雅不俗）、俗。雅和较雅的归雅，俗和较俗的归俗，不雅不俗的归通。比较下列A、B、C三组成语：

A	B	C
风声鹤唳	想方设法	劈头盖脸
行将就木	表里如一	笨手笨脚
削足适履	得不偿失	龇牙咧嘴
弊绝风清	做贼心虚	点头哈腰
枵腹从公	不以为然	摇头晃脑
补苴罅漏	多才多艺	细皮嫩肉
人莫予毒	仗势欺人	五大三粗
时不我待	自娱自乐	东拉西扯
钟鸣鼎食	眼高手低	低三下四
一言九鼎	争权夺利	丢三落四

很明显，A组多有来源出处，带有典故性，一般含有文言成分或古代汉语的语法现象，大都用于书面和知识分子人群，典雅庄重，属于雅成语，也是最易被认可的成语。但是也应该注意，成语是一个历史范畴，有些过于典雅的古代汉语的成语，由于各种原因，现代已经完全不使用了，它们是历史成语，已退出现代汉语成语的行列，如“傲睨万物”“拔本塞源”“椿萱并茂”“捶骨沥髓”“措置乖方”“总角之好”“贯朽粟腐”“孤雏腐鼠”“神龙失势”“室迩人远”“贿货公行”“腹诽心谤”等。查阅大型语料库——北京大学中国语言学研究中心现代汉语语料库（CCL语料库），这些成语的使用次数均为0。B组通行于书面语和口语，没有明显的雅俗色彩，在广大人民群众之间普遍使用，人们一般也把它们视为成语，是通用成语。C组多在口语中使用，带有明显的俗白色彩，但它们都是固定的四字语，读音上都是“二二相承”的语步，语义上都是叙述性的，也都是整体作句法成分，把它们视为成语人们是可以接受的，它们是俗成语。需要指出的是，方言中存在成语，一般而言，方言成语都是俗语色彩

很浓的俗成语，但是只有已进入共同语层面的带有方言色彩的成语才能成为现代汉语共同语的成员，如“人小鬼大”“人多眼杂”“狗撕猫咬”“偷鸡摸狗”“零打碎敲”等。纯粹的方言成语只是方言成语，跟通常所说的成语不是一个系统，如“粗声愣气”“死拉活扯”“闲言烂语”“笑眉喜眼”“成群打伙”“接二赶三”等。①

（二）有新旧之别

成语是历史的产物，生命有长有短。有的成语曾经存在，现已消亡，如上文论及的历史成语，它们属于死成语。有的成语源远流长，现今依然使用，它们属于固有成语，是没有任何争议的成语，绝大部分成语属于此种类型。有的成语是晚近产生的，甚至是当今才产生的，它们属于新成语。现代汉语的成语由固有成语和新成语组成。以下 A、B、C 三组成语代表了历史成语、固有成语和新成语三种情况：

A	B	C
补天浴日	车载斗量	增收节支
朝齑暮盐	对答如流	反腐倡廉
灭此朝食	温故知新	旱涝保收
鹰瞵鹗视	飞黄腾达	歪风邪气
向日衣绣	草木皆兵	洋为中用
封豨长蛇	画地为牢	狂轰滥炸
一傅众咻	流连忘返	大干快上
桀犬吠尧	融会贯通	排忧解难
龙蟠凤逸	助纣为虐	文山会海
傅粉施朱	小心翼翼	修旧利废

在对待新成语问题上，有不同的意见。有人强调成语的历史性，不承

① 例见张光明《忻州成语词典》，上海大学出版社 2012 年版。

认有新成语的存在。有人虽然承认成语也有新成员，但认为数量极少。“词汇中有相当数量的新造词，但成语中的新成员却极为稀少。20世纪后50年中出现的固定词语，勉强可以算得上成语的只有十几条。”① 有人认为对新生的四字格是否是成语，“应当允许有一个‘考察期’，在认识不一致的时候，暂不要下结论。”② 总体而言，学界对新成语的认定是比较保守的。我们认为，如果新生的四字格是叙述性的固定语，结构上“二二相承”，在语用上有相当的复呈性，特别是有了表意的“双层性”的，就不妨视为成语，除上例之外，像“高歌猛进”“尘埃落定”“多快好省”“传经送宝”“软磨硬泡”“污泥浊水”“小打小闹”“论资排辈”“崇洋媚外”“对号入座”“求同存异”“鞭打快牛”“破旧立新”“激流勇进”“精打细算”“奖勤罚懒”“遵纪守法”“战天斗地”“优胜劣汰”“保驾护航”“假冒伪劣”“粗制滥造”“车匪路霸”等都是新成语。成语研究理应重视新成语的搜集整理，探求其特点和规律；成语词典的编纂也应该适时、适量收释新成语。

（三）有常用非常用的区别

从成语在语言生活中使用的情况看，成语的使用频度表现出极大差异，有的常用，有的不太常用，有的罕用，不同的成语在现实语言生活中所起的作用是不同的。我们查阅北京大学中国语言学研究中心语料库（CCL语料库），找出了《现代汉语成语规范词典》里C字母中首条至首字为chao音节的所有四字格条目在现代汉语语料库和古代汉语语料库的使用次数，情况如下（条目后“-”号前的数字是在现代汉语语料库中出现的次数，“-”号后的数字是在古代汉语语料库中出现的次数）：

才大难用0-0	才高八斗25-5	才疏学浅42-19
材大难用0-0	财竭力尽0-3	财匮力绌0-1

① 张斌主编：《新编现代汉语》，复旦大学出版社2006年版，第258—259页。

② 温端政：《汉语语汇学》，商务印书馆2005年版，第295页。

财运亨通 18 – 3	彩凤随鸦 0 – 11	餐风沐雨 2 – 1
餐风宿露 9 – 5	残杯冷炙 1 – 10	残编断简 1 – 7
残兵败将 54 – 14	残羹冷饭 2 – 1	残山剩水 8 – 5
残垣断壁 69 – 0	残渣余孽 25 – 0	蚕食鲸吞 9 – 5
惨不忍睹 297 – 22	惨不忍闻 8 – 27	惨淡经营 167 – 8
惨绝人寰 132 – 0	惨无人道 169 – 18	沧海横流 52 – 17
沧海桑田 140 – 23	沧海一粟 56 – 1	藏锋敛锷 0 – 1
藏垢纳污 13 – 13	藏龙卧虎 79 – 13	藏头露尾 12 – 42
藏污纳垢 48 – 1	藏形匿影 1 – 3	操之过急 171 – 7
草草了事 20 – 5	草菅人命 48 – 27	草木皆兵 53 – 31
侧目而视 45 – 30	恻隐之心 167 – 214	参差不齐 358 – 37
层出不穷 862 – 21	层峦叠嶂 57 19	曾几何时 338 – 35
曾经沧海 29 – 10	差强人意 77 – 37	插翅难飞 17 – 15
插翅难逃 17 – 5	插科打诨 79 – 9	茶余饭后 135 – 0
茶余酒后 22 – 11	察言观色 92 – 35	姹紫嫣红 173 – 8
豺狼成性 2 – 7	豺狼当道 2 – 33	谗言佞语 0 – 4
馋涎欲滴 45 – 21	缠绵悱恻 92 – 9	谄上欺下 5 – 0
谄谀取容 0 – 3	长此以往 243 – 7	长风破浪 14 – 3
长歌当哭 28 – 3	长年累月 208 – 0	长篇大论 176 – 14
长篇累牍 7 – 6	长驱直入 219 – 87	长袖善舞 28 – 3
长吁短叹 122 – 119	长治久安 787 – 29	常备不懈 50 – 1
怅然若失 110 – 11	畅所欲言 375 – 9	超尘出俗 0 – 1
超尘脱俗 9 – 1	超凡入圣 37 – 47	超凡脱俗 135 – 1
超群出众 26 – 12	超群绝伦 12 – 2	超然不群 0 – 2
超然绝俗 1 – 2	超然物外 56 – 9	

从以上数据可以看出，有的成语古今汉语都常用，如“恻隐之心”“长驱直入”；有的成语古今汉语都不常用，如“餐风沐雨”“残羹冷饭”；有的成语古代汉语用得多些，现代汉语用得少些，如“惨不忍闻”“豺狼

当道”；有的成语现代汉语常用，古代汉语不常用，如“常备不懈”“操之过急”；有的成语古代汉语用，现代汉语不用，可能它们根本就不是现代汉语的成语，如“彩凤随鸦”“谄谀取容”；有的成语现代汉语使用，甚至常用，古代汉语不用，它们很有可能是现代汉语的新成语，如“茶余饭后”“长年累月”；个别的古今汉语都无用例，它们是否有成语资格是值得怀疑的，如“材大难用”。我们不妨把以上成语划分为三个层次：使用次数50及50以上的为常用成语，使用次数在20—49的为次常用成语，1—19的为不常用成语。以上成语收入《现代汉语常用词表（草案）》的有：才高八斗、才疏学浅、残兵败将、残垣断壁、残渣余孽、惨不忍睹、惨淡经营、惨绝人寰、惨无人道、沧海横流、沧海桑田、沧海一粟、藏龙卧虎、藏头露尾、藏污纳垢、操之过急、草菅人命、草木皆兵、侧目而视、恻隐之心、参差不齐、层出不穷、层峦叠嶂、曾几何时、曾经沧海、差强人意、插翅难飞、插科打诨、茶余饭后、察言观色、姹紫嫣红、馋涎欲滴、缠绵悱恻、长此以往、长年累月、长驱直入、长袖善舞、长吁短叹、长治久安、常备不懈、畅所欲言、超凡入圣、超凡脱俗、超然物外。除个别成语外，情况跟我们的判定相符。

在相类的四字组合中，特别是相同语模的四字组合中，常用不常用，或者说使用频率的高低常常影响我们对其是不是成语的判断。“没……没……”是现代汉语的一个语模，“没”后可以分别嵌入不同的单音名词、单音动词、单音形容词，或者是单音的名词、动词和形容词性的语素构成“没×没×”式四字格，如“没头没脑”“没头没尾”“没日没夜”“没皮没脸”“没心没肺”“没肝没肺”“没情没义”“没滋没味”“没完没了”“没着没落”“没遮没拦”“没遮没挡”“没羞没臊”“没大没小”“没老没少”“没深没浅”“没轻没重”“没早没晚”“没白没黑”等，其中“没头没脑”“没日没夜”“没心没肺”“没完没了”“没大没小”“没轻没重”常被收入各种成语词典或常用词表，而“没肝没肺”“没情没义”“没遮没拦”“没遮没挡”“没羞没臊”“没深没浅”等则少见收入。查阅北京大学中国语言学研究中心现代汉语语料库（CCL 语料库），它们的主要差别就在于使用频率的不同上。

（四）有通用非通用的差异

上文我们讨论成语的雅俗问题时已经谈到，雅成语多用于书面语，俗成语多用于口语，通用成语无明显雅俗色彩，既适用于书面语，也适用于口语。如果从语体分布的角度，也可以把成语分为书面成语、口语成语和通用成语三个层面。有的成语带有鲜明的书面语色彩，主要在典雅的书面语中使用，这是书面成语，如“为虎作伥”“龙吟虎啸”“狗尾续貂”“狼奔豕突”；有的成语带有明显的口语色彩，主要在直白的口语中使用，这是口语成语，如“鸡毛蒜皮”“鸡零狗碎”“鸡飞狗跳”；有的成语没有明显的语体色彩，在口语和书面语中通用，这是通用成语，如“生龙活虎”“龙腾虎跃”“虎头蛇尾”。

虽然绝大部分成语没有明显的使用人群和表现内容的限制，一般由各行各业的人们自由选择使用，用来表现各种事物现象，但是也有一小部分成语有特定的适用领域和表现内容。前者属于通用成语，后者属于行业成语或专用成语。比如，“广种薄收”“刀耕火种”“精耕细作”“退耕还林”等是农业成语；“薄利多销”“供不应求”“炒买炒卖”“血本无归”等是商业成语；“教学相长”“程门立雪”“尊师重道”“师道尊严”“为人师表”“照本宣科”等是教育业成语；“起承转合”“平铺直叙”“字斟句酌”“大处落墨”“文不对题”“冗词赘句”等是跟写作相关的成语。

（五）意义的整体性程度不同

成语表意的整体性或完整性向来被视为成语的特点之一。对成语表意完整性的解释虽有文字上的差异，但基本意思都是强调成语的意义不像自由短语那样，其实际意义不是构成成分的字面意义的简单相加，而是高度融合的。所谓表意的“双层性”，所谓“意在言外”，都是过分强调成语这一表意特点的结果。事实上，如果不是为了某种目的而有意限制成语的范围，而是按照多数人的语感看成语，成语意义的整体性是有程度差异的。

“在不同的成语里，整体和组成部分之间以及各个组成部分之间的语义关系都可能有所不同，也就是说，成语里的各个词保存自己语义独立性的程度存在着差别。”① 据此，成语可以分为融合性成语、综合性成语、组合性成语三类。

融合性成语的整体意义已经不能从构成部分的意义或成语的整体字面义推导出来，字面义已经失去实际使用性，整体意义就是唯一的实际使用意义，整体意义是在特定语源和历史文化背景中形成的深层意义，如“风声鹤唳”“四面楚歌”“完璧归赵”“黔驴技穷”“阮囊羞涩”“鲁鱼亥豕”“朝三暮四”“洛阳纸贵”等。要理解这类成语的真实意义必须了解成语形成的理据和典源，所以词典在给这类成语释义时，一般都要探求语源。这类成语的语义整体性最强，最具经典性。

综合性成语的整体意义（严格说应该是成语的深层意义）可以从构成部分的意义或成语的整体字面义推导出来，整体意义是在构成部分的意义或成语的整体字面义基础上形成的比喻义或引申义，如“对牛弹琴”“一箭双雕”“认贼作父”“胸无点墨”“汹涌澎湃”“和风细雨”“形影相吊”“雾里看花”等。这类成语都有表意的“双层性”，有时实际使用的意义就是字面意义，所以词典在给这类成语释义时，常常在解释字面意义的基础上，解释深层意义，甚至为字面义和深层义分别立项。这类成语的语义整体性也比较强，但比融合性成语弱。

组合性成语的整体意义跟构成部分的意义组合是一致或基本一致的。这类成语理据性最明显，分析性最强，如“违法乱纪”“虚情假意”“乐极生悲”“见义勇为”“勇往直前”“赞不绝口”“自高自大”“坐享其成”等。这类成语的语义整体性较弱。

（六）结构的定型性表现有异

成语结构的定型性或凝固性向来也被视为成语的特点之一。对成语定型性或凝固性的表现主要从构成成分的不可更易性、不可增删性、不可位移性几个方面来解释。所谓构成成分的不可更易性是指不能用别的词（哪怕是同义词）去替换成语中的词，如“画蛇添足”的“画”不能用“绘”

① 张永言：《词汇学简论》，华中工学院出版社1982年版，第123页。

替换，“添”不能用“加”替换，“足”也不能用“脚”替换。所谓构成成分的不可增删性是指不能增加或减少成语的构成成分，否则，或者不说，或者改变了成语的性质，如“有张有弛”不能说“有张又有弛”，也不能说“有张弛”；“亡羊补牢”若说成“亡羊要补牢”“亡羊再补牢”等，就失去了成语的性质。所谓构成成分的不可位移性是指不能改变构成成分的语序，如“尊师重道”不能说“重道尊师”，“投笔从戎”不能说“从戎投笔”。

从成语的整体来说，这样讲是可以的。但是，如果我们把成语限定在四字格，除了不可增删性这一条之外，具体到不同类型的成语，特别是具体到个体成语时，其定型性会有不同的表现，或者说其凝固程度有差异。有的成语含有生僻的古语成分，在流传的过程中，就有可能用浅近的同义或近义成分去替代，如用“拔”替代“揠”，“揠苗助长”也说“拔苗助长”，用“扑”替代“投”，“飞蛾投火”也说“飞蛾扑火”。还有一些成语因人们的选择习惯不同，存在同义形式，如“安如磐石——安若磐石”“不足为奇——不足为怪”“插翅难飞——插翅难逃”“别出心裁——独出心裁”“别具只眼——独具只眼”“谈古论今——说古论今——说古道今”等。所以，成语的构成成分也不都是一成不变的，变易性在有的成语的发展过程中还是有所体现的。至于成语的构成成分发生位移的情况在有些成语中更是时有发生，特别是并列结构的成语，不少都有通过构成成分的位移形成的倒序同义形式，有的甚至其使用频度都不分伯仲，如“千山万水——万水千山”“光明正大——正大光明”“千疮百孔——百孔千疮”“背井离乡——离乡背井”“闭月羞花——羞花闭月”“冰清玉洁——玉洁冰清”“不卑不亢——不亢不卑”“残垣断壁——断壁残垣”“晨钟暮鼓——暮鼓晨钟”“胆战心惊——心惊胆战”“荡气回肠——回肠荡气”“见多识广——识多见广”“翻天覆地——天翻地覆——地覆天翻”等等。非并列结构的成语有的也能发生位移，只是位移以后结构发生变化，意义也往往有所不同，如“威风八面——八面威风”“茅塞顿开——顿开茅塞”“独具匠心——匠心独具”“重温旧梦——旧梦重温”“春色满园——满园春色”“大快人心——人心大快”“大名鼎鼎——鼎鼎大名”等。若考察在特定语境中，言语表达时成语所发生的更易成分、增删成分、成分位移现象，情况更复杂，表现更突出。这说明对有些成语而言，既有定型性或凝固性的一面，也有灵活性或变通性的一面，原因在于汉语表达的多样性和丰富性。因此，成语结构的定型性同样不是铁板一块，有的完全定型，如“蜀犬吠日”；有的在某方面有一定的灵活性，如“千山万水”。

从结构的角度判定成语时，跟定型性相关的形式因素还有一些值得考虑。如果一个成语的两个直接成分中有不能独立运用的，其定型性就比都能独立运用的强，如“胆大包天”的“胆大”可单独使用，“包天”不能单独使用，“胆大妄为”的“胆大”和“妄为”都能单独使用，“胆大包天”的定型性就比“胆大妄为”强。一系列成语形成特定结构模式的，结构定型性较强，如“一丘之貉”“一技之长”“一念之差”“一面之词”“万全之策”“不刊之论”“不白之冤”“匹夫之勇”“乌合之众”“心腹之患”等形成了“××之×”构式，仅《现代汉语成语规范词典》就收了这种构式的成语 110 多条。“虚假情意”不是成语，“虚情假意”是成语；“真实情感”不是成语，“真情实感”是成语；“情意真切”不是成语，“情真意切”是成语；“成就功名”不是成语，“功成名就”是成语；“遵守法纪”不是成语，“遵纪守法”是成语；如此等等。这说明“虚假情意”“真实情感”“情意真切”“成就功名”“遵守法纪”这类平列结构不够凝固，“虚情假意”“真情实感”“情真意切”“功成名就”“遵纪守法”这类穿插（编插）结构较为凝固。

四　分项赋值法可确定四字格成语的典型程度

从上文对成语各种属性及其层次性分析可知，成语是一个模糊范畴，大致可以分为典型成员层、非典型成员层和外围成员层三个层次。确定一个成语是哪个层次的成员，其典型程度有多高，应该有一个综合指标。用分项赋值法可以确定这样一个指标。

所谓分项赋值法是这样一种分析方法：根据成语的不同属性设置不同

分值，每种属性的分值按照层级分为几个等次，级次不同分值不同，属性等次高的得分高，反之则低，所有属性项的分值之和就是体现成语典型程度的指标，分值越高典型程度越高。每个成语都可用这种方法确定它在成语集合中的层次位置。

我们先划分上文分析的六种属性的层次，确定分值。雅俗属性分为雅、通、俗，分别赋3分、2分、1分；新旧属性分为固有、新，分别赋2分、1分；常用属性分常用、次常用、非常用，分别赋3分、2分、1分；通用属性分通用、专用，分别赋2分、1分；意义属性分融合、综合、组合，分别赋3分、2分、1分；结构属性分完全定型、不完全定型，分别赋2分、1分。

下面，我们根据所划定的分值，尝试给一组现代汉语成语赋值，进而从其得分的多少看它们属于成语的典型化程度。

守株待兔：雅俗属性3+新旧属性2+常用属性3+通用属性2+意义属性3+结构属性2=15

打草惊蛇：雅俗属性3+新旧属性2+常用属性3+通用属性2+意义属性2+结构属性2=14

厉兵秣马：雅俗属性3+新旧属性2+常用属性3+通用属性2+意义属性2+结构属性1=13

老马识途：雅俗属性3+新旧属性2+常用属性2+通用属性2+意义属性2+结构属性1=12

得不偿失：雅俗属性2+新旧属性2+常用属性3+通用属性2+意义属性1+结构属性2=12

广种薄收：雅俗属性2+新旧属性1+常用属性3+通用属性1+意义属性1+结构属性2=10

大吃大喝：雅俗属性1+新旧属性1+常用属性3+通用属性2+意义属性1+结构属性2=10

贼喊捉贼：雅俗属性1+新旧属性1+常用属性1+通用属性2+意义属性2+结构属性2=9

残汤剩饭：雅俗属性1+新旧属性1+常用属性1+通用属性2+意义属性1+结构属性2=8

狗撕猫咬：雅俗属性1+新旧属性1+常用属性1+通用属性2+意义属性2+结构属性1=8

掐头去尾：雅俗属性1+新旧属性1+常用属性1+通用属性2+意义属性1+结构属性2=8

连哄带骗：雅俗属性1+新旧属性1+常用属性1+通用属性2+意义属性1+结构属性1=7

从所得分值看，上面一组成语，“守株待兔”“打草惊蛇”“厉兵秣马”“老马识途”“得不偿失”是典型成语，“广种薄收”“大吃大喝”“贼喊捉贼”是非典型成员，“残汤剩饭”“狗撕猫咬”“掐头去尾”“连哄带骗”是成语的外围成员（也可以叫作类成语）。

五　结语

不同学者对成语有不同的认知，存在各种成语观。观念的不同一方面是因为不同学者持有不同立场；另一方面是因为成语本身是一个历史形成的具有多属性和开放性的语类，任何从单一属性所作的绝对结论，都难免有失偏颇。学者对成语的理性认知又跟社会大众对成语的感性认识不同，学者们往往严格区分语类，试图找出成语跟其他语类的明晰界限，社会大众常常模糊地使用成语概念。我们认为，在对成语的性质范围没有达成一致意见的情况下，不宜把成语的范围限制得太窄，可以允许部分成语跟其他语类兼容，只要是使用时整体作句法成分、形式结构上是“二二相承的四字格”、内容上又具有叙述性（个别的也可以是指称性）的固定语，就可以视为成语。

主要参考文献：

[1] 温端政、吴建生主编：《汉语语汇学研究》，商务印书馆 2009 年版。

[2] 周荐：《词汇学词典学研究》，商务印书馆 2004 年版。

[3] 许威汉：《汉语词汇学导论》（修订本），北京大学出版社 2008 年版。

[4] 孙维张：《汉语熟语学》，吉林教育出版社 1989 年版。

[5] 吴建生、李淑珍：《三晋俗语研究》，书海出版社 2009 年版。

汉语同义成语和异形成语的区别与释义问题*

一　引言

汉语成语数量多，内容丰富，形义关系复杂。汉语成语既具历史传承性，又具时代发展性。发展的结果，除了在不同时期形成一些新成语和原有成语产生新义外，也在不断地累积同义成语，出现一些异形成语。同义成语和异形成语是两个不同类聚，其性质、作用和形成机制各不相同，本应严加区分，区别对待。但在学术研究和词典编纂实践中对同义成语和异形成语均存在一些模糊认识，没有很好地加以区分进而采取不同的处理方式。在术语使用上也存在着一些混乱与分歧现象。本文针对目前研究存在的问题，从不同角度区分同义成语和异形成语，提出普通语文词典和成语词典在收释这两类成语时应采取的不同态度和应采用的不同方式。

---

* 本文曾刊于《辞书研究》2012 年第 6 期。

二　同义成语和异形成语的区别

同义成语跟异形成语（或称异体成语）虽有一定的相似性，即都是用不同的形式表达相同的意义，但是二者有着根本的区别。

从性质上讲，同义成语和异形成语是两种不同的成语类聚。同义成语是意义相同或相近的一组成语，同义组内的不同成语或构成成分有异，或组合方式（主要是语序）不同，因此，整体而言，同义成语的读音是有差别的，例如：

博闻强记——博闻强识　　比翼齐飞——比翼双飞

独具一格——别具一格　　走马观花——走马看花

驴年马月——猴年马月　　宽宏大量——宽宏大度

屏声静气——屏声息气——屏声敛气——屏气敛息

不卑不亢——不亢不卑　　千疮百孔——百孔千疮

八面威风——威风八面　　春色满园——满园春色

龙盘虎踞——虎踞龙盘　　自不量力——不自量力

异形成语是读音和意义完全相同，只是在书写形式上有个别字不同的成语，例如：

鬼哭狼嚎——鬼哭狼嗥　　博闻强识——博闻强志

抱残守缺——抱残守阙　　毕恭毕敬——必恭必敬

死心塌地——死心踏地　　宽宏大量——宽洪大量

同义成语是词汇学或语汇学研究的对象，异形成语既是词汇学或语汇学研究的对象，也是文字学研究的对象，某种意义上主要是文字学研究的对象。

从存在价值上看，同义成语和异形成语也是不同的。一组同义成语，在语义和表达色彩上一般存在着或多或少的差异，人们可以根据实际需要有选择地使用，哪怕是意义完全相同的异序成语，在实际使用时往往也有不同的语用功能，比如韵律的需求，构成辞格的需要等。例如，“红军不怕远征难，万水千山只等闲”“万水千山总是情”中的“万水千山”不宜改为“千山万水”，否则，韵律之美大打折扣。“乡镇企业家们常说，他们的机遇是在‘千山万水、千言万语、千辛万苦、千方百计’中得到的。”“新娘佐佐木敦子，经中国政府批准已正式成为中国国籍的北京市居民了，他们的婚恋，真是千载难逢，经过千辛万苦，千山万水，又经过千锤百炼，终于迎来了这来之不易的一天。”其中的“千山万水”同样不能改为“万水千山”，不然，就改变了连贯使用“千……万……”语模所造成的语势。“我连忙从门房阁楼上取出一个小铁箱，这小铁箱已经是尘垢满积，多少年未开过，里面就只有老婆寄来的这两封信，从缅甸到上海、从上海到台湾，千山万水，万水千山，一直跟着我，我可真是‘万水千山总是情。’”①“万水千山”和“千山万水”的同时使用，产生了回环变化之美。这说明“千山万水”和“万水千山”虽理性义完全相同，仍有同时存在的语用需要。所以同义成语在汉语语汇中大量存在，是汉语成语丰富性的表现之一，是言语表达可利用的积极因素。一组同义成语尽管有使用频率和通用程度的高低差异，但这只说明人们使用上的选择取向，不能作为规范的依据。

异形成语的存在虽然也是客观事实，并且新的异形成语还有不断产生的可能性，但异形成语的存在却没有任何积极意义，它们是语汇规范化的对象，因此异形成语总是处在被抑制、被规范的过程中，而且数量要比同义成语少得多。

从形成机制上说，同义成语和异形成语有不同的形成渠道和过程。同义成语的形成不管是共时的还是历时的，是同源的还是非同源的，最常见的主要有四种情况：一是在形成过程中，选用不同的词或语素造成的，这不同的词或语素常常是同义或近义的，如：揠苗助长——拔苗助长，飞蛾扑火——飞蛾投火，承前启后——承先启后，不足为怪——不足为奇，插翅难飞——插翅难逃，别有洞天——别有天地，抱恨终身——抱恨终生——抱恨终天——抱憾终身，谈古论今——谈古说今——说古道今——

① 引例均选自北京大学 CCL 语料库（网络版）。

说古论今等；二是用词相同，语序不同，这在内部结构为并列关系的成语上表现尤其突出，如：藏龙卧虎——卧虎藏龙，残垣断壁——断壁残垣，光明正大——正大光明，博古通今——通今博古，威风八面——八面威风，茅塞顿开——顿开茅塞，谈今论古——谈古论今，风餐露宿——餐风宿露，天翻地覆——翻天覆地等；三是四字格与四字以上的格式并存，四字格往往是四字以上格式的简缩形式，如：冰火不相容——冰火不容，一日不见如隔三秋——一日三秋，尺有所短寸有所长——尺短寸长等；四是综合运用不同手段描述说明同一情形、事理或故事，如：胸有成竹——成竹在胸，过河拆桥——卸磨杀驴，罄竹难书——擢发难数等。其实一、三、四也可以概括为一种情况，它们的共同特点是都有不同的构成成分。

异形成语是由书写用字不同形成的，比较典型的有以下几种情况：一是使用异体字造成的，如：负隅顽抗——负嵎顽抗等；二是使用假借字造成的，如：百废俱兴——百废具兴等；三是使用古今字造成的，如：义无反顾——义无返顾等；四是使用异形词造成的，如：孤苦伶仃——孤苦零丁，宽宏大量——宽洪大量等；五是使用通用字造成的，如抱残守缺——抱残守阙，创巨痛深——创钜痛深等；六是同音误书或附会理据造成的，如：摩拳擦掌——磨拳擦掌，一锤定音——一槌定音等。

由以上分析可知，严格区分同义成语和异形成语是有意义的，同义成语是有不同表达功能的一组成语，异形成语是同一个成语的不同书写形式。同义成语之间不仅有书写形式的不同，而且有读音、意义或功能、结构方面的差异，而异形成语仅仅是书写问题。

判定同义成语跟异形成语的界限可以参酌异形词的判定标准。一组含有不同构词语素的词不可能形成异形词，同理，含有不同词或语素（即构成成分）的成语也不可能形成异形成语。从来没有人把异序词（或称逆序词，如感情——情感，互相——相互，替代——代替等）视为异形词，同样，也不应该把异序成语看成异形成语。

但是由于异形成语跟同义成语（特别是意义完全相同的等义成语）具有一定的共性，不少论著没能很好地区分这两类成语，造成了认识上和术语使用上的混乱。主要情况有三种：

其一，把同义成语等同于异形成语或异体成语。如有人认为“成语是一种定型的短语，也称作固定词组。它是一种高度凝固了的语言结构，它的组成成分，一般不能随意用别的字或词来替换，它的组成成分的顺序，一般也不可以随意变动。但是一般不能完全代替个别，它还有例外的情形。这种例外的情形，就是一个成语在意义不变的情况下却可以有不同的写法或不同的顺序，或两者兼而有之。这种成语就可称之为异体成语。例如‘揠苗助长’，这里的‘揠’就可写成‘拔’。再如‘森严壁垒’，改变顺序就可说成‘壁垒森严’。但是，作为一个整体，它们的意思并没有改变。”① 首先“揠苗助长”的“揠”改为“拔”是换素问题，不能理解为只是写法问题。其次，“揠苗助长”与“拔苗助长”虽然理性义相同，但语体色彩有明显差异，不能视为等义。再次，如上所述，“森严壁垒”和“壁垒森严”由于韵律上的差异，也会有语用功能上的不同，如“早已森严壁垒，更加众志成城”，若说成“早已壁垒森严，更加众志成城”，上下句的平仄就不对应了。

其二，将异形成语和同义成语视为上下位关系，异形成语包含同义成语。如有人认为“所谓异形成语，指意义相同而个别字书写形式或结构方式略有不同的一类成语。如‘抱残守阙’‘百紫千红’‘大快人心’又分别写作‘抱残守缺’‘万紫千红’‘人心大快’而意义没有改变。”② 事实是“抱残守缺”与“抱残守阙”是真正意义上的异形成语，而“万紫千红”与“百紫千红”、“大快人心”与“人心大快”是同义成语，“万紫千红”与“百紫千红”有程度上的细微差别，“大快人心”与“人心大快”结构不同，前者是述宾结构，后者是主谓结构，语义重心有别。还有人将《现代汉语词典》中收录的大部分同义成语视为异形成语，并据其成因分为五种类型：置换字词类、调整词序类、改变说法类、增减字词类、综合变化类。③ 这些成因除了置换书写用字形成异形成语外，其他成因都是形成同义成语的。

---

① 李守田：《异体成语及其常见的类型》，《汉语学习》1984 年第 3 期。

② 薛从军、陈德荣：《异形成语浅析》，《语文建设》1992 年第 6 期。

③ 王薇、张原：《〈现代汉语词典〉中四字格异形成语分析》，《河北经贸大学学报》（综合版）2007 年第 1 期。

其三，概念使用上的混乱。如有人先后提出“同一异形成语”[①]“异形同义成语”[②]的概念，名称不同，所指相同。“汉语异形同义成语，就是指整体意义完全相同，形体结构不同，在语言运用中可以互换而不改变原义的一组成语。所谓整体意义，是指成语的整体词汇意义；所谓形体结构是指成语构成成分和成分的组合形式。例如，刻骨铭心、铭心刻骨、刻骨镂心、铭心镂骨，都表示刻记在心灵深处，永记不忘的意思；但是，刻骨铭心、刻骨镂心、铭心镂骨三个成语构成的语素均不相同，刻骨铭心、铭心刻骨，构成的语素虽然相同，但语素组合的顺序不同。在人们的语言交际中，它们可以互换而不影响原意的表达。”[③]“同一异形成语”概念内部存在语义矛盾，这可能是改用“异形同义成语”的原因。然而“异形同义成语”这个概念，如果“异形”是用来修饰“同义成语”的，那就等于多余，因为不存在同形的同义成语，同义组内的成语都是构成成分或结构方式有差异的。如果是“异形成语”和“同义成语”的合称，那是合不到一起去的，要知道同义成语和异形成语是性质根本不同的两个成语类聚。有人根据一组同义成语中不同成语使用频度的高低提出“通用成语”和“异体成语”的概念，认为“有少数成语的结构形式未定型为一，各自形成一组结构形式有差异而又有联系的意义相同的成语。同组成语中社会使用频度最高的一个称为通用成语，其余社会使用频度较低的称为异体成语。通用成语与异体成语结构形式的差异包括语素和语序两个方面，语素差异可区分为十种情况，语序差异多见于联合式成语。通用成语与异体成语是同义成语、同源成语，但又不同于一般的同义成语和同源成语。”[④]还有人将“通用成语”和“异体成语”合称，使用“通用·异体成语”概念，并将其划分为异素式和异序式两类。[⑤]习惯上“通用”与“非通用”相对，

① 刘超班：《论汉语同一异形成语》，《武汉教育学院学报》（哲学社会科学版）1988年第1期。

② 刘超班：《异形同义成语的特点、形成及类型》，《长沙水电师院学报》（社会科学版）1991年第3期。

③ 刘超班：《论汉语同一异形成语》，《武汉教育学院学报》（哲学社会科学版）1988年第1期。

④ 聂言之：《通用成语与异体成语》，《江西师范大学学报》（哲学社会科学版）1992年第2期。

⑤ 段益民：《论通用·异体成语的优选机制》，《徐州师范大学学报》（哲学社会科学版）2007年第4期。

"异体"与"正体"相对，我们建议在讨论一组同义成语的使用频度时使用"通用成语"和"非通用成语"概念，而不使用"异体成语"概念，以免跟同一个成语的书写变体概念相混。

三　词典对同义成语和异形成语的释义问题

对同义成语和异形成语理论认识上的分歧与混乱，也同样反映在成语词典和普通语文词典的编纂实践上，这从成语词典和普通语文词典成语条目在沟通成语与成语之间的语际关系时的表现可见一斑。

例如,《现代汉语词典》《应用汉语词典》等将"触目惊心"和"怵目惊心"处理为异形成语，以"触目惊心"为主条，以"怵目惊心"为副条,《现代汉语词典》主副条同出,《应用汉语词典》不出副条。

触目惊心　看到某种严重的情况引起内心的震动。也作怵目惊心。

怵目惊心　同"触目惊心"。(《现代汉语词典》)

触目惊心　看到某种严重情况心里感到吃惊；形容事态严重，令人震惊。也作怵目惊心。(《应用汉语词典》)

《现代汉语规范词典》则不把"触目惊心"和"怵目惊心"视为异形成语，分别出条释义。从释义看，基本语义相同，但"怵目惊心"强调了"怵"的语素义。"触目惊心"与"怵目惊心"属于同义成语。

触目惊心　某种严重情况使人看到后内心震惊。形容事态极其严重。

怵目惊心　看到某种严重事态使人十分害怕或震惊；形容事态极其严重。

而《现代汉语成语规范词典》的处理是：

触目惊心 眼睛看到的使人感到震惊。形容事态极其严重。不要写作“怵目惊心”。

由于《现代汉语成语规范词典》使用的释语“不要写作”所沟通的是编者认为错误的或不规范的成语，包括像“‘画地为牢’的提示：不要写作‘划地为牢’；‘明日黄花’的提示：不要写作‘昨日黄花’”① 等情况，所以究竟编者认为“怵目惊心”是书写错误的呢，还是不规范的，不好判断。但有一点是明确的，那就是“怵目惊心”是要废除的。

不同规模的语文词典和成语词典都会遇到如何处理同义成语和异形成语的问题，都不同程度地担负着分辨同义成语和异形成语的职责。词典编纂者要做深入细致的研究工作，不仅要从理论上澄清同义成语和异形成语的是非，而且要对具体的条目做出正确判断，把对同义成语和异形成语的科学认识落实在具体条目的释义上。同义成语和异形成语的释义应沟通语际关系，并且采用内涵明晰的不同释语。

对于同义成语应根据是否完全同义，区别对待。完全同义的等义成语，可设主副条，主条释义，提示“也说××××”，副条不释义，直接提示“见××××”。用释语“也说”表明是语言的不同说法，而不是书写问题。例如②：

胸有成竹 画竹子时心里有一幅竹子的形象（见于宋晁补之诗“与可画竹时，胸中有成竹”，与可是宋代画家文同的字）。比喻做事之前已经有通盘的考虑。也说成竹在胸。

成竹在胸 见1530页〖胸有成竹〗。

光明正大 形容襟怀坦白，行为正派。也说正大光明。

正大光明 见509页〖光明正大〗。

---

① 李行健主编：《现代汉语成语规范词典》，长春出版社2006年版，“凡例”第5页。

② 本文引用词典的例子，没有注明出处的，均引自《现代汉语词典》（第5版），商务印书馆2005年版。

应该注意的是，主条应选择使用频率高，通用性强，尽可能接近语源的条目。副条虽不及主条使用频率高，通用性强，但也应有一定的使用频率和通用性，是规范的、语言性的单位，而不是临时的、言语性的、欠规范的单位。比如，查询北京大学CCL语料库，在现代汉语语料库中“千山万水”的使用频率是185，“万水千山”的使用频率是132，“千水万山”的使用频率是1，“万山千水”的使用频率是0；在古代汉语语料库中“千山万水”的使用频率是89，“万水千山”的使用频率是56，“千水万山”的使用频率是0，“万山千水”的使用频率是2。在《现代汉语常用词表（草案）》中，“千山万水”的频序号是27954，“万水千山”的频序号是30653。那么，考虑到“千山万水”和“万水千山”的使用频率都比较高，词典都应该收录，而“千水万山”和“万山千水”使用频率都很低，均不得入典。再考虑到“千山万水”的使用频率比“万水千山”高，“千……万……”又是能产的语模，可选择“千山万水”作主条，“万水千山”作副条。《现代汉语词典》收“万水千山”，未收“千山万水”，但在“千……万……”条的举例中有“千山万水”，括注为“形容道路遥远而险阻”，与“万水千山”的释义“很多的山和水，形容路途遥远险阻”相同。《应用汉语词典》以“万水千山”为主条，释义中提示“也说千山万水”，但“千山万水”未出条。《现代汉语规范词典》“万水千山”和“千山万水”均以主条形式出现，“万水千山”释义为“形容路途遥远而艰险”，“千山万水”以“万水千山”释义。《现代汉语成语规范词典》以“万水千山”为主条，释义为“比喻路途艰险而遥远”，以“千山万水”为副条，提示“通常写作‘万水千山’”。这些词典对“千山万水”和“万水千山”的处理似乎都有欠妥之处。

意义不完全相同的近义成语应分别出条，单独释义。目前的成语词典和普通语文词典大都是这样做的，但很少在释义中沟通近义关系。例如：

暴风骤雨　来势急遽而猛烈的风雨，比喻声势浩大、发展迅猛的群众运动。

急风暴雨　急剧而猛烈的风雨，多用来形容声势浩大的革命运动。

前赴后继　前面的人上去，后面的人就跟上去，形容奋勇前进，连续不断。

前仆后继　前面的人倒下了，后面的人继续跟上去，形容英勇奋斗，不怕牺牲。

为便于人们分辨近义成语，准确选择使用，词典（特别是学习型词典）也可用“参”“参看”等术语沟通近义关系。如“【前赴后继】……参〖前仆后继〗”，或“【前赴后继】……参看〖前仆后继〗”。

对于异形成语，有明确规范的，取规范语形作主条，说明“不要写作××××”，非规范语形不出条。用释语“不要写作”表明是书写问题，而不是语言上的不同说法，同时表明书写上的取舍。例如：

信口开河　不经思索，不负责任地随口乱说。不要写作“信口开合”。(《现代汉语规范词典》)

目前只有《第一批异形词整理表》中整理的异形成语有明确的规范，可以参考。该表共整理异形成语30组，具体如下（前者是规范语形）：

百废俱兴——百废具兴	毕恭毕敬——必恭必敬
出谋划策——出谋画策	发人深省——发人深醒
丰富多彩——丰富多采	负隅顽抗——负嵎顽抗
孤苦伶仃——孤苦零丁	骨瘦如柴——骨瘦如豺
归根结底——归根结柢	鬼哭狼嚎——鬼哭狼嗥
浑水摸鱼——混水摸鱼	骄奢淫逸——骄奢淫佚
摩拳擦掌——磨拳擦掌	盘根错节——蟠根错节
披星戴月——披星带月	杀一儆百——杀一警百
铤而走险——挺而走险	乌七八糟——污七八糟
无动于衷——无动于中	五彩缤纷——五采缤纷

五劳七伤——五痨七伤　　小题大做——小题大作
信口开河——信口开合　　秀外慧中——秀外惠中
一锤定音——一槌定音　　义无反顾——义无返顾
再接再厉——再接再励　　指手画脚——指手划脚
原原本本——源源本本、元元本本
直截了当——直捷了当、直接了当

对暂时还没有明确规范，但使用频率有着明显的高低差异的异形成语，说明它们在书写上有一定的取舍倾向，则选择使用频率高、通用性强的为主条，主条释义，说明“也作××××”，选择使用频率较低、通用性较弱，但有一定使用频率和通用度的为副条，不释义，直接说明“通常写作××××”或“一般写作××××”。对于古今汉语有明显语用选择差异的异形成语，应选择古今通用的条目作主条，只在古代汉语中使用的作副条，主条释义并说明“古代也作××××”，副条不释义，直接说明“现在一般写作××××”。用“也作”“古代也作”“通常写作”“一般写作”“现在一般写作”等释语，仍表明是书写问题，而不是语言上的不同说法，同时表明书写上的取舍倾向。这里我们以“夫唱妇随”和“夫倡妇随”的处理为例对这一问题加以探讨。

《现代汉语词典》的处理是：

夫唱妇随　比喻夫妻相互配合，行动一致。也指夫妻和睦。也作夫倡妇随。

夫倡妇随　同“夫唱妇随”。

《现代汉语规范词典》的处理是：

夫唱妇随　丈夫说什么妻子都附和（唱：原指领唱，引申为发展、倡导）。原指妻子处处顺从丈夫。现多形容夫妇和睦相处，或互相配合，行动一致。

夫倡妇随　现在一般写作“夫唱妇随”。

《现代汉语成语规范词典》则直接把“夫唱妇随”写作“夫倡妇随”视为错误：

夫唱妇随 丈夫说什么，妻子都附和。后用来形容夫妻相处和谐一致。《关尹子·三极》：“天下之理，夫者倡（同“唱”），妇者随。”……“唱”不要错写作“倡”。

“夫唱妇随”在CCL现代汉语语料库中的使用频率为49，在古代汉语语料库中的使用频率为44，而“夫倡妇随”在CCL现代汉语语料库中的使用频率为0，在古代汉语语料库中的使用频率为3。这说明“夫唱妇随”和“夫倡妇随”在古代汉语中为异形成语，成因是“倡”和“唱”二字通用；在现代汉语中，“夫倡妇随”已罕用甚至不用。《现代汉语词典》把“夫唱妇随”和“夫倡妇随”处理为共时平面的异形关系，不尽妥当。《现代汉语规范词典》应该在“夫唱妇随”释义中标明其古代异形。《现代汉语成语规范词典》把“唱”写作“倡”视为错误，不仅缺乏历史观，而且释义本身自相矛盾。如果把《现代汉语词典》和《现代汉语规范词典》结合起来，采用以下处理方式，可能较为稳妥。

夫唱妇随 比喻夫妻相互配合，行动一致。也指夫妻和睦。古代也作夫倡妇随。

夫倡妇随 现在一般写作“夫唱妇随”。

有的成语既有同义成语，又有异形成语，在释义中就要区别对待。例如：

宽宏大量 形容人度量大。也作宽洪大量。也说宽宏大度。

又如，“博闻强识”跟“博闻强记”是同义关系，跟“博闻强志”是异形关系。像《现代汉语成语规范词典》的如下处理，就混淆了同义成语跟异形成语的界限与区别。

博闻强记 广泛地学习，努力牢记所学知识。

博闻强志 通常写作“博闻强记”。

博闻强识 通常写作“博闻强记”。

四 结语

同义成语和异形成语都是汉语成语中客观存在的类聚，二者虽有相似性，但有着根本的区别。同义成语是语言中的不同说法，异形成语是同一个成语的不同写法，前者是语言问题，后者是书写问题。科学区分同义成语和异形成语不仅具有理论意义，而且对词典编纂等实践操作具有指导作用。同时词典编纂者也应强化对二者的区别意识，在沟通语际关系时采用不同的处理方式，巩固和强化同义成语跟异形成语研究的成果。

主要参考文献：

[1] 中国社会科学院语言研究所词典编辑室：《现代汉语词典》（第5版），商务印书馆2005年版。

[2] 李行健主编：《现代汉语规范词典》，外语教学与研究出版社、语文出版社2004年版。

[3] 李行健主编：《现代汉语成语规范词典》（第3版），长春出版社2006年版。

[4] 商务印书馆辞书研究中心：《应用汉语词典》，商务印书馆2000年版。

[5] 异形词研究课题组：《第一批异形词整理表说明》，语文出版社2002年版。

[6]《现代汉语常用词表》课题组：《现代汉语常用词表（草案）》，商务印书馆2008年版。

[7] 倪宝元、姚鹏慈：《等义成语四题》，《中国语文》1995年第1期。

[8] 周荐：《〈现代汉语词典〉中的待嵌格式》，《中国语文》2001年第6期。

[9] 何文才:《成语的语序变化》,《汉语学习》1983 年第 3 期。

[10] 周阿根:《辞书编纂中异形成语的处理与思考》,《编辑之友》2007 年第 6 期。

[11] 卢磊:《论异体成语的类型和产生的原因》,《长江大学学报》(社会科学版) 2006 年第 2 期。

[12] 钱伟:《同素异序成语》,《青岛大学师范学院学报》2001 年第 2 期。

[13] 李宇明:《词语模》,见邢福义主编《汉语语法特点面面观》,语言文化大学出版社 1999 年版。

汉语异形成语琐谈*

一　引言

一般认为，汉语成语是结构稳定、意义完整、以四字格为主体形式的固定短语。这是从汉语成语的总体情况来说的，也是从汉语成语的共时平面看成语做出的判断。事实上，汉语成语的历时系统是不断累积的结果，成语在形成、使用和发展的过程中，其结构、形式和意义又有一定的灵活性和变异性，例如“沉鱼落雁——落雁沉鱼——鱼沉雁落——雁落鱼沉”“摩肩击毂——击毂摩肩——毂击肩摩——肩摩毂击”“耳濡目染——目染耳濡——耳染目濡——目濡耳染”等，语序结构就比较灵活。有一种值得注意的现象是，由于汉字系统中字际关系的复杂性和汉语成语在历史传承过程中的变异性，就造成了在汉语成语的历时系统和共时系统中均存在着同一成语具有不同书写形式的异形成语。这种现象在历史系统中表现更为突出。其中一部分在历时使用过程中得到筛选，有存有废；也有一部分在共时平面上并存并用，有待规范；还有的正在形成的过程中。异形成语的

---

* 本文曾在山西省社会科学院语言研究所主办的第五届全国语汇学学术研讨会（2015）上宣读过。

成因是多方面的，最主要的还是因为客观存在的易于滋生异形成语的各种字际关系。在研究型历时成语词典中尽可能全面收释异形成语，标注异形成语中的字际关系，应成为研究型历时成语词典的任务之一。

二　异形成语的性质

异形成语也可以称异体成语，就是指读音和意义完全相同，只是在书写形式上有个别字不同的成语。如：

鬼哭狼嚎——鬼哭狼嗥　　博闻强识——博闻强志
抱残守缺——抱残守阙　　毕恭毕敬——必恭必敬
死心塌地——死心踏地　　宽宏大量——宽洪大量

异形成语既可表现在共时层面上的同时使用性，如“吃里爬外”与“吃里扒外”、“长吁短叹”与“长嘘短叹”、“长年累月”与“常年累月”等在现代汉语里通用。异形成语也可表现在历时层面上的不断生成性，如先有“必恭必敬”，后有“毕恭毕敬”，先有“一暴十寒”，后有“一曝十寒”等，今行“毕恭毕敬”和“一曝十寒”，废“必恭必敬”和“一暴十寒”。

有些成语之间的关系很像异形成语，但绝对不宜视同异形成语，从而扩大异形成语的范围，混淆成语的语际关系，造成对异形成语的错误认识。

其一，语音形式相近但不完全相同的成语是近音成语，不是异形成语。如：

正冠纳履——整冠纳履　　降龙伏虎——降龙缚虎
以此类推——依此类推　　倚老卖老——依老卖老
易如反掌——易如翻掌　　丛山峻岭——崇山峻岭
心如古井——心如枯井　　重振旗鼓——重整旗鼓

气喘吁吁——气喘咻咻

其二，只是语音形式相同、意义完全不同或不完全相同的成语是同音成语，不是异形成语。如：

偃武修文——演武修文　　新仇旧恨——新愁旧恨
察言观色——察颜观色　　形于颜色——形于言色
正颜厉色——正言厉色　　一刀两断——一刀两段
真知灼见——真知卓见　　知书达理——知书达礼
心如刀绞——心如刀搅

其三，由书写形式不同的同义、近义语素构成的成语是同义成语，不是异形成语。如：

揠苗助长——拔苗助长　　赤手空拳——徒手空拳
了如指掌——了若指掌　　笨嘴拙舌——笨口拙舌
析骨而炊——析骸而爨　　兴风作浪——掀风作浪
摩肩接踵——摩肩继踵　　白昼见鬼——白日见鬼
新旧交替——新老交替
安如泰山——安若泰山——稳如泰山
知书达理——知书识理——知书明理
遮人耳目——掩人耳目——障人耳目
天壤之别——霄壤之别——霄壤之殊

其四，由相同语素、不同语序构成的成语是异序同义成语，不是异形成语。如：

藏龙卧虎——卧虎藏龙　　光明正大——正大光明
博古通今——通今博古　　铜墙铁壁——铁壁铜墙
神怒人怨——人怨神怒　　冰清玉洁——玉洁冰清

铺张扬厉——扬厉铺张　　蹈袭前人——袭蹈前人

喜闻乐见——喜见乐闻

怜香惜玉——惜玉怜香——惜香怜玉

形单影只——影只形单——影单形只

沉鱼落雁——落雁沉鱼——鱼沉雁落——雁落鱼沉

其五，有共同来源的成语是同源成语，不是异形成语。如：

井底之蛙——井蛙之见　　桃李无言——桃李成蹊

管中窥豹——窥豹一斑　　黔驴之技——黔驴技穷

三纸无驴——博士买驴　　余音绕梁——绕梁三日

一诺千金——季布一诺　　尾生之信——抱柱之信

梦笔生花——生花之笔

有时一个成语在发展过程中运用不同手段形成一组关系更为复杂的成语，但其中都不是异形成语，而是同义成语。如：

鱼溃鸟散——鸟散鱼溃——鸟溃鱼散——鱼溃鸟离——鱼奔鸟散

花街柳巷——柳巷花街——花街柳陌——柳陌花街——花衢柳陌——柳陌花衢——柳衢花市

三　异形成语的形成

对异形成语的性质范围认识不同，对形成异形成语的途径与条件也就有着不同的解释。我们认为异形成语问题主要是文字书写问题，其形成是由书写时用字不同造成的，主要是选用了记词功能相同而书写形式不同的各种字际关系的字造成的，也有的是同音误书或附会理据造成的。具体来讲，主要有以下几种情况。

一是使用异体字造成的，即异形成语中书写不同的字之间是异体字关系。这里说的异体字，指的是字音完全相同、字义完全或部分相同而书写形式不同的字，书写的不同是由构形理据不同造成的。如果一组异体字的不同字形共同进入某个成语的书写形式之中，就会形成一组异形成语。如：

负隅顽抗——负嵎顽抗　　恫瘝在抱——痌瘝在抱
铲草除根——刬草除根　　重裀列鼎——重茵列鼎
掣襟露肘——掣衿露肘　　溪壑无厌——谿壑无厌

二是使用假借字造成的，即成语中书写不同的字之间是假借字关系。假借分“本无其字”的假借和“本有其字”的假借两种，前者是借用音同音近的字记录无本字可记录的词，后者是借用与本字音同音近的字记录本该用本字记录的词。后一种假借字也叫通假字，这里说的假借字，主要是通假字。如果一组通假字的不同字形共同进入某个成语的书写形式之中，就会形成一组异形成语。如：

再接再砺——再接再厉　　指天誓日——指天矢日
跋前疐后——跋前踬后　　流言飞语——流言蜚语
流血漂橹——流血漂卤　　秀外慧中——秀外惠中

三是使用古今字造成的，即成语中书写不同的字之间是古今字关系。在传统文字学和训诂学里，古今字的概念有着不同的解释。广义的古今字不仅包括产生时间上有先后的异体字、假借字和狭义的古今字，而且包括古今用字的不同。狭义的古今字指的是王筠称作“分别文”的古今字，他在《说文释例》卷八中说：“字有不须偏旁而义已足者，则其偏旁为后人递加也。其加偏旁而义遂异者，是为分别文。其种有二：一则正义为借义所夺，因加偏旁以别之者也；一则本字义多，既加偏旁，则只分其一义也。”“正义为借义所夺，因加偏旁以别之者”，如“其——箕”，“本字义多，既加偏旁，则只分其一义”，如“说——悦”。这里所说古今字是狭义的，即古字与今字是分别文。如果一组古今字的不同字形共同进入某个成语的书写形式之中，就会形成一组异形成语。如：

一暴十寒——一曝十寒　　希光附景——希光附影
纤介无遗——纤芥无遗　　抽丁拔楔——抽钉拔楔
知小谋大——智小谋大　　义无反顾——义无返顾

四是使用通用字造成的，即成语中书写不同的字之间是通用字关系。这里说的通用字，是指因语义相通而相互通用的字。如：

抱残守缺——抱残守阙　　逞奇眩异——逞奇炫异
以辞害意——以词害意　　形销骨立——形消骨立
养虎遗患——养虎贻患　　珠联璧合——珠连璧合

五是使用异形词造成的，即成语中书写不同的字之间是异形词关系。所谓异形词，是指书面语中并存并用的同音（声韵调完全相同）、同义（理性意义、色彩意义和语法意义完全相同）而书写形式不同的词语。如：

孤苦伶仃——孤苦零丁　　轰动一时——哄动一时
泄露天机——泄漏天机　　眼花缭乱——眼花撩乱
辗转反侧——展转反侧　　粲然可观——灿然可观
洋洋得意——扬扬得意　　唏嘘不已——欷歔不已
愤愤不平——忿忿不平

六是同音误书或附会理据造成的，即成语中书写不同的字是因不明成语理据和意义，只是简单地用同音字替代或是附会上某种新的理据造成的。这种情况本是对规范成语的误用和偏离，但时间久了，用的人多了，便可能习非成是，形成异形成语。如：

信口开合——信口开河　　信马由缰——信马游缰
走投无路——走头无路　　惹是生非——惹事生非

五劳七伤——五痨七伤　　以简御繁——以简驭繁
如雷贯耳——如雷灌耳　　平白无故——凭白无故
披星戴月——披星带月

四　异形成语的规范

异形成语的存在是客观事实，并且新的异形成语还有不断产生的可能性，但异形成语的存在却没有任何积极意义，它们是语言文字规范化的对象，因此异形成语总是处在被抑制、被规范的过程中。

异形成语的规范有两个层面：一是历时层面，二是共时层面。

历时层面的规范一般是自然规范，即异形成语在长期的使用过程中，人们形成了自觉或不自觉的选择习惯，其中一个使用越来越普遍，被保留下来；另一个或另一些逐渐不再被人使用而消失，如存“羊狠狼贪”，废“羊很狼贪”，存“回光返照”，废“回光反照”，存“云合影从”，废“云合景从”等。

共时层面的规范带有人工选择和干预的性质，往往依据异形成语的现实使用情况做出选择，制定指导性的规范标准。在整理和规范异形成语时，可参酌《第一批异形词整理表》整理异形词的主要原则选定规范语形，即依据通用性原则、理据性原则和系统性原则来确定一个规范语形，淘汰其他语形。

现代汉语异形成语的整理规范成果主要体现在以下几个方面。

一是由异形词研究课题组研制，由中华人民共和国教育部、国家语言文字工作委员会于 2001 年 12 月 19 日发布，2002 年 3 月 31 日试行的《第一批异形词整理表》，该表对 338 组异形词进行了规范，其中整理异形成语 32 组，66 个成语。它们是（前者是推荐语形，后者是建议废除的语形）：

百废俱兴——百废具兴	毕恭毕敬——必恭必敬
出谋划策——出谋画策	发人深省——发人深醒
丰富多彩——丰富多采	负隅顽抗——负嵎顽抗
孤苦伶仃——孤苦零丁	骨瘦如柴——骨瘦如豺
归根结底——归根结柢	鬼哭狼嚎——鬼哭狼嗥
浑水摸鱼——混水摸鱼	骄奢淫逸——骄奢淫佚
摩拳擦掌——磨拳擦掌	盘根错节——蟠根错节
披星戴月——披星带月	杀一儆百——杀一警百
死心塌地——死心踏地	铤而走险——挺而走险
乌七八糟——污七八糟	无动于衷——无动于中
五彩缤纷——五采缤纷	五劳七伤——五痨七伤
小题大做——小题大作	信口开河——信口开合
秀外慧中——秀外惠中	一锤定音——一槌定音
义无反顾——义无返顾	原原本本——源源本本、元元本本
再接再厉——再接再砺	正经八百——正经八摆
直截了当——直捷了当、直接了当	
指手画脚——指手划脚	

二是由中国版协校对研究委员会、中国语文报刊协会、国家语委异形词研究课题组、《咬文嚼字》编委会研制，先作为行业规范，从2004年1月起在各自系统内试用的《264组异形词整理表（草案）》，习惯上也称《第二批异形词整理表（草案）》，该表共整理异形成语41组，85个成语。它们是（前者是推荐语形，后者是建议废除的语形）：

安分守己——安份守己	暗渡陈仓——暗度陈仓
筚路蓝缕——荜路蓝缕	长年累月——常年累月
承上启下——承上起下	吃里爬外——吃里扒外
大放厥词——大放厥辞	得意洋洋——得意扬扬
丢三落四——丢三拉四	幡然醒悟——翻然醒悟

夫唱妇随——夫倡妇随　　俯首帖耳——俯首贴耳

故步自封——固步自封　　好高骛远——好高务远

哄堂大笑——轰堂大笑　　花里胡哨——花狸狐哨

夸大其词——夸大其辞　　宽宏大量——宽洪大量

伶牙俐齿——伶牙利齿　　流言蜚语——流言飞语

毛骨悚然——毛骨耸然、毛骨竦然　　模棱两可——摸棱两可

秣马厉兵——秣马利兵、秣马砺兵　　平白无故——凭白无故

如雷贯耳——如雷灌耳　　煽风点火——扇风点火

闪烁其词——闪烁其辞　　尚方宝剑——上方宝剑

拾遗补缺——拾遗补阙　　水涨船高——水长船高

死乞白赖——死气白赖　　唯利是图——惟利是图

唯命是从——惟命是从　　唯我独尊——惟我独尊

无精打采——无精打彩　　兴高采烈——兴高彩烈

言不由衷——言不由中　　一唱百和——一倡百和

一塌糊涂——一蹋糊涂、一榻糊涂

一厢情愿——一相情愿

装聋作哑——装聋做哑

三是各种成语词典和普通语文词典对异形词的规范。词典规范有隐性规范和显性规范两种方式。隐性规范是通过只收录某种语形作为词目，不收录其他语形作词目的方式达至对异形成语的规范，如《现代汉语词典》（第6版）只收“安分守己、暗度陈仓、百废俱兴、长年累月、愤世嫉俗、装聋作哑”，不收“安份守己、暗渡陈仓、百废具兴、常年累月、忿世嫉俗、装聋做哑”等。显性规范形式多样，最常见的有：1. 用括注的方式，括弧外的语形是推荐语形，括弧内的语形是建议废除的语形，如《现代汉语词典》（第6版）：“【一锤定音】（一槌定音）yīchuí－dìngyīn 比喻凭某个人的一句话做出最后决定。”“一槌定音”不再出条。2. 用主副条方式，推荐语形作主词条，非推荐语形作副条，如《现代汉语词典》（第6版）：“【唯利是图】wéilìshìtú 只贪图财利，别的什么都不顾。也作惟利是图。”

“【惟利是图】wéilìshìtú 同‘唯利是图’。”3. 用提示语方式对异形成语作出规范，如《现代汉语成语规范词典》（第3版）在“百废俱兴”条提示“不要写作‘百废具兴’”，在“拨乱反正”条提示“不宜写作‘拨乱返正’”，在“抱残守阙”条提示“通常写作‘抱残守缺’”等。

应该说，各种规范词表、成语词典、普通语文词典和研究整理异形成语的论著都对异形成语的整理和规范做出了不同程度的贡献。但是也不得不承认，除了已有的作为规范标准的《第一批异形词整理表》中整理的异形成语较易达成一致认同外，在异形成语的认定和规范取向上存在着各行其是的做法，比较混乱。

比如，《现代汉语词典》（第6版）和《现代汉语学习词典》等收“勠力同心”，不收“戮力同心”；《新华语典》《现代汉语成语规范词典》（第3版）《汉语成语考释词典》和《新华成语大词典》等收“戮力同心”，不收“勠力同心”；《应用汉语词典》和《现代汉语规范词典》等收“戮力同心”，不收“勠力同心”，但在“戮²”字头后括注“勠”为异体字。显然，“勠力同心”与“戮力同心”是一组异形成语，但它是如何形成的？在规范上究竟应该作何选择？仅看这些词典是不能解决问题的。许慎《说文解字》：“勠：并力也。从力翏声。”“戮：杀也。从力翏声。”段玉裁《说文解字注》“戮，勠力字亦假戮为勠。”由此可知，从语源和理据的角度看，本作“勠力同心”，“戮”是“勠”的假借字，于是又有了“戮力同心”语形，也就是说因“勠”假借“戮”而形成异形成语“勠力同心——戮力同心”。选择“勠力同心”为规范语形，符合语源和理据。选择“戮力同心”为规范语形，符合通用性原则，因为在历代文献特别是现代文献中，“戮力同心”的使用频率远远高于“勠力同心”。两者相较，从通用优先的原则出发，可选择“戮力同心”为规范语形。

再如，《新华语典》只收“拾遗补缺”，不收“拾遗补阙”；《汉语成语考释词典》只收“拾遗补阙”，不收“拾遗补缺”；《新华成语大词典》在“拾遗补阙”条说明“阙：通‘缺’，缺失”，但是没有再出“拾遗补缺”条，也无“拾遗补缺”的文献用例；《现代汉语词典》（第6版）以“拾遗补阙”为主条，说明“也作拾遗补缺”，“拾遗补缺”以副条列出；

《现代汉语规范词典》以“拾遗补缺”为主条，在副条“拾遗补阙”中说明“现在一般写作‘拾遗补缺’”；上列《264组异形词整理表（草案）》以“拾遗补缺”为推荐语形。从文献用例看，古代文献多用“拾遗补阙”，现代文献多用“拾遗补缺”。查国家语委语料库，在古代汉语语料库中“拾遗补阙”出现27次，“拾遗补缺”没有出现；在现代汉语语料库中“拾遗补缺”出现7次，“拾遗补阙”没有出现。立足当前，着眼发展，可选择“拾遗补缺”为规范语形。

又如，《新华语典》收“蓬荜生辉、蓬荜生光、蓬荜增辉、蓬门荜户”，不收“蓬筚生辉、蓬筚生光、蓬筚增辉、蓬门筚户”；《汉语成语考释词典》收“蓬荜生辉、蓬荜生光、生辉蓬荜、蓬门荜户、荜门蓬户”，不收“蓬筚生辉、蓬筚生光、生辉蓬筚、蓬门筚户、筚门蓬户”；《新华成语大词典》收“蓬荜生辉、蓬荜生光、蓬荜增辉”，不收“蓬筚生辉、蓬筚生光、蓬筚增辉”，但是收“筚门陋巷”，不收“荜门陋巷”，以“筚门蓬户”为主条，以“荜门蓬户”和“蓬门荜户”为副条等；《现代汉语词典》（第6版）收“蓬荜生辉、蓬荜增辉、蓬门荜户”，不收“蓬筚生辉、蓬筚增辉、蓬门筚户”；《现代汉语规范词典》收“蓬筚增辉、蓬筚生辉”，不收“蓬荜增辉、蓬荜生辉”，以“蓬门筚户”为主条，以“蓬门荜户”为副条，说明“现在一般写作‘蓬门筚户’”。在这同一系列的异形成语中，究竟如何选择推荐语形？是根据不同情况分别处理，还是依据系统性原则作统一处理？这些问题尚需深入研究，作出审慎处理。

在异形成语整理、研究和规范的过程中，有一个问题值得注意，那就是过度规范的问题。过度规范主要有两个表现：

一是把非异形成语误判为异形成语，并加以规范。比如“与狐谋皮”是古代成语，语出晋·苻朗《苻子》：“周人有爱裘而好珍羞，欲为千金之裘而与狐谋其皮，欲具少牢之珍而与羊谋其羞。言未卒，狐相率逃于重丘之下，羊相呼藏于深林之中。故周人十年不制一裘，五年不具一牢，何者？周人之谋失之矣。”后用“与狐谋皮”比喻跟对方所谋求的事情给对方造成巨大伤害，根本办不到。“与虎谋皮”是近现代成语，其产生或许受到“与狐谋皮”的影响，但语义有别，它是比喻所商量的事情跟对方

（多指坏人）利益根本冲突，绝对不可能办到，甚至会招致祸端。《现代汉语成语规范词典》（第3版）将这两个语义有别的成语作了异形成语处理，在“与虎谋皮”条说明“原作‘与狐谋皮’”，特别提示“不宜写作‘与狐谋皮’”，不妥。《新华成语大词典》作不同成语对待，分条处理，可取。再如，“老羞成怒”跟“恼羞成怒”语义相近，语音有别，不是异形成语。《现代汉语词典》（第6版）分条处理，“老羞成怒”释义为“因羞愧到了极点而发怒”，“恼羞成怒”释义为“由于羞愧和恼恨而发怒”，释义准确，处理稳妥。《汉语成语考释词典》以“老羞成怒”为主条，以“恼羞成怒”为副条，作异形成语处理；《新华成语大词典》以“恼羞成怒”为主条，以“老羞成怒”为副条，作异形成语处理；《现代汉语成语规范词典》（第3版）不但作了异形成语处理，而且在“恼羞成怒”条特别提示“不要写作‘老羞成怒’”。这些处理都有违语言事实，是不可取的。

二是将已整理或待整理的异形成语视为错误书写。比如，上文论及的“蓬荜生辉”与“蓬筚生辉”是一组异形成语，目前尚没有明确的规范。查北京大学中国语言学研究中心语料库现代汉语部分，“蓬荜生辉”出现13次，“蓬筚生辉”出现2次，单纯从现代汉语使用的频率看，似可以“蓬荜生辉”为推荐语形。《现代汉语成语规范词典》（第3版）却在“蓬筚生辉”条特别提示“‘筚’不要错写作‘荜’”。

张国风编著的《常用成语纠错480例》在这两个方面表现都比较突出。一是将不同的成语视为某一成语的错误书写，如将“不加思索”视为“不假思索”的误写，将“重山峻岭”视为“崇山峻岭”的误写，将“前赴后继”视为“前仆后继”的误写，将“远见灼识”视为“远见卓识”的误写等。二是将异形成语视为错误书写，如将“安份守己、常年累月、大才小用、丢三拉四、愤世疾俗、流言飞语、磨拳擦掌、披星带月、凭白无故、气喘嘘嘘、惹事生非、如雷灌耳、维妙维肖、形消骨立”等分别视为“安分守己、长年累月、大材小用、丢三落四、愤世嫉俗、流言蜚语、摩拳擦掌、披星戴月、平白无故、气喘吁吁、惹是生非、如雷贯耳、惟妙惟肖、形销骨立”的错误书写。

五　词典对异形成语的标注

无论是成语词典还是普通语文词典都会面临处理异形成语条目的问题，特别是注重成语源流考释的研究型历时成语词典更应审慎确立异形成语条目，准确梳理异形成语条目之间的关系。异形成语问题说到底主要是文字书写问题，是文字应用问题。

词典对异形成语的标注主要涉及两个方面的工作：一是使用准确的释义语言标明成语之间的异形关系，并有效地跟同义成语、同源成语等区别开来；二是对一组异形成语来说，要针对形成异形的不同情况，就书写不同的部分标明其关系。

第一个方面的工作，词典编纂实践有一些较好的做法。比如《现代汉语词典》（第 6 版）用“也作”和“同”标注成语之间的异形关系，用“也说”标注成语之间的同义关系，用“参看”标注成语之间的同源关系等。例如：

【俯首帖耳】fúshǒu - tiē’ěr 形容非常驯服恭顺（含贬义）。也作俯首贴耳。

【俯首贴耳】fúshǒu - tiē’ěr 同“俯首帖耳”。

【俯拾即是】fúshí - jíshì 只要弯下身子来捡，到处都是。形容地上的某一类东西、要找的某一类例证、文章中的错别字等很多。也说俯拾皆是。

【俯拾皆是】fúshí - jiēshì 俯拾即是。

【生花之笔】shēnghuāzhībǐ 指杰出的写作才能。也说生花妙笔。参看 890 页〖梦笔生花〗。

【梦笔生花】mèngbǐshēnghuā 传说李白年少时梦见笔头生花，从此才华横溢，名闻天下（见于五代王仁裕《开元天宝遗事》）。形容文笔好，善于写作。也说笔底生花、妙笔生花。

当然，也有些词典在标注成语关系时，使用释义语言单一，导致相关成语关系不明，影响了分辨不同成语关系的效度。例如，在下例用“也作”系联的成语中，“珠联璧合”与“珠连璧合”、“联珠合璧”与“连珠合璧”分别是异形关系，“珠联璧合（珠连璧合）”“合璧连珠”“联珠合璧（连珠合璧）”之间是同义关系。

【珠联璧合】zhū lián bì hé 珠联：像珍珠一样串在一起。璧合：像璧玉一样合在一起。《汉书·律历志上》：“日月如合璧，五星如连珠。”原用“珠联璧合”指一种日月重合、五星相联的天相。后多比喻美好的人或事物凑在一起。北周·庾信《周兖州刺史广饶公宇文公神道碑》：“开国承家，珠联璧合。”宋·田锡《长至赋》：“阴极阳生，复卦应连山之象；珠联璧合，斗枢回柳木之津。”钱锺书《围城》三：“董太太是美人，一笔好中国画，跟我们这位斜川兄真是珠联璧合。”也作“珠连璧合”。宋·秦观《代谢历日表》：“斗建龙躔，于焉有序，珠连璧合，由是可窥。”清·魏裔介《与姚敬存掌科书》：“前诵佳刻，益知理道渊源，元凯济济，珠连璧合。”也作“合璧连珠”。唐·杨炯《盂兰盆赋》：“奋奋粲粲，焕焕烂烂，三光壮观，若合璧连珠，耿耀于长汉。”也作“连珠合璧”。清·全祖望《梨洲先生神道碑文》：“公以濂洛之统，综会诸家横渠之礼教……水心之文章，莫不旁推交通，连珠合璧，自来儒林所未有也。”也作“联珠合璧”。元·蒲道源《洋州太守周子仁送行诗序》：“父子辉光焜耀相照，余以皇庆癸丑忝被驿召为翰林末属，去公时已二十余年，得观所谓视草者，于是公父子联珠合璧之文皆在焉。”（《新华成语大词典》）

第二个方面的工作，目前的做法不尽如人意。大多数语文词典和中小型成语词典不加标注说明，只是把异形成语建立整体联系。有的词典特别是大型历时成语词典虽然会对异形成语中的异形部分作出标注，但往往失之笼统，也常常具有随机性，缺乏有区别度的全面思考与处理。以下例子是《新华成语大词典》的标注方式，用“×也作×”“×同×”或“×通

×”来处理，但是它们标注的字词是什么具体关系？“同”和“通”有何区别？这些都不明确。

【贻厥孙谋】贻：也作“诒”，留传。……

【晏然自若】……也作“宴然自若”。宴：同“晏”。……

【宴安鸩毒】……也作“晏安鸩毒”。晏安：同“宴安”。……也作“燕安鸩毒”。燕安：通“宴安”。……

理想的做法应该是对异形成语中书写不同的字词作出具体的字际关系或词际关系说明，并给予不同标注，指明是异体字关系、假借字关系、古今字关系、通用字关系还是异形词关系等。

六　结语

无论从历时层面看还是从共时层面看，古今汉语中都存在一定数量的异形成语。对其性质、形成和规范等问题进行深入研究，不仅可以廓清异形成语与其他成语类型的关系，搞清异形成语的形成机制，而且可以为字际关系研究提供材料，为异形成语规范和使用提供理论指导，为成语词典处理异形成语提供实际帮助。

主要参考文献：

[1] 中国社会科学院语言研究所词典编辑室：《现代汉语词典》（第6版），商务印书馆2012年版。

[2] 商务印书馆辞书研究中心：《新华成语大词典》，商务印书馆2013年版。

[3] 刘洁修：《汉语成语考释词典》，商务印书馆1989年版。

[4] 李行健主编：《现代汉语规范词典》，外语教学与研究出版社、语文出版社2004年版。

[5] 李行健主编：《现代汉语成语规范词典》（第3版），长春出版社2006年版。

[6] 商务印书馆辞书研究中心：《新华语典》，商务印书馆2014年版。

[7] 商务印书馆辞书研究中心：《应用汉语词典》，商务印书馆 2000 年版。

[8] 商务印书馆辞书研究中心：《现代汉语学习词典》，商务印书馆 2010 年版。

[9] 许慎：《说文解字》，中华书局 1963 年版。

[10] 王筠：《说文释例》，中华书局 1987 年版。

[11] 段玉裁：《说文解字注》，上海古籍出版社 1981 年版。

[12] 异形词研究课题组：《第一批异形词整理表说明》，语文出版社 2002 年版。

[13] 张国风：《常用成语纠错 480 例》，金盾出版社 2014 年版。

[14] 安志伟：《试论成语的变异与规范》，《大连海事大学学报》（社会科学版）2012 年第 2 期。

[15] 曹瑞芳：《论汉语成语语形的演变——语义不变背景下的成语应用类型分析》，《语文研究》2011 年第 4 期。

[16] 晁继周：《论异形词整理的原则》，《中国语文》2004 年第 1 期。

[17] 段益民：《论通用 · 异体成语的优选机制》，《徐州师范大学学报》（哲学社会科学版）2007 年第 4 期。

[18] 刘超班：《论汉语同一异形成语》，《武汉教育学院学报》（哲学社会科学版）1988 年第 1 期。

[19] 刘超班：《异形同义成语的特点、形成及类型》，《长沙水电师院学报》（社会科学版）1991 年第 3 期。

[20] 刘中富：《汉语同义成语和异形成语的区别与释义问题》，《辞书研究》2012 年第 6 期。

[21] 卢磊：《论异体成语的类型和产生的原因》，《长江大学学报》（社会科学版）2006 年第 2 期。

[22] 聂言之：《通用成语与异体成语》，《江西师范大学学报》（哲学社会科学版）1992 年第 2 期。

[23] 王建军：《异形成语琐议》，《常州工学院学报》2012 年第 5 期。

[24] 薛从军、陈德荣：《异形成语浅析》，《语文建设》1992 年第 6 期。

[25] 杨超：《异形成语的整理与辞书编纂》，《乐山师范学院学报》2006 年第 1 期。

[26] 周阿根：《辞书编纂中异形成语的处理与思考》，《编辑之友》2007 年第 1 期。

造词法和构词法的学术分野与内在联系

——谈葛本仪先生对汉语造词法和构词法研究的贡献*

用现代语言学的眼光探讨汉语词的构造，说明汉语词的生成，已有一个多世纪的时间。然而，形成从发生学角度研究汉语词的创制、从解剖学的角度研究汉语词的结构的研究理念，并将这种理念用于实际研究中去，从理论走向实践的自觉却来之不易。造词和造词法的研究与构词和构词法的研究就是分别研究词的创制和词的结构问题的不同领域。这两个领域虽有联系，但无论从研究方法上还是从研究内容上都有本质的区别，弄清其学术分野，沟通其内在联系，是汉语语言学，特别是汉语词汇学百年来取得的重要成果之一。

在百年的研究历程中，葛本仪先生不属于第一代研究汉语构词的学者，也不是提出造词和构词、造词法和构词法概念的第一人，但葛本仪先生是第一位真正从理论上深刻阐释造词和构词、造词法和构词法的区别与联系，并在实践上贯彻自己的理论主张，建构疆域界限清晰的汉语造词法体系和构词法体系的词汇学家。从 20 世纪 80 年代中期的《汉语词汇研究》到 21 世纪初的《现代汉语词汇学》（修订本），葛本仪先生的造词法和构词法理论不断深化和完善。本文主要以《现代汉语词汇学》（修订本）第三章“词的形成及其结构形式”作为分析对象，说明葛本仪先生对汉语造词法和汉语构词法研究的杰出贡献。

---

* 本文曾收入《葛本仪词汇学理论体系研究》，山东大学出版社 2012 年版。

一　从理论上严格区分造词和构词、造词法和构词法

对汉语词的构造研究，早期侧重于结构研究，即构词的研究，尽管有的成果也涉及造词问题，甚至使用“造词方法”或“造词法”等术语，但没有形成真正从词的生成和创制角度展开造词研究的自觉意识，而且研究成果大多体现在汉语语法论著中。直到20世纪50年代孙常叙先生才在《汉语词汇》中区分了造词方法和造词结构，并且用相当大的篇幅构拟了汉语造词法体系，对汉语造词法体系的研究有开创之功。遗憾的是，孙常叙先生没能从理论上严格界定构词与造词，在实际的研究中也没有把构词和造词严格区分开来，其造词法体系中的主体部分——结构造词方法，还是解构性质的，甚至所用造词法术语有的也是构词法的术语。20世纪80年代初，任学良先生的《汉语造词法》是第一部研究汉语造词法的专著。任学良先生虽然也试图区分造词与构词、造词法与构词法，但由于他把造词法和构词法视为纲和目的关系，造成其五大造词法中的词法学造词法和句法学造词法以造词法之名行构词法之实，连具体的造词法名称都来自构词法，如附加式、重叠式、主谓式、谓宾式、补充式、并列式、主从式、兼语式等。此后的造词法研究大多仍然存在着或多或少构词法研究的影响，没有完全划清构词和造词、构词法和造词法的界域。

葛本仪先生从《汉语词汇研究》开始，就站在造词和造词法、构词和构词法两个阵地上展开研究，从理论上严格区分造词和构词、造词法和构词法，对它们各自的研究对象和研究范围有着清晰的界定和深刻的阐释，到《现代汉语词汇学》（修订本），其理论主张一以贯之，且日趋完善。

关于造词和造词法，葛本仪先生指出：

> 所谓造词就是指创制新词。它是解决一个词从无到有的问题。①

① 葛本仪：《现代汉语词汇学》（修订本），山东人民出版社2004年版，第88页。

> 造词法就是创制新词的方法。给事物命名的行为是造词问题，命名时使用的方法就是造词法问题。人们在造词时，可以根据本民族的语言习惯，掌握和运用现有的语言材料组成各种各样的新词。在组成新词的过程中，人们使用的方法是多种多样的，这些为事物命名创制新词的方法，就称为造词法。①

就一个词的形成而言，人们因何要创制这个词，根据什么来造这个词，用哪种方法将其创造出来，才是词的产生的本源问题。所以，葛本仪先生强调：

> 要研究一个新词如何形成的问题，就要研究它的形成条件和过程，而其中大部分的新词又都是经过创制的方法从无到有地被创造出来，因此要研究词的产生问题，首先就要研究造词问题。②

那么，一个词要经过怎样的过程与步骤才能创造出来？在造词过程中什么因素起着决定性的作用呢？葛本仪先生从造词的动态过程入手，通过考察和分析人们的造词活动，揭示了造词的本质：

> 人们的造词活动都是在社会交际的需求下进行的，社会上的每一个成员，都可以根据交际的需要来进行造词，所以造词活动存在的范围很广，它是一种全社会成员都可以进行的活动行为。在造词活动中，人们的认识和思维活动是非常重要的，它往往起着先导的作用，因为新词都是在新事物、新现象的不断涌现下，根据具体的环境和条件，通过人们的认识和联想，然后用语言材料使其外部现实化，才被创造出来。事实上，人们的这种造词活动就是人们为新事物、新现象命名的行为。③

---

① 葛本仪：《现代汉语词汇学》（修订本），山东人民出版社2004年版，第92页。

② 同上书，第88页。

③ 同上书，第89页。

造词活动和人们的认识以及具体的环境条件是有密切关系的，人们根据具体的环境条件，通过认识思维而形成概念，从而产生了词形成的基础形式，然后又在此基础上进一步创制出词来。①

由此看来，造词是为了满足社会交际需要创制新的词符，创制过程中人们的认识和思维活动处于核心地位，它一端连着需要命名的客体，另一端连着能够体现认知成果的语言材料，人们首先考虑的是选择什么理据和语言材料为被指称对象命名合适的问题，不会首先考虑使用什么样的结构方式。正如葛本仪先生所言：

人们在造词时，主要考虑的是用什么名称命名合适的问题，并不是而且也不会去考虑名称的内部结构形式如何，比如用偏正结构呢？还是用主谓结构呢？②

关于构词和构词法，葛本仪先生指出：

所谓构词是指词的内部结构问题。它的研究对象是已经存在的词。对现有词的内部结构进行观察和分析，总结出词的内部结构规律，这就是构词问题研究的范围和内容。③

构词法指的是词的内部结构规律的情况。也就是词素组合的方式和方法。④

由上可知，造词和构词不同，造词法和构词法有别。造词研究要用发生学的方法，要在造词活动的动态过程中确定造词所使用的方法。构词研究使用解剖学的方法对已有词的内部结构形式进行分析，概括词的结构模式，即构词法。造词法研究所涉及的内容和范围要比构词法研究的内容和

① 葛本仪：《现代汉语词汇学》（修订本），山东人民出版社2004年版，第92页。
② 同上书，第89页。
③ 同上书，第107页。
④ 同上书，第108页。

范围广得多。另外，几乎人人都关心或参与造词活动，而关心构词问题的人却是极少数研究者。葛本仪先生明确指出：

构词问题和造词问题不同。因为造词是人们适应社会交际的需要而进行的一种活动，所以社会上的每一个成员都可以进行造词，对造出的新词，每个成员都要接触它，使用它，并参与对它的约定俗成活动。可是构词问题却不是这样，因为人们在社会生活中，关心的是需要某个词，创造和使用某个词，但是并不关心词的内部结构形式如何。因此，研究构词问题就往往成了某些人科学研究范围内的事情，它的活动领域要比造词问题狭窄得多。①

二　以人的认识和思维活动为中心深入分析词形成的条件和基础形式

葛本仪先生不仅认识到造词不同于构词，造词法不同于构词法，她还以人的认识和思维活动为中心深入分析了词形成的条件和基础形式，从而使造词机制得以彰显，每一种形成与创制新词的造词法也落到了实处。这样不但使人们深信造词不同于构词、造词法不同于构词法的理论，而且能够了解每一种造词法的造词过程和深层机制。

语言中的词都不是凭空产生的，因此要讨论词的形成，就应该先了解一下词的形成所必须具备的条件。事实证明，任何词的形成都要有两个条件为前提，那就是：一个是人们对客观事物的认识以及与此有关的思维活动，一个是以本民族的语言符号系统为内容的语言要素。②

① 葛本仪：《现代汉语词汇学》（修订本），山东人民出版社2004年版，第107页。
② 同上书，第76页。

葛本仪先生把“人们对客观事物的认识以及与此有关的思维活动”作为造词条件的首要因素，指出“任何词的产生都是人们对客观事物进行认识和思维的结果”①，“没有人们的认识和思维活动，就不可能有词的产生，人们的认识和思维活动永远是词得以形成的前提条件”②。认为“最早的词，应该是在人们形象思维的作用下，通过音和义的任意结合而产生出来的”。“随着社会的不断发展，人们的认识和思维能力也得到了不断的发展和丰富，因此，在语言的发展过程中，人们的认识和思维活动在词形成中的作用则更加明显。社会的全体成员都可以凭着自己的这种能力来参与造词活动，他们不仅可以通过对声音的认识造出摹声词，而且可以从各个不同的角度对事物进行不同的认识，从而造出各种纷繁多彩的词来。”③

把“人们对客观事物的认识以及与此有关的思维活动”作为首要的造词条件，是很有见地的。认识和思维活动不仅是人们造词活动的重要组成部分，而且决定着人们的整个造词过程和新词的基本面貌。选择什么造词材料，如何组织造词材料，受制于人们的认识及其成果。是在原有词基础上衍生造词，还是完全新造，由人们的不同认识来决定。一个事物对象获得不同名称，也是人们从不同角度认识事物对象，选择不同造词理据的结果。

当然，一个新词的产生除了由认识和思维活动提供认知成果外，还必须依赖特定的语言形式加以表现。葛本仪先生认为：

> 当词最初产生时，应该说，语言要素和词是同时共生的；当语言产生之后，语言要素中的各种材料作为形成词的基础条件，则越来越发挥着它的重要作用。人们可以在原有材料的基础上，采用衍生、组合等手段，制造出各种各样的新词来。④

---

① 葛本仪：《现代汉语词汇学》（修订本），山东人民出版社2004年版，第107页。

② 同上书，第77—78页。

③ 同上书，第77页。

④ 同上书，第78页。

葛本仪先生通过具体词例分析了人们在造词时对语音、词汇、语法、文字、修辞等语言要素的运用，进而指出人们造词时运用原有语言材料的必然性。

> 人们运用语言要素作为造词的基础是很自然的，而且也是必然的。人们既然掌握了语言和运用语言的习惯，就必然会运用原有的语言材料和规则来进行造词，从语言的继承性和约定俗成的情况看，不这样也是不可能的。①

由于造词的两个前提条件相互作用，语言中的词在形成过程中大多有造词的理据，使词的形成具有了自己的有理性。“因为人们认识和思维的共通性，以及人们对造词所运用的语言材料的共识性，就能够赋予词形成的有理性和可理解性。”② 正是由于词的形成具有有理性和可理解性，我们可以据此探索造词法和造词规律。

除了对词形成的两个必备前提条件的理论阐述，葛本仪先生还着力分析了建立在认识和思维规律基础之上的词得以形成的基础形式问题，指出“词形成的基础形式就是词形成时所依据的一种语言形式”③。认为“任何一个词都是从它的基础形式中提炼凝结而成，任何一个词都有自己赖以产生的基础形式”④。葛本仪先生从表现形式的角度将词形成的基础形式分为三种类型：以词为基础形式，以词组为基础形式，以自然界的声音为基础形式。通过具体分析，葛本仪先生还将每一种造词法对应的基础形式一一揭示了出来。

把造词置于动态的形成过程中加以考察，分析造词基础，追索每一种造词法的基础形式，并将人们的认识和思维活动作为这一探求过程的基点，是葛本仪先生造词法研究的鲜明特点，足见其理论深度和洞察力。

---

① 葛本仪：《现代汉语词汇学》（修订本），山东人民出版社2004年版，第80页。
② 同上书，第81页。
③ 同上书，第82页。
④ 同上书，第80页。

三　在实践上依据所提出的理论构建造词法体系和构词法体系

既然造词和构词、造词法和构词法分别属于不同学术视域，那么任何一个词都可以从造词和构词两个方面去研究，从而概括和总结不同的造词法和构词法，建构汉语的造词法体系和构词法体系。所以葛本仪先生说："造词和构词、造词法和构词法既然都不相同，这就使人们有可能从更多的方面对此进行分析和研究。对任何一个词，我们都可以从造词和造词法的角度，去探讨和了解它的产生原因和途径，也能够从构词和构词法的角度，去探讨和了解词的存在形式及其内部结构规律。"①

葛本仪先生正是从科学的认识和严密的理论出发，根据汉语词形成的不同途径和创制方法，用发生学的观点概括出汉语的各种造词法，创建了既简明又具解释力的汉语造词法体系。造词法体系的主要内容可概括为表1。

表1

造词法	释　义	例　词
音义任意结合法	用某种声音形式任意为某种事物命名的方法	人　大　逍遥
摹声法	用人类语言的语音形式，对某种声音加以模拟和改造，从而创制新词的方法	猫　呼噜　哗啦 沙发　马拉松
音变法	通过改变语音形式产生新词的方法	盖(gài,动词) ——盖儿(gàir,名词) 好(hǎo)——好(hào)

① 葛本仪：《现代汉语词汇学》（修订本），山东人民出版社2004年版，第114页。

续 表

造词法	释　义	例　词
说明法	通过对事物加以说明从而产生新词的方法	年轻　优点　雨衣 水晶石　车辆　静悄悄
比拟法	用现有的语言材料，通过比喻、比拟等手段创制新词的方法	龙眼　纸老虎 木耳　金丝猴
引申法	用现有的语言材料，通过意义引申的手段创制新词的方法	开关　规矩 岁（岁星）——岁（年岁）
双音法	通过双音化产生新词的方法	星星　道路　石头　阿姨
简缩法	把词组的形式，通过简缩而改变成词的方法	人民警察——民警 外交部长——外长

葛本仪先生所建构的造词法体系已相当完备，可以从创制的角度对绝大多数汉语词做出造词分析。正像潘文国、叶步青和韩洋先生在《汉语的构词法研究》中针对葛先生的《汉语词汇研究》所指出的："这一造词法体系，可说是从胡适、胡以鲁（如果不包括传统训诂学家的贡献的话）几十年来贯串在构词法研究中的有关造词内容的一个总结。"① 但是葛本仪先生还是谦虚地认为自己"只是简要地谈了几种常见的方法"，指出"把汉语的造词法全面细致地分析整理出来，还是今后词汇研究中一个不可忽视的任务"②。

对词的形式结构的分析和描写，葛本仪先生从三个方面对汉语的构词法进行了多角度、多层面的研究。

从词的语音形式方面看，首先根据词的构成音节的多少，将汉语词分

① 潘文国、叶步青、韩洋：《汉语的构词法研究》，华东师范大学出版社2004年版，第429页。
② 葛本仪：《现代汉语词汇学》（修订本），山东人民出版社2004年版，第105页。

为单音词和多音词，前者如“天、地、人、高、一、百”等，后者如“人民、凤凰、世界观、奥林匹克”等；其次根据词的音节之间的结构关系，将词分为重叠式和非重叠式，前者又包括完全重叠式和部分重叠式两种类型，如“星星、哗哗、茫茫、花花绿绿、浑浑噩噩，绿油油、泪汪汪、假惺惺、毛毛雨、哈哈镜”等，后者如“偶像、伶俐、朦胧、图书馆、吉普车”等。

从构词词素的多少看，有单纯词和合成词之分，前者如“笔、看、琵琶、咖啡、喀秋莎”等，后者如“木头、老虎、映衬、文化宫、红彤彤”等。

从合成词的词素性质及组合方式看，有词根词素和词缀词素构成的派生词，分为“前缀+词根”和“词根+后缀”两种，前者如“老鹰、阿姨、第一、初十”等，后者如“帽子、石头、忽然、合乎、姑娘家、酸溜溜”等。又有词根词素相组合构成的复合词，根据词素间结构关系的不同分为联合式，如“朋友、来往、豺狼、人物”等；偏正式，如“汉语、重视、生产力、计算机”等；补充式，包括注释型和动补型，前者如“松树、月季花、船只、事件”，后者如“提高、促成、遇见”等；动宾式，如“知己、董事、负责、管家”等；主谓式，如“地震、心寒、心绞痛、脑溢血”等；重叠式，如“妈妈、茫茫、星星点点、病病歪歪”等。

对这样一个构词法体系，潘文国、叶步青和韩洋先生在《汉语的构词法研究》中也给予了高度肯定：“作者同时提出的构词法体系，或者说词的结构分析，则与造词法完全脱离关系，形成相关而又独立的两种不同的体系。”①

为说明造词和构词、造词法和构词法不同，每个词都可从两个方面分别展开研究，葛本仪先生还列表具体分析了21个词的造词法和构词法（见表2）。

---

① 潘文国、叶步青、韩洋：《汉语的构词法研究》，华东师范大学出版社2004年版，第429页。

表 2

例　词	造　词　法	构　　词　　法
人	音义任意结合法	单音词,单纯词
扣儿(kòur)	音变法	单音词,单纯词
沙沙	摹声法	双音词,单纯词,重叠词
参差	音义任意结合法	双音词,单纯词,双声词
腼腆	音义任意结合法	双音词,单纯词,叠韵词
劲头	说明法	双音词,合成词,词根加后缀的派生词
阿姨	双音法	双音词,合成词,词根加前缀的派生词
石头	双音法	双音词,合成词,词根加后缀的派生词
摇篮	说明法	双音词,合成词,偏正式的复合词
龙眼	比拟法	双音词,合成词,偏正式的复合词
三好	简缩法	双音词,合成词,偏正式的复合词
扫盲	简缩法	双音词,合成词,动宾式的复合词
失望	说明法	双音词,合成词,动宾式的复合词
神往	说明法	双音词,合成词,主谓式的复合词
建筑	双音法	双音词,合成词,同义联合式的复合词
成败	引申法	双音词,合成词,反义联合式的复合词
骨肉	引申法	双音词,合成词,意义相关联合式的复合词
柳树	说明法	双音词,合成词,注释说明式的复合词
改正	说明法	双音词,合成词,动补式的复合词
眼睁睁	说明法	多音词,合成词,部分重叠式,补充说明式的复合词
红乎乎	说明法	多音词,合成词,词根加重叠后缀的派生词

这种造词法和构词法的比较，直观地展示了“造词法相同的词，构词法却不相同；相反，构词法相同的词，造词法又有所区别”① 的真实情况，进一步证实了对词分别进行造词和构词分析的必要性。

四 用辩证的观点阐明造词与构词、造词法与构词法的内在联系

将造词和构词、造词法和构词法混同，“以造代构”或“以构代造”、“以造统构”或“以构统造”都是错误的，这样不利于人们从词的创制和词的结构两个方面全面认识词的生成问题。完全割裂造词和构词、造词法和构词法的关系，将二者完全对立起来也是不对的。尽管造词不同于构词，造词法不同于构词法，人们可以从不同角度展开研究，但是它们又是有着紧密联系的。看不到它们之间的内在联系，也不可能真正认识造词和构词、造词法和构词法的深层机制。

葛本仪先生从认识论出发，通过精辟的逻辑分析，找出了造词和构词的共同逻辑基础，从而又将造词和构词、造词法和构词法的内在联系建立了起来，并且十分强调这种分析对于正确认识词的构造的重要意义。这是一个全新的认识和分析角度，具有开创性。

葛本仪先生指出：

> 通过各种造词方法产生出来的新词，也完全表示了人们在造词时，由于种种认识活动而形成的新概念。同时，人们的思维规律也会很自然地通过词的内部结构形式，用语法方面的各种规则表现出来。因此，造词时的思维规律的可理解性，就赋予了构词规律的可分析性，人们造词时的思维活动和结果，与构词中反映出来的情况是一致的，所以，造词和构词具有共同的逻辑基础，造词法和构词法也具有共同的逻辑规律。……造词时的思维活动以及它所形成的词的基础形

① 葛本仪：《现代汉语词汇学》（修订本），山东人民出版社 2004 年版，第 116 页。

式，和构词中的结构规律是相互联系密不可分的。[①]

葛本仪先生以现代汉语的双音词为例，根据前后两个语素所表达的概念关系，对汉语造词构词的逻辑基础进行了具体分析。摘要说明如下：

同一关系：是指两个概念的外延相符合，或者大部分是相符合的。汉语中凡是在概念的同一关系的基础上造成的词，反映在构词上就是同义联合式的词，如：美丽、制造等。

同位关系：是指两个不相同但却相关的概念，它们都是属于同一个类概念之下的种概念，两者处于同等位置的关系之中。汉语中凡是在这种概念的同位关系的基础上造成的词，反映在构词上就是意义相关联合式的词，如豺狼、钢铁等。

对立关系：是指概念的矛盾关系和反对关系。矛盾关系是指包含在同一个类概念的外延之内的两个概念，它们的外延相互排斥，而它们的外延相加就等于所属的类概念的外延。反对关系是指包含在同一个类概念的外延之内的两个概念，它们在外延上也是相互排斥的，但是它们的外延相加要小于所属的类概念的外延。汉语中凡是在这种对立关系的基础上造成的词，反映在构词上就是反义联合式的词，如呼吸、长短等。

从属关系：是指外延较小的种概念，可以包含在外延较大的类概念之内，种概念从属于类概念，两者是从属关系。汉语中凡是在这种概念关系的基础上造成的词，反映在构词上就是补充式中用物类注释说明的一类词，如鲤鱼、茅草等。

限定关系：是指甲乙两个概念，其中甲概念是主要的，乙概念对甲概念起着限定说明的作用，从而使被限定说明的甲概念，在增加了内涵的情况下，从一个外延较大的概念，过渡成为一个外延较小的概念。汉语中凡是在这种概念的限定关系的基础上造成的词，反映在构词上就是偏正式的词，如电扇、狂欢等。还有补充式中用事物单位名称注释说明的一类词，如布匹、车辆等。

---

① 葛本仪：《现代汉语词汇学》（修订本），山东人民出版社2004年版，第118—119页。

支配关系：是指前一个概念表示一种行为，后一个概念则表示这种行为所涉及的事物和情况，前者对后者有支配的作用。汉语中凡是在这种概念的支配关系的基础上造成的词，反映在构词上就是动宾式和动补式的词，前者如：埋头、担心等；后者如提高、削弱等。

判断关系：是指两个概念连在一起，可以构成一个判断，前一个概念可以充当判断的主项，后一个概念可以充当判断的谓项。汉语中以判断关系为基础造成的词，反映在构词上就是主谓式的词，如性急、地震等。

重合关系：是指一个概念重复出现之后形成的前后概念的重复关系。重合关系反映在构词上就是重叠式的词，如渐渐、纷纷等。

综合以上分析，我们对汉语的造词与构词、造词法与构词法，以及两者之间的区别与联系，就可以一目了然了。

主要参考文献：

[1] 葛本仪：《汉语词汇研究》，山东教育出版社1985年版。

[2] 葛本仪：《现代汉语词汇学》（修订本），山东人民出版社2004年版。

[3] 孙常叙：《汉语词汇》，吉林人民出版社1956年版。

[4] 任学良：《汉语造词法》，中国社会科学出版社1981年版。

[5] 潘文国、叶步青、韩洋：《汉语的构词法研究》，华东师范大学出版社2004年版。

[6] 周荐主编：《20世纪中国词汇学》，中国人民大学出版社2007年版。

[7] 周荐、杨世铁：《汉语词汇研究百年史》，外语教学与研究出版社2006年版。

中编　应用篇

关于《现代汉语词典》收释外来词的几个问题*

《现代汉语词典》是目前影响最大、声誉最高的中型汉语语文词典，其规范性、科学性、实用性不容置疑。不过，同任何一部词典一样，它又不可能是绝对完美、毫无瑕疵的。本文就收释外来词方面的问题谈几点认识。

一　关于词目的收录

早在先秦时期，汉语就从邻近语言吸收外来词[①]，数千年来，汉语共吸收了多少外来词，没有人作出准确的说明。关于外来词的性质和范围问题，也没有形成一致的认识。刘正埮等编的《汉语外来词词典》共收录古今汉语外来词一万余条，其中包括某些外来词的异体或略体。但这部词典极少收释专名外来词，再加上改革开放以来新吸收的外来词，汉语外来词的数量肯定不止万余条。

《现代汉语词典》作为中型的、规范的普通语文词典，没有必要也不允许把数以万计的古今汉语外来词尽收其中，像《汉语外来词词典》中收

---

* 本文曾刊于《东岳论丛》2001 年第 4 期。

① 张永言：《语文学论集》，语文出版社 1992 年版，第 253 页。

录的来自蒙古语的“别里哥（智慧、知识）、阿兰（杀）、阿拉特（百姓、人民）”等生僻的外来词，粤方言从英语吸收的“波（ball）、燕梳（insure）、士担（stamp）”等方言色彩很浓的方言外来词，各种学科和技术部门吸收的“阿米妥（英 amytal）、唉曼（英 eman）、布尔代数（英 Boolean-algebra）”等专业性极强的行业外来词，都不应收入。《现代汉语词典》收录的应是在现代汉语中较通用的、有一定稳定性的外来词。

据笔者粗略统计，《现代汉语词典》收音译词、音加意译词、半音译半意译词、音兼意译词、仿译词等外来词共计 800 条。单从数量上看，这个数目是适度的，是有严格限制的。从具体词目看，绝大部分也是符合词典性质，稳妥可靠的。但也存在着标准不统一，带有一定程度随意性的问题。主要表现为以下几个方面。

（一）有些现代汉语常用的外来词漏收或有意不收

如果说像“艾滋病（英 AIDS）、因特网（英 internet）、拉力赛（英 rally）、蹦极跳（英 Bongee-jumping）、丁克家庭（英 DINK）”等新外来词，还没来得及收录，而“秀（英 show）、酷（英 cool）、拜拜（英 bye-bye）”等还欠规范的话，那么像以下常用外来词就没有理由不收。

贝司　杜马　榴梿　达赖　木瓜　巴西木　贝雷帽　法兰绒　好莱坞　呼啦圈　朗姆酒　柠檬水　曲奇饼　色拉油　沙丁鱼　榻榻米　唐宁街　维纳斯　仙客来　哈雷彗星　可口可乐　奥斯卡金像奖　多米诺骨牌　多米诺效应

（以上见刘正埮等《汉语外来词词典》）

牛蛙　金婚　银婚　宙斯　百老汇　丘比特　狐步舞　亚细亚　钻石婚

（以上见岑麒祥《汉语外来语词典》）

值得一提的是，像“沙丁鱼、榴梿、法兰绒、木瓜、哈雷彗星”等外来词，本已被1983年版的《现代汉语词典》收录，却在修订时被删除。

（二）收了不少罕用的、已被新译名替代的或不通用的外来词

这方面的情况突出表现在以下四点：

1. 生僻的外来词。例如：

般若　智慧（佛经用语）。

兰若　寺庙。

阇梨　高僧，泛指僧。

格里历　公历，因1852年罗马教皇格里哥里（Gregorius）十三世修改而得名。

2. 已被新译名替代的旧外来词。例如：

苦迭打　政变的音译。

布尔乔亚　资产阶级的音译。

普罗列塔利亚　无产阶级的音译。简称普罗。

3. 方言外来词。例如：

杯葛　（方）抵制。

水汀　（方）暖气。

那摩温　新中国成立前上海用来称工头。也译作拿摩温。

堪达罕　（方）驼鹿。

4. 不通用的、专业味很浓的行业外来词，尤其是有关化学化合物名称的外来词。例如：

吡啶　有机化合物，化学式C_5H_5N。无色液体，有臭味。用作溶剂或化学试剂。

哒嗪　有机化合物，化学式$C_4H_4N_2$。是嘧啶的同分异构体。

呋喃西林　药名，有机化合物，化学式$C_6H_6O_4N_4$。浅黄色粉末，对多种细菌有抑制和杀灭作用，外用可做皮肤、黏膜的消毒剂。

以上四类外来词数量很大，要收的话，将收不胜收，远不止《现代汉语词典》所收录的那些。如果编者认为收录以上外来词是合理的，那么1983年版《现代汉语词典》所收录的“德谟克拉西、阿司匹林、阿托品、阿米巴、克汀病、马丁炉、奥斯忒、马尔萨斯主义”等外来词，就不应删除。不仅如此，旧译名“赛因斯、德律风、爱斯不难读、烟士披里纯、习明纳尔、奥伏赫变”等都应有一席之地；科技术语“侏罗纪、里比多、革兰氏液、吖啶、氟利昂、克隆”等都该入列；外来方言词“派对、妈咪、白脱油、朱古力”等同样不应拒绝。笔者认为舍弃上述四类外来词不仅不会影响《现代汉语词典》的性质，反而更加强了它的规范性和科学性。

（三）同一类型、同一系列的外来词有的收，有的不收，有失平衡和公正

如果同一类型、同一系列的外来词较多，在通用性和常用性上又有层次之别，那么选取通用和常用的，舍弃非通用和非常用的，是合乎情理的。例如《现代汉语词典》收录有关货币名称的外来词“镑、法郎、马克、卢布、里拉”等，不收阿尔巴尼亚使用的“列克”、尼日利亚使用的“奈拉”、厄瓜多尔使用的“苏克雷”、阿富汗使用的“阿富汗尼”等。

不过，在同一类型、同一系列的外来词没有明显层次分别的情况下，最好一视同仁，要么全收，要么都不收，否则，就有失公平，难避随意之嫌。《现代汉语词典》收录了荷兰、越南、印度尼西亚等国使用的“盾”，印度、巴基斯坦、孟加拉国、尼泊尔、斯里兰卡等国使用的“卢比”，瑞典、挪威、冰岛、丹麦等国使用的“克朗”，菲律宾和一些拉丁美洲国家使用的“比索”，却不收南斯拉夫、利比亚、突尼斯、阿尔及利亚、伊拉克、科威特、约旦等国使用的“第纳尔”，伊朗、阿曼、沙特阿拉伯、卡塔尔、阿拉伯也门共和国等国使用的“里亚尔”，奥地利、索马里、肯尼亚、坦桑尼亚、乌干达等国使用的“先令”。又如，英美制干容量单位有

"蒲式耳、配克、夸脱、品脱"，液容量单位有"加仑、夸脱、品脱、及耳"，其等量关系分别为1蒲式耳=4配克=32夸脱=64品脱；1加仑=4夸脱=8品脱=32及耳。《现代汉语词典》只收"蒲式耳、品脱、加仑"三个，而"品脱"的释义中又用上了"夸脱"，说"1品脱等于1/2夸脱"，显然顾此失彼。再如，收"亚当"不收"夏娃"；收"白宫、白厅、克里姆林宫"不收"爱丽舍宫"；收"伦巴、波尔卡"不收"桑巴、玛祖卡"等。

附带说明一点，个别词目的词形没能根据变化了的实际情况来选定。例如，吸收英语的mango一词，早期有杧果、檬果、芒果等不同词形。《汉语外来词词典》以"杧果"为正体，其他为异体。《现代汉语词典》收录了"杧果"和"芒果"，也是以"杧果"为正体，以"芒果"为异体。事实上，由于"杧"字不是常用字，人们极少使用"杧果"这一词形，倒是"芒果"更为常见，所以应以"芒果"为正体。

二　关于语源的标注

考证并标注语源是外来词词典编纂工作的重要一环。对普通语文词典而言，给收录的外来词标注语源也是十分必要的。标注语源不仅可以使读者了解词的来源，获得文化交流的信息，而且为探索词的理据和把握词的结构提供了线索，进而可以避免把外来词当成固有词，做出不切实际的解释。

但是，确定汉语外来词的语源有时极为不易。有些汉语外来词历史悠久，已被完全汉化，彻底融入了汉语词汇系统。加上有的源语已经消亡，线索更加难寻。所以不同学者考证的结论往往不一。像"葡萄、苜蓿、石榴、狮子"等词的语源，就有不少说法。有些汉语外来词在音节结构、书写形式和内部构造方面带有明显的异质特征，容易确定其外来词性质，有的语源也非常明确，但有的外来词在语源方面存在认识分歧。如有人认为

“咖啡、沙拉、沙丁鱼”分别译自法语的 cafe、salad 和 sardine[①]；而有人却认为它们分别译自英语的 coffee、salad 和 sardine[②]。因此，给汉语外来词标注语源是必要的，同时也是需要认真对待、仔细审核的。

《现代汉语词典》给外来词标注了语源，但没有为所有外来词标注语源。对那些历史悠久，完全汉化了的外来词没有标注语源，如“葡萄、琥珀、狮子、橄榄、唢呐、菠菜、石榴、苹果、西瓜、喇叭、琵琶、箜篌、苜蓿、茉莉、胭脂、琉璃”等。不过，确定这种性质的外来词很难把握尺度，有时不免带有主观性。王力先生在《汉语词汇史》中把来自佛教的借词和译词分为三个层次：一是“只能通行于通晓佛教经典的少数人中间，不能成为全民的语言”的“佛教专门用语”，举例有“禅、偈、波罗蜜、涅槃、圆寂、招提、伽蓝、兰若、刹、比丘、沙弥、优婆塞、优婆夷、般若、菩提、悉昙、阇黎、摩尼、袈裟”；二是“已经进入了全民语言里”，但“还令人意识到它仍是佛教用语”的词，举例有“佛、塔、菩萨、罗汉、和尚、僧、尼、阎罗、地狱”；三是“深入到汉语的血液里，令人不能再意识到它们的来源”的词，举例有“世界、现在、过去、未来、因果、因缘、缘分、结果、庄严、法宝、魔鬼、忏悔、圆满、慈悲、刹那、钵”。第一个层次中的词除“偈、招提、优婆塞、优婆夷、悉昙、摩尼”外，《现代汉语词典》都收录了，并且除“圆寂”因为是译词（即纯意译词）没标注语源外，其他都标注了梵语语源。第二个层次中的词《现代汉语词典》都收录了，“地狱”为译词，没标语源，“塔”和“和尚”也没标语源，其他都标注了梵语语源。大概编者把“塔”和“和尚”当作完全汉语化的词，所以没标语源。第三个层次的词《现代汉语词典》也都收录了，这组词绝大多数为译词，只有“魔鬼、忏悔、刹那、钵”四个词是借词，这四个借词全部标注了梵语语源。显然，编者没有把它们看成“深入到汉语的血液里”的词。

关于给什么样的外来词标注语源，如何标注语源的问题，《现代汉语

① 王力：《汉语词汇史》，商务印书馆 1993 年版，第 149—150 页。
② 刘正埮等：《汉语外来词词典》，上海辞书出版社 1984 年版，第 167、301、305 页。

词典》在“凡例”中有如下说明：

> 一般音译的外来语附注外文，如：【沙发】……【英 sofa】，【蒙太奇】……【法 montage】。“英、法”等字，表示语别。……从我国少数民族来的词只附注民族名称，如［萨其马］条附注“［满］”。（释义中如已指明某民族，即不再附注民族名称）

这段说明中使用的词例都是纯音译词。但从《现代汉语词典》标注语源的实际情况看，不限于纯音译词，也包括音加意译词、半音译半意译词、音兼意译词，释义中还对个别仿译词作了语源说明。上面所作的说明本身没有什么问题，编写实践中给各种类型的外来词标注语源也有积极意义。问题是在具体编写过程中没能贯彻始终，有些疏失。主要表现在以下几个方面。

（一）不少外来词应该标注语源而未注，遗漏较多

1. 有些带有鲜明的外来色彩的音译词，没有按以上说明标注语源。例如，译自拉丁语 Jesu 的“耶稣”，译自英语 bar 的“巴”（压强单位），译自阿拉伯语 muniya 的“木乃伊”，译自希腊语 Maria 的“马利亚”，译自英语 krone 或 krona 的“克朗”等。

2. 有些音兼意译词没能像“乌托邦、引得、维他命”等那样标注语源。例如，译自英语 cooly 或 coolie 的“苦力”，译自英语 bandage 的“绷带”，译自英语 mango 的“杧果”等。

3. 有些半音译半意译词没能像“冰激淋、华尔街、珂罗版”等那样标注语源。例如，译自英语 large calorie 的“大卡”，译自英语 breaak-dancing 的“霹雳舞”等。

4. 对于那些有明确来源的仿译词，没有像对“热狗”那样，在释义中作出说明，以便于读者了解词的结构和词的理据。例如，译自英语 generation gap 的“代沟”，译自英语 make love 的“做爱”，译自英语 machine gun 的“机关枪”，译自英语 hard-ware 的“硬件”，译自英语 soft-ware 的“软

件”，译自英语 soft drinks 的“软饮料”，译自英语 soft land 的“软着陆”等。

另外还有个别外来词综合利用了不同的吸收方式，如“鸡尾酒”和“台风”。“鸡尾酒”是先仿译英语词 cocktail，再加汉语表类属的语素“酒”构成的。“台风”是一个“归侨词”，英语根据汉语方音音译“大风”，创造了 typhoon 一词，汉语又根据 typhoon 创造了台风。“台”音译 typhoon 中的“ty”音节，“风”音兼意译 typhoon 中的“phoon”音节。像这样的外来词都应标注语源，不然，人们很难理解“鸡尾酒”中的“鸡尾”、“台风”中的“台”是一种什么样的构词成分，也就不可能掌握“鸡尾酒”和“台风”的理据和结构，甚至从字面去理解，产生错误。

（二）同一类型的外来词没有采用相同的标注方式，体例不一致

这种情况主要表现在音加意译词上，如《现代汉语词典》标注音加意译词的语源时，一般只标注音译部分，如“【啤酒】……［啤，英 beer］、【拍纸簿】……［拍，英 pad］、【高尔夫球】……［高尔夫，英 golf］”等。有的却采用了跟音译词一样的整体标注语源的方式，如“【汉堡包】……［英 hamburger］、【娑罗树】……［梵 sala］、【嬉皮士】……［英 hippy；hippie］”等。

汉语外来词中有的来源于日译欧美语词。对这种外来词，《现代汉语词典》在标注语源时有些给予明确标注，如“【瓦斯】……［日，从英 gas］、【俱乐部】……［日，从英 club］”，有些却只标注了日译的语源，没标注汉语的日语来源，如“【淋巴】……［拉 lympha］、【吨】……［法 tonne，英 ton］”。

（三）有些从我国少数民族来的词语源标注不明

《现代汉语词典》给从我国少数民族语言来的词标注语源时，附注民族名称。释义中已指明某个民族，就不再附注民族名称。可是有的从我国少数民族语言来的词没附注民族名称，释义中出现的民族名称又不止一个，那么它是来自一种少数民族语言，还是来自多种少数民族语言？如果

是来自一种少数民族语言，那么它来自哪种少数民族语言？例如：

巴乌　哈尼族、彝族、苗族的管乐器。……

馕　一种烤制的面饼，维吾尔、哈萨克等民族当作主食。

事实是“巴乌”来自哈尼语，“馕”来自维吾尔语。像这样的词在释义后附注源语的民族名称是必要的。

还有的来自我国少数民族语言的词没附注民族名称，也没在释义中出现民族名称，只出现了地域名称，而这个地域又是多民族聚居区，那么它来自哪种少数民族语言呢？例如：

乌拉　东北地区冬天穿的鞋，用皮革制成，里面垫乌拉草。也作靰鞡。

乌拉草　多年生草本植物，叶子细长，花单性，花穗绿褐色。茎和叶晒干后，垫在鞋或靴子里可以保暖。主要产于我国东北地区。

坎儿井　新疆一带的一种灌溉工程，从山坡上直到田地里挖成一连串的井，再把井底挖通，连成暗沟，把地上溶化的雪水和地下水引来灌溉田地。

“乌拉”为音译词，“乌拉草”为音加意译词，均来自满语。“坎儿井”也是音加意译词，来自维吾尔语。《现代汉语词典》的释义可能会使读者误把它们当成纯粹的地域方言词。

三　关于释义

普通语文词典给外来词释义，首先应简明而准确地解释语源义。如果进入汉语后发生了意义的变化，释义还要如实地反映这种变化。《现代汉语词典》在外来词的释义方面做到了这些，总体上是扎实稳妥的。只是个别词的释义还不够准确，表达上还欠斟酌。例如：

胞波　缅语是同胞和亲戚的意思，缅甸人习惯用来称呼中国人，以表示亲切。

的确良　涤纶的纺织物，有纯纺的，也有与棉、毛混纺的。的确良做的衣物耐磨，不走样，容易洗，干得快。

托福　美国“对非英语国家留学生的英语考试”（Test of English as a Foreign Language）英文缩写（TOEFL）的音译。

假如“胞波”只是缅甸人用以称呼中国人，而中国人不用，那么它是不是汉语外来语就值得怀疑了。也许刘正埮等编的《汉语外来词词典》的释义更符合实际，即“缅甸人民和中国人民之间的亲切称呼”。至于“的确良”的释义，则严重扩大了它的指称范围。在现代汉语普通话里，只有用纯涤纶纤维织的细薄的平纹布才叫“的确良”，涤纶和棉混纺的叫“涤棉布”，简称“涤棉”，俗称“棉的确良”。另外，用涤纶纤维和棉制成的厚密的斜纹布叫“涤卡”，用涤纶和毛混纺的叫“毛涤”。“托福”的释义文字虽不长，但看起来不顺眼，读起来不顺口，听起来不顺耳，还可能被误解。可改为：英语 TOEFL 的音译。TOEFL 是“Test of English as a Foreign Language”的缩写。它是美国考核非英语国家留学生英语水平的一种考试。

主要参考文献：

[1] 中国社会科学院语言研究所词典编辑室：《现代汉语词典》，商务印书馆 1996 年版。

[2] 张永言：《语文学论集》，语文出版社 1992 年版。

[3] 王力：《汉语词汇史》，商务印书馆 1993 年版。

[4] 刘正埮等：《汉语外来词词典》，上海辞书出版社 1984 年版。

[5] 岑麒祥：《汉语外来语词典》，商务印书馆 1990 年版。

论《现代汉语常用词表（草案）》处理异形词的得失*

《现代汉语常用词表》课题组研制的《现代汉语常用词表（草案）》（以下简称《词表》）作为中国语言生活绿皮书（A001）2008 年由国家语言文字工作委员会发布，同年 11 月由商务印书馆出版发行。该词表的研制历经近 10 年的时间，共筛选出了 56008 个现代汉语常用词语，逐一给出词形、频级和读音，体现了集体的智慧。词表虽是一种“软性”规范方案，但无疑会对人们的语言生活起到应有的指导作用，也会对语文教育、汉语研究、辞书编纂等起到一定的参考和示范作用。

《词表》包括 3 个部分：基本部分是现代汉语常用词表（草案），内容包括每个词语的频序号和词形；二是附录《现代汉语常用词表（草案）》音序索引，内容包括每个词语的词形、汉语拼音和频序号；三是《现代汉语常用词表（草案）》研制报告，内容包括研制背景、研制过程、研制原则和方法、研制的内容、相关资料五个部分。《词表》的研制内容最主要的就是两项，即频序号和词形，因此能否准确筛选每个词语并给出规范词形是判断本词表研制是否成功的基本标准。词语频序号的确定由所依据的语料来决定，比较容易做到客观、公正。词形的用字标准也非常明确，那

---

* 本文曾刊于《中国海洋大学学报》（社会科学版）2011 年第 4 期。

① 《现代汉语常用词表》课题组：《现代汉语常用词表（草案）》，商务印书馆 2008 年版，第 668 页。

就是研制报告所说明的“词表全部使用规范汉字”，即符合《第一批异体字整理表》《简化字总表》《现代汉语常用字表》和《现代汉语通用字表》的规定。而对异形词的认定和规范词形的选择既关乎词语条目的确定，也关乎词形的规范，恐怕是在研制《词表》时遇到的最大困难之一。对现代汉语异形词的研究，虽然从20世纪60年代展开以来，取得了不少学术性研究成果，公布了《第一批异形词整理表》，《现代汉语词典》和《现代汉语规范词典》等权威语文工具书也进行了积极整理，但是对异形词的性质范围、规范原则等问题还没有取得一致的认识，异形词依然困扰着语文实践和相关语文规范的制定。以《现代汉语词典》（第5版）和《现代汉语规范词典》为例，这两部使用最广泛的有影响的语文词典对异形词的整理就有不小差异，从总量上看，经初步统计《现代汉语词典》共处理974组，《现代汉语规范词典》共处理1423组；从具体条目看，有时同一组异形词包含的词形数目不同，推荐的规范词形也可能不同，如《现代汉语词典》“阳桃/杨桃，羊桃”（“/”前为推荐词形，下同），《现代汉语规范词典》“杨桃/羊桃，阳桃，洋桃”；有时《现代汉语词典》作异形词处理，《现代汉语规范词典》不作异形词处理，或相反，如《现代汉语词典》“凌乱/零乱”，《现代汉语规范词典》“凌乱”和“零乱”分别出条，释义略有不同。通过考察和比对，《词表》的研制者在处理异形词时，既较为充分地吸收了已有研究成果，同时也做出了自己的选择，整体而言，有得有失，得大于失。

在异形词的处理方式上，《词表》采用了明处理和暗处理两种方式。

明处理又分两种情况：

1.《词表》在研制报告的词形说明中明确指出“对于异形词，执行《第一批异形词整理表》（GF 1001—2001 中华人民共和国教育部、国家语言文字工作委员会2001年12月19日公布）的规定”①，即《第一批异形词整理表》已整理的，直接取规范词形，如：取“按捺”，不取“按纳”；

① 《现代汉语常用词表》课题组：《现代汉语常用词表（草案）》，商务印书馆2008年版，第669页。

取“按语”，不取“案语”；取“百叶窗”，不取“百页窗”；取“丰富多彩”，不取“丰富多采”。这种处理维护了已有规范，是可取的。经比对，《词表》有324个词形是选用了《第一批异形词整理表》中推荐的词形。《第一批异形词整理表》中的“百废俱兴/百废具兴；溃脓/殨脓；克期/刻期；克日/刻日；绵连/绵联；盘陀/盘陁；五劳七伤/五痨七伤；正经八百/正经八摆；自个儿/自各儿”这9组词语可能因不常用或方言词性质未被收入《词表》。另外，《第一批异形词整理表》收“愤愤/忿忿”，《词表》未收“愤愤”，而收了“愤愤不平”，《第一批异形词整理表》收“月牙/月芽”，《词表》未收“月牙”，而收了“月牙儿”。这样处理基本维护了已有规范，也注意了语言文字的实际状况。

还有3组词语，《词表》并未按照研制报告的说明来处理，《第一批异形词整理表》的处理是“靡费/糜费；奢靡/奢糜；小题大做/小题大作”，《词表》的处理正相反，是“糜费（靡费）；奢糜（奢靡）；小题大作（小题大做）”（括号外的是正形词，括号内的是异形词）。如果不是研制者疏忽，他们一定有自己的思考和想法，也就是说他们不认同《第一批异形词整理表》的处理意见，可惜研制报告里没有任何说明。

笔者认为对这3组异形词的词形取舍还是《第一批异形词整理表》的处理更好些。就“靡费”和“糜费”、“奢靡”和“奢糜”而言，其一，《词表》的处理内部是有矛盾的，因为《词表》取“侈靡”而不取“侈糜”，“靡费”和“糜费”、“奢靡”和“奢糜”理应跟“侈靡”和“侈糜”的取形原则一致，否则就违背系统性原则。其二，通用语文词典（如《现代汉语词典》《现代汉语规范词典》）多取“靡费”和“奢靡”为正形，如果《词表》采用《第一批异形词整理表》和通用语文词典的处理，便于词形规范的确立，否则会给社会书写用字带来困惑和混乱。其三，从通用性看，检索北京大学中国语言学研究中心研制的CCL语料库现代汉语部分，这3组异形词的词频分别是：靡费8/糜费22；奢靡102/奢糜25；侈靡8/侈糜5。虽然“糜费”比“靡费”频率高些，但“奢靡”和“侈靡”分别高于“奢糜”和“侈糜”，总体来说，在这3组异形词中“靡”字的使用频率高得多。再看“小题大做”和“小题大作”，《现代汉语词典》和《辞海》只收“小题大做”，《现代汉语规范词典》和《汉语大词典》以“小题大做”为正形，《现代汉语规范词典》注明不要写作“小题大作”，《汉语大词典》注明亦作“小题大作”，可见常用语文词典多以“小题大做”为规范词形。当然也有像《新华词典》和《应用汉语词典》只收“小题大作”的。从通用性看，《第一批异形词整理表》“小题大做”的词频是66，“小题大作”的词频是19，显然“小题大做”的词频高于“小题大作”。但是检索CCL语料库现代汉语部分，“小题大做”的词频是99，而“小题大作”的词频是141，“小题大作”的词频又高于“小题大做”。所以，很难衡量这组异形成语的通用度。不过，“做文章”和“作文章”、“大做文章”和“大作文章”相比，前者有明显优势，它们在CCL语料库现代汉语部分的词频情况是：做文章1148/作文章383，大做文章247/大作文章109。《词表》取“做文章”和“大做文章”为规范词形。考虑通用语文词典选词情况，加上求得与“做文章”和“大做文章”词形规范的一致，宜选择“小题大做”为规范词形。

2. 每组异形词以正副条同现的形式出现，即《词表》研制报告说明的“对一些仍在使用且有一定使用频率的异形词，则附列在正形词后并用括号表示”①，共有53组：

年轻（年青）	当作（当做）	看作（看做）	含义（涵义）
座位（坐位）	作主（做主）	交代（交待）	盈利（赢利）
唯有（惟有）	执著（执着）	作声（做声）	致词（致辞）
暗淡（黯淡）	唯恐（惟恐）	翔实（详实）	磨炼（磨练）
约摸（约莫）	托词（托辞）	冷战（冷颤）	启航（起航）
号啕（嚎啕）	寒战（寒颤）	号哭（嚎哭）	返照（反照）
词藻（辞藻）	赠予（赠与）	打战（打颤）	轶闻（逸闻）
洄游（回游）	瑜伽（瑜珈）	启行（起行）	承想（成想）

① 《现代汉语常用词表》课题组：《现代汉语常用词表（草案）》，商务印书馆2008年版，第669页。

漫说（慢说）	糨糊（浆糊）	调包（掉包）	故伎（故技）
邈远（渺远）	鱼讯（渔汛）	啰唆（啰嗦）	仔鸡（子鸡）
泥子（腻子）	唯一（惟一）	呆会儿（待会儿）	
脖梗儿（脖颈儿）	雪里蕻（雪里红）		
巴儿狗（叭儿狗）	下三烂（下三滥）		
撑竿跳高（撑杆跳高）	唯我独尊（惟我独尊）		
义正词严（义正辞严）	故步自封（固步自封）		
疾恶如仇（嫉恶如仇）	吃里爬外（吃里扒外）		

通过比对发现，这53组异形词的处理较多地吸收了《现代汉语规范词典》的意见，其中有50组跟《现代汉语规范词典》的处理相同，只有“年轻”和“年青”、“返照”和“反照”、“洄游”和“回游”这3组处理不同。《现代汉语规范词典》“年轻”和“年青”不作异形词处理，“返照”和“反照”、“洄游”和“回游”不作完全异形词处理，而是处理为包孕异形词。跟《现代汉语词典》相比较，有27组处理相同；有7组《现代汉语词典》只收一个词，分别是：当做、看做、做主、做声、起航、号哭、起行；有11组《现代汉语词典》的处理正相反，所取正形分别为：赢利、致辞、约莫、反照、辞藻、脖颈儿、慢说、雪里红、掉包、故技、子鸡；《现代汉语词典》不把“年轻”和“年青”、“暗淡”和“黯淡”处理为异形词，将“交待”和“交代”处理为包孕异形词，未将“寒战”和“寒颤”处理为异形词，但将“打寒战”和“打寒颤”处理为异形词；《现代汉语词典》未收录“赠予”和“赠与”、“呆会儿”和“待会儿”，但“呆”和“待 dāi”作异体字处理；《现代汉语词典》收“逸闻”和“糨糊”，未收“轶闻”和“浆糊”，但沟通了“轶”和“逸”、“浆（jiàng）”和“糨”的异体字关系。跟由中国版协校对研究委员会、中国语文报刊协会、国家语委异形词研究课题组和《咬文嚼字》编辑部共同研制且已在其各自行业系统试用的《264组异形词整理表（草案）》比较，也有19组处理完全相同，分别是：当作（当做），看作（看做），座位（坐位），交代（交待），唯有（惟有），作声（做声），唯恐（惟恐），约摸（约莫），号

喃（嚎啕），寒战（寒颤），唯我独尊（惟我独尊），故步自封（固步自封），漫说（慢说），吃里爬外（吃里扒外），调包（掉包），故伎（故技），邈远（渺远），鱼讯（渔汛），唯一（惟一）。其他34组《264组异形词整理表（草案）》未纳入。从比较来看，《词表》对这53组词的处理有吸收借鉴，也有独立思考，绝大部分是可以认同的。

当然，个别组的词是不是异形词？可以断定为异形词的，应该选择哪个词形作为推荐词形？对此可能会有不同意见与争议。下面我们讨论《词表》与《现代汉语词典》《现代汉语规范词典》的处理都不同的“年轻（年青）”和“返照（反照）”两组。

《现代汉语词典》：

【年青】形 处在青少年时期：～的一代｜你正～，应把精力用到学习上去。

【年轻】形 ①年纪不大（多指十几岁至二十几岁）：～人｜～力壮◇～的学科。②年纪比相比较的对象小：他今年四十，你比他～。

《现代汉语规范词典》：

【年青】①形 岁数不大，处于青少年时期的▷～人｜～的时候。②形 比喻充满活力和朝气▷他有一颗～的心｜经过改革，老厂又变得～了。

【年轻】①形 指人年纪不大；也指国家、组织等成立不久▷他才20岁，很～｜～的国家｜这门学科还很～。②形 相比之下年纪小的▷你比我～多了。

两部词典对“年轻”的释义大致相同，《现代汉语规范词典》对“年青”的释义比《现代汉语词典》多了一个比喻义。从两部词典释义看，“年轻”和“年青”都可指年纪不大，只是理据和词义的侧重点不同，

“年轻”的“轻”着重指年纪小，“年青”的“青”着重指处在青少年时期。用于年龄比较用“年轻”，不用“年青”。从实际使用情况看，查CCL语料库现代汉语部分，“年轻”和“年青”在指“年纪不大”时通用，但“年轻”的频率明显高于“年青”；“年青”也有用于年龄比较和国家、组织、学科等非人事物的，但用例都极为少见，基本可视为误用。“比喻充满活力和朝气”义多用“年轻”而少用“年青”，实际情况与《现代汉语规范词典》正相反。这种情况从以下组合在CCL语料库中出现的频率可以看出来：

年轻人9566/年青人482　很年轻536/很年青21
还年轻532/还年青24　年轻的一代123/年青的一代15
年轻力壮189/年青力壮19　年轻气盛104/年青气盛4
比你年轻11/比你年青0　比他年轻59/比他年青0
比我年轻40/比我年青0　比自己年轻27/比自己年青0
年轻得多59/年青得多1　年轻的学科14/年青的学科0
年轻的国家46/年青的国家1　年轻的学校2/年青的学校0
这个组织还很年轻1/这个组织还很年青0
年轻的心72/年青的心4　年轻的心脏3/年青的心脏0
变得年轻了27/变得年青了0

由此可见，二词只在指称“年纪不大”时可通用，只能将“年轻”和“年青”视为包孕异形词，选择“年轻”为推荐词形。《词表》处理为完全异形词是不妥的。

《现代汉语规范词典》将“反照”和“返照”处理为包孕异形词：

【反照】①见“返照”。现在一般写作“返照”。②动反衬；对照▷对比他人，～自己。

【返照】动（夕阳）回照；泛指（光线）反射▷夕阳～｜回光～。

《现代汉语词典》将“反照”和“返照”处理为完全异形词，但所取正形与《词表》相反：

【反照】动光线反射。也作返照。

【返照】同“反照”。

在指称“夕阳回照”和“光线反射”时，用“返照”和“反照”都有理据，从CCL语料库现代汉语部分看，二词也的确通用，“返照”的总词频是121，“反照”的总词频是74，而“回光返照”的词频为83，“回光反照”的词频为13。《词表》直接取“回光返照”为规范词形，没有收“回光反照”，这样处理既符合理据原则，也符合通用原则，是值得肯定的。但《词表》将“返照”和“反照”处理为完全异形词是不合适的。“反照”除《现代汉语规范词典》所指出的有“反衬；对照”义外，还有“反映”义，如“自然和社会条件都容易养成中和、坚忍、勤劳而又保守的民族性格。反照到美学里来，就是‘中和论’一直占优势。”“这种涨潮退潮的频仍，固然反照出当代‘瞬变文化’（blip culture）的不稳定性，反照出学界和公众的某种热情和探索精神，然而这究竟是一种病态。”“无论是新文化还是国粹都是这种全球性帝国霸权主义的反照，其论说语境无疑受到它的牵制。”① “返照”和“反照”在“光线反射”义上可视为异形词，规范词形可选择“返照”，以求得与“回光返照”一致。

暗处理是指对一些《第一批异形词整理表》未作处理的有一定通用度的异形词，不以正副条同现的形式出现，直接选择出规范词形，如：取“辞令”，不取“词令”；取“判词”，不取“判辞”；取“调换”，不取“掉换”；取“掉头”，不取“调头”；取“得意洋洋”，不取“得意扬扬”等。事实上，这种处理比以正副条同现的形式处理，规范要求更明确，更具有指导性，因而处理起来更需要慎重。经初步考察，《词表》的词形选择大多符合通用优先的原则，比较容易让人接受，如“畜生582/畜牲161，

① 引例均见CCL语料库现代汉语部分。

搭理 188/答理 168，搭腔 118/答腔 94，福分 178/福份 74，孤零零 740/孤伶伶 26，孤苦伶仃 147/孤苦零丁 18，拉拉队 136/啦啦队 98，纹风不动 26/文风不动 5，洋洋得意 269/扬扬得意 38，洋洋自得 137/扬扬自得 17”（数字是 CCL 语料库现代汉语部分的词频，下同）。当然，也有个别所取词形使用频率低于未取词形，如“娥眉 23/蛾眉 54，发憷 21/发怵 100”等，像这样的情况，《词表》研制者可能另有考虑。“娥眉”和“蛾眉”都有理据，其本义是指美女细长而弯曲如同茧蛾触须的眉毛，借指美女。显然“娥眉”的理据更鲜明，更丰富些。《现代汉语词典》和《应用汉语词典》都选择了“娥眉”为正形。《词表》也选择“娥眉”为正形，是有道理的。“发憷”虽比“发怵”的词频低，但《现代汉语词典》和《应用汉语词典》等通用语文词典只收“发憷”，《现代汉语规范词典》以“发憷”为正形，以“发怵”为异形。《词表》选择“发憷”作为规范词形尊重了已有的规范习惯。

《264 组异形词整理表（草案）》中除上述 19 组已被《词表》以明处理的方式处理外，其余 245 组中有 220 组所取正形与《词表》所取词形相同，另外 25 组中有 22 组可能《词表》研制者认为因不够常用或具有方言词性质等原因而未在《词表》中出条，它们是：暗渡陈仓——暗度陈仓，悖理——背理，笔芯——笔心，嗒嗒——哒哒，当当——铛铛，嘀里嘟噜——滴里嘟噜，峨眉山——峨嵋山，幡然醒悟——翻然醒悟（《词表》收了“幡然悔悟”），辐辏——辐凑，咯噔——格登，辑佚——辑逸，警醒——警省，冥冥——溟溟，气门芯——气门心，砂壶——沙壶，仕女画——士女画，视域——视阈，宿儒——夙儒，唯其——惟其，诿罪——委罪，张皇——张惶（《词表》收了“张皇失措”），仔畜——子畜。[①]只有“倒腾——捣腾，皇历——黄历，渺小——藐小”3 组，《词表》两出，未作异形词处理。可见，《词表》研制者跟《264 组异形词整理表（草案）》研制者在处理大部分异形词时意见相合，可谓英雄所见略同，只是

① 检索 CCL 语料库现代汉语部分，“警醒”的词频是 353，“冥冥”的词频是 379（成语“冥冥之中”的词频是 142），“唯其”的词频是 297，“警醒”“冥冥”（或“冥冥之中”）“唯其”词频都比较高，似乎都有收进《词表》的资格。

《词表》采用的是暗处理，《264组异形词整理表（草案）》采用的是明处理。

值得注意的一个问题是，像“脸形”和“脸型”、“凌乱”和“零乱”之类，《现代汉语词典》和《应用汉语词典》作异形词处理，以“脸形”“凌乱”为规范词形，《现代汉语规范词典》不作异形词处理，《词表》收录“脸形”“零乱”，不收“脸型”“凌乱”。究竟《词表》是将“脸形”和“脸型”、“凌乱”和“零乱”视为异形词而作了暗处理，还是因“脸型”“凌乱”不够常用词资格而不予收录，这就很难判断了。但是如果这个问题不明确，《词表》对这类词的书写就没有指导性。先看这两组词在CCL语料库现代汉语部分的词频情况：脸形49/脸型112，凌乱420/零乱347。从CCL语料库现代汉语部分的具体用例看，“脸形”和“脸型”虽有混用的实例，但使用上还是有明显的分工，正如《现代汉语规范词典》的释义所显示的那样，“脸形”指“脸的形状（侧重于个体特征）”，“脸型”指“脸的类型（侧重于共同特征）”。例如：

［1］他的脸形已经模糊不清，可是还能看到他的两道黑眉拧在一起，闭着眼睛。（刘流《烈火金刚》）

［2］他忽然对陆小凤笑了笑，道：“我也照你的脸形做好了一张。”（古龙《陆小凤传奇》）

［3］月光下只见他健壮的身材，脸形挺端正的，腮边黑茸茸的，好像是连鬓胡。（雪克《战斗的青春》）

［4］我看到毛主席身材高大，五官端正，是典型的中国知识分子脸型，面色有些苍白。（金凤《难忘的采访》）

［5］他身边有一位漂亮的女人，大约是他的夫人，典型的东方脸型。（路远《白罂粟》）

［6］金桥说，我们不要轻易地去摹仿别人，黄种人与白种人气质不同，脸型身材也不同，她留短发好看你不一定好看，让我说你不该剪头发……（苏童《肉联厂的春天》）

因此，“脸型”不宜作为“脸形”的异形词，“脸型”词频比较高，《词表》应单独出条。再看“凌乱”和“零乱”，由于构词语素的差异，二词理据有区别，“凌乱”侧重像冰凌那样参差散漫，无规则，“零乱”侧重零碎散落，不规整。但从实际应用看，古代汉语已见混用，现代汉语已完全通用，只是“凌乱”的使用频率高些。从以下组合在CCL语料库现代汉语部分中出现的频率可见一斑。

头发凌乱20/头发零乱9　　凌乱的头发13/零乱的头发6

衣衫凌乱3/衣衫零乱3　　一片凌乱16/一片零乱9

凌乱不堪40/零乱不堪19

由此，像《现代汉语词典》和《应用汉语词典》那样，将“凌乱”和“零乱”处理为异形词，取“凌乱”为正形，是比较合适的。当然，取“零乱”为推荐词形也未尝不可，因为“凌乱”虽然在现代汉语的使用频率相对高些，但“零乱”的使用频率也不低，而在古代汉语中“零乱”的使用频率又比“凌乱”高些，CCL语料库古代汉语部分中“零乱”的词频是153，“凌乱”的词频是55。所以《词表》处理这组词最好以明处理的方式，处理为“凌乱（零乱）”或“零乱（凌乱）”，借以明确词际关系。即使像《现代汉语规范词典》那样认为这两个词不能处理成异形词，也应该“凌乱”和“零乱”同时出条，而不是只出“零乱”。

另外，《词表》将一部分毫无争议的异形词，甚至把误用的词形作为不同的词处理，分列词目，显然不够合理，如“倒腾”和“捣腾”同出，“皇历”和“黄历”同出，“明器”和“冥器”同出，“喉结”和“喉节”同出，“览胜”和“揽胜”同出等。下面对这几组词逐一作简要说明。

《现代汉语词典》《现代汉语规范词典》《应用汉语词典》《264组异形词整理表（草案）》等均将“皇历”和“黄历”、“倒腾”和“捣腾”视为异形词，以“皇历”“倒腾”为推荐词形。这两组词的词频情况是：皇历121/黄历46，倒腾107/捣腾38。《词表》最好也只收“皇历”和“倒腾”，或者以正副条同出的形式明处理，推荐使用“皇历”和“倒腾”。

《词表》收了“老皇历”，没收“老黄历”（老皇历 47/老黄历 24），这是很可取的，按照系统性原则，理应只收“皇历”，不收“黄历”。

《现代汉语词典》《现代汉语规范词典》将“明器”和“冥器”视为异形词，《现代汉语词典》以“明器”为规范词形，《现代汉语规范词典》以“冥器”为规范词形。“明器”和“冥器”虽然构词理据不同，但音义完全相同，应作异形词处理。从 CCL 语料库现代汉语部分看，两个词的使用频率相当，“明器”的词频是 13，“冥器”的词频是 11。从《词表》的频序看，两个词的使用频率也是相当的，“明器”的频序号是 55395，“冥器”的频序号是 53869。考虑到跟“冥衣”“冥币”“冥钞”等词的一致性，可依《现代汉语规范词典》取“冥器”为推荐词形。

《现代汉语词典》《现代汉语规范词典》《应用汉语词典》等只收“喉结”，不收“喉节”。“喉结”理据鲜明，“喉节”理据不明显，或者有附会的理据。从实际应用看，“喉结”和“喉节”都有使用，CCL 语料库现代汉语部分中“喉结”的词频是 70，“喉节”的词频是 16，这跟《词表》的情况相近，《词表》中“喉结”的频序号是 36813，“喉节”的频序号是 51411。从具体用例看，“喉节”与“喉结”音义完全相同，起初很可能是误书“喉结”为“喉节”，但“喉节”在一些名家作品中也有出现。如：

[1] 就是他么？那是高撑着两根颧骨，一个瘦削的鼻头，两只大廓落落的眼睛，而又满头乱发，一部灰黄的络腮胡子，喉节就像小拳头似的突出来；——这简直七分像鬼呢！（茅盾《秋收》）

[2] 拿到饭后，马上就开始吃，吃得很快，喉节一缩一缩的，脸上绷满了筋。（阿城《棋王》）

[3] 他抽动了一下喉节，嚅动着嘴唇，像是在做唱前的准备工作。（迟子建《原野上的羊群》）

[4] 马锐竭力忍着泪水，小小的喉节咕噜着上下滚动。（王朔《我是你爸爸》）

[5] 短短几个月，得屋长高了半个头，下巴上冒出了胡茬，喉节

像锥子一样刺出来。(池莉《你是一条河》)

如果着眼于实际应用，从约定俗成的观点，可以把“喉节”视为“喉结”的异形，以“喉结”为规范词形，但无论如何，不宜将“喉节”视为不同于“喉结”的另一个词。

《现代汉语词典》只收“览胜”，不收“揽胜”。《现代汉语规范词典》《应用汉语词典》将“览胜”和“揽胜”处理为异形词，以“览胜”为规范词形。两词都指“观赏胜景或游览胜地”，古今皆然。相较而言，“览胜”的理据比“揽胜”清晰，但由于“揽胜”可附会“将胜景揽入怀中”的理据，所以“揽胜”使用频率越来越高。但从目前实际使用的情况看，“揽胜”还没有在语义上跟“览胜”分工，分化为意义不同的词。从两词的使用频率看，CCL 语料库现代汉语部分“览胜”的词频是 15，“揽胜”的词频是 81，而在《词表》中“览胜”的频序号是 47746，“揽胜”的频序号是 52814，可见两词的使用频率高低在不同语料库中有不同表现。从通用性和理据性综合考虑，《现代汉语规范词典》《应用汉语词典》的处理比《词表》的处理还是要好些。

总之，异形词的大量存在困扰着社会大众的书写，是造成书写混乱的实际因素之一。异形词的认定和规范也是词典编纂、规范词表的研制所面临的难题之一。《词表》的研制者在研制《词表》的过程中，对现代汉语异形词的整理和规范是一次有益的实践，为现代汉语异形词的进一步研究提供了经验和借鉴，对社会书写也具有一定的指导意义。当然，有的问题解决得还不尽如人意，需要今后不断修订，加以完善。

主要参考文献：

[1]《现代汉语常用词表》课题组：《现代汉语常用词表（草案）》，商务印书馆 2008 年版。

[2] 异形词研究课题组：《〈第一批异形词整理表〉说明》，语文出版社 2002 年版。

[3] 中国社会科学院语言研究所词典编辑室：《现代汉语词典》（第 5 版），商务

印书馆2005年版。
［4］李行健主编：《现代汉语规范词典》，外语教学与研究出版社、语文出版社2004年版。
［5］商务印书馆辞书研究中心：《应用汉语词典》，商务印书馆2000年版。
［6］王艾录、司富珍：《汉语的语词理据》，商务印书馆2001年版。
［7］李行健、余志鸿：《异形词辨误100例》，广东人民出版社2009年版。
［8］中国版协校对研究委员会、中国语文报刊协会、国家语委异形词研究课题组、《咬文嚼字》编辑部：《264组异形词整理表（草案）》，网上资料（见百度文库），2003年版。
［9］北京大学中国语言学研究中心CCL语料库（网络版）。

“的士”及其相关词语的读音规范问题*

一　存在的问题

“的士”是一个音译词，来自英语 taxi，首先由粤方言吸收引进。这是人所共知，没有任何疑义的。但是“的士”应该读什么音，却认识分歧。

先看几部有影响的词典对“的士”的注音。

> 的士 díshì〈方〉出租小汽车。［英 taxi］（《现代汉语词典》①）
>
> 的士 dìshì〈方〉出租汽车。又作“德士、滴西”。源英 taxi（《汉语外来词词典》②）
>
> 的士 dīshì［英 taxi］出租汽车；计程车。简称“的”。（《简明汉语新词词典》③）

---

* 本文曾刊于《汉语学习》2003 年第 3 期。

① 中国社会科学院语言研究所词典编辑室编：《现代汉语词典》，商务印书馆 2002 年版。

② 刘正埮、高名凯等编：《汉语外来词词典》，上海辞书出版社 1984 年版。

③ 王均熙编著：《简明汉语新词词典》，上海世界图书出版公司 1997 年版。

由上文可以看出，“的士”的读音分歧主要表现在对“的”字读音的不同认识上，有人认为读 dí，有人认为读 dì，还有人认为读 dī。与此相应，由该字构成的一些词的读音也就成了问题。例如“打的”，有的词典标注为 dǎdí，有的词典标注为 dǎdī。更有一些不注意审音的词典编者，随意注音，自身就不统一。例如：

打的 dǎdí　出钱乘坐出租小汽车。也叫“打的士”。

的士 díshì　（英 taxi 的粤语音译）出租汽车。简称“的”。〈打的〉〈面的〉

面的 miàndī　九十年代盛行的一种小型（6 座）营运客车，因外形像一块面包，故北京人称这种“的士”为“面的”。（《新世纪现代汉语词典》①）

打的 dǎdī　要出租汽车；乘坐出租汽车。

的士 díshì　〈外〉（英语 taxi 的粤语音译）出租小汽车。（《新词语词典》②）

再从字典的情况来看，大部分字典在“的”字头下只有三种标音，即助词读轻声 de，表示“确实；实在”义读 dí，表示“箭靶的中心”义读 dì。也有个别字典明确给出第四个读音 dī，作为译音字的专用音。例如：

的^{4}dī　译音字。[英 taxi] 的士（出租汽车）的简称：~哥 | 打~ | 面~。（《标准汉语字典》③）

在我们考察过的二十余部词典、字典中，只有《汉语外来词词典》将“的士”注音为 dìshì，可谓孤例。问题的焦点集中在“的士”之“的”是读阳平还是读阴平上。相比而言，标注为读阳平的，所占比例高一些，但

---

① 王同亿主编：《新世纪现代汉语词典》，京华出版社 2001 年版。

② 北京市语言学会《新词语词典》编写组编：《新词语词典》，人民邮电出版社 1993 年版。

③ 张书岩主编：《标准汉语词典》，汉语大词典出版社 2000 年版。

标注为读阴平的，为数也不少。分歧的存在不仅导致了词典和字典标音的混乱，而且给汉语语音教学带来了不便。我们在小范围做过一次调查，让某大学中文系二年级120位本科生给“的士”注音，结果有73位同学注成 díshì，有41位同学注成 dīshì，有1位同学注成 dì · shi，有5位同学两注（其中注“díshì 或 dīshì”的有3位，注“dīshì 或 díshì”的有2位）。情况跟词典、字典对“的士”的处理极为相似。更有意思的是，“的士”这个汉语的舶来品也困扰着外国人学汉语。有位在中国学汉语的美国留学生曾跟笔者讲，口语课老师说“打的”要读 dǎdí，而听力课老师又说“打的”要读 dǎdī，让他们一头雾水。受此启发，笔者翻阅了部分对外汉语教材，发现情况的确如此。《快乐学汉语》[①] 词汇表里的“打的”注音是 dǎdí，《初级汉语口语》[②] 词汇表里的“打的”注为 dǎdī。普通话语音规范有必要对“的士”及与其相关的“打的”“面的”“的哥”“的票”等词语做出读音上的明确选择，以消除它们读音的混乱给学习和教学带来的不便。

二 分歧的原因

“的士”之“的”是一个译音字。译音字具有借字标音的性质。一般情况下，汉字原来是什么音就读什么音。例如，“坦”读 tǎn，“克”读 kè，将英语词 tank 译作“坦克”，就读作 tǎnkè；“巧”读 qiǎo，“力”读 lì，将英语词 chocolate 译作“巧克力”，就读作 qiǎokèlì。这对于原本是单音的字没有什么问题。可是“的”是个多音字，作为译音字应该选用哪个读音，就成了问题。从原则上讲应该选用跟源语语音相近的读音，但是就“的士”而言，“的”选择读 dí 和选择读 dì，没有区别价值，因为二者只

① 徐秀菊编著：《快乐学汉语》，北京大学出版社2002年版。此教材为国家对外汉语教学领导小组办公室规划教材项目。

② 戴桂英等编著：《初级汉语口语》，北京大学出版社1997年版。此教材为北京大学出版社对外汉语系列教材之一。

是声调不同，源语英语的 taxi 又没有什么声调，因此选择读 dí 和选择读 dì 均无不可，所以“的士”有人注音为 díshì，有人注音为 dìshì。至于为何没有选择读轻声的 de，道理非常简单，汉语词语开头的音节不能读轻声。那么英语 taxi 的第一个音节能不能译成汉语非轻声的 de 音节呢？似乎有人这样做过，只是没有把这个音再加到“的”字的头上。前面提到的《汉语外来词词典》在释文里说“又作‘德士’”，“德士”就应读 déshì，只不过“德士”没有产生多大影响，人们没能接受它而已。

“的”字本无 dī 音，dī 音是随着“的士”的出现而产生的。这一新的语音现象早已引起了某些人的注意。有学者曾经指出，“自从半封闭的国门开放以后，国外境外文化蜂拥而来，诸如‘的士’‘酒吧’‘卡拉 OK’‘商城’‘中心’‘广场’等词语纷至沓来。内外文化彼此交融，相互渗透，产生了一批反映时代变革的新词新语。以‘的士’一词而言，原来就是‘出租车’，英语‘TAXI’，音译为‘的士’。‘乘出租车’不如‘打的’来得新鲜便捷，更合乎汉语词汇双音节发展趋势，所以‘打的’一词流行开来，‘的’字平添了阴平调。随着国内旅游业的兴起，在市场经济的驱动下，许多农村人口投身旅游景点的商业服务，便在原先的交通工具上精心装饰，方便游客，于是仿照‘的士’，出现了‘马的’‘驴的’‘轿的’‘摩的’‘板的’‘的票’等系列新词新语。”①

需要搞清楚的问题是，译音字“的”读 dī 音，是平白无故添加上去的，还是有原因的。我们认为译音字“的”读阴平调不是没有原因，而是受粤方言影响的结果。“的士”首先在粤方言出现，其传播过程是由香港经广东进入内地。既然“的士”是粤方言外来词，那么它在向内地渗透的过程中，尤其是在口语传播里，人们就可能受到粤方言发音的影响。关于“的士”的粤方言发音，请看以下几部方言词典的注音。

---

① 李建国：《再论新词新语研究与辞书编纂》，《语文建设》1997 年第 11 期。

的士（dig^1xi^2） 出租小汽车（音译 TAXI）。（《简明香港方言词典》①）

的士 dig^1xi^{6-2} 出租汽车；计程车；小轿车。“的士”是英语 taxi 的音译词。（《广州话方言词典》②）

的士 〈名〉出租汽车；计程车。借自英语 taxi。粤语。广东广州 [$tik^{55}ʃi^{35}$]。（《汉语方言大词典》③）

《简明香港方言词典》和《广州话方言词典》采用广州话拼音方案注音，“的”字调号标为 1。广州话拼音方案声调的次序是用 1、2、3、4、5、6 分别表示阴平和阴入、阴上、阴去和中入、阳平、阳上、阳去和阳入，调值为阴平 53 或 55、阴入 55、阴上 35、阴去和中入 33、阳平 11、阳上 13、阳去和阳入 22。也就是说，以广州话为代表的粤方言共有九个声调，八种调值。这九个声调又可按韵尾的不同分成两类，即舒声调和促声调。凡韵尾是 - i、 - u（o）、 - m、 - n、 - ng 的为舒声调，韵尾是 - b、 - d、 - g 的为促声调。阴入、中入和阳入是促声调，其他为舒声调。根据《简明香港方言词典》和《广州话方言词典》的注音，“的”应该读阴入，调值是 55。《汉语方言大词典》用国际音标注音，“的”的调值也是 55。这说明粤方言的阴入跟北京话的阴平调值相同。有人强调译音字“的”在北京话里读阴平，而事实上可能是北京话吸收了该字在粤方言里的发音。

查阅粤方言词典，不见收录“打的”“面的”“的哥”“的姐”“的票”之类的词语。这些词语是“的士”从粤方言进入内地后，在其影响下派生出来的。不少人认为它们首先在北京话中出现，然后再慢慢扩散到其他方言区。因此，它们的读音分歧根源还是在“的士”。只要“的士”的读音统一了，有了明确的规范，那么这些词也就随之得到统一和规范。

---

① 吴开斌编著：《简明香港方言词典》，花城出版社 1991 年版。

② 饶秉才、欧阳觉亚、周无忌编著：《广州话方言词典》，（香港）商务印书馆 1981 年版。

③ 许宝华、宫田一郎主编：《汉语方言大词典》，中华书局 1999 年版。

三 规范的确立

过去对音译词的规范比较重视词形的规范，即注重译音字的取舍，如取“鸦片”，舍“雅片”，取“巧克力”，舍“朱古力”，取“迪斯科”，舍“的士高”等，而不太注意对译音字读音的规范，忽视了审音工作。或许人们认为用字定形了，字的读音自然也随之确定了。其实不然，由于汉字的多音性、方音的影响和源语语音的干扰，即使用字确定下来，读音也仍有可能产生分歧。不仅“的士”是这样，还有不少音译词读音缺乏规范。例如，音译英语词 copy，译作“拷贝”，有人读成 kǎobèi，有人读成 kāobèi；音译英语词 party，译作“派对”，有人读成 pàiduì，有人读成 pā · dui；音译英语词 disco，译作“迪斯科”，有人读成 dísīkē，有人读成 dīsīkē，还有人读成 dí · sikē。因此，确立音译外来词读音规范的原则和标准是十分必要的。

音译词是通过模拟外语词的语音而用汉字记写下来的词。虽然在模拟时应尽可能选用读音跟外语词读音相近的汉字，但是由于不同语言的语音系统有着本质差别，无论如何也不可能做到语音上的完全对应，所以几乎所有的汉语音译词都只能做到跟源语词的读音相近或大致相似。也就是说汉语在通过音译吸收外来词时，已经有了适应汉语语音特点的汉化过程，不可能为了迁就源语词的读音而增加汉语中原来没有的语音成分，这一点是不言而喻的。当然，为了有效区别语义，可以利用汉语声调别义的特点，在音译外语词时赋予汉字原来没有的声调。这样的例子是有的。例如，音译英语词 dozen，节译作“打”，读阳平，而不读“打”原来的上声调，目的就是为了把这个外来的量词跟动词区别开，不致造成语义混淆。但是这类例子极少，只有在确实有别义需要时才这样做。如果没有别义需要，就不应该无谓地增加汉字的声调。比如，“迪斯科”的“迪”读其本调阳平完全可以，绝无必要增加阴平读法。同样道理，“拷贝”的“拷”应该读上声，而不应该读阴平。

多音字的读音取舍，情况又有不同。就声韵来说，自然取读音更接近源语词读音的音。例如，英语词 jacket 译作“夹克”或“茄克”，“夹”和“茄”均取 jiɑ 音，而不分别取 gɑ 音和 qie 音，就是因为 jiɑ 音更接近 jacket 第一个音节的发音。声调的取舍应以使用频度为标准，取使用频度高的，舍使用频度低的。还以“夹克”的“夹”为例，取使用频度高的阴平调，不取使用频度低的阳平调。再如，英语词 sofa 译作“沙发”，“发”取阴平调，不取去声调。

至于汉民族共同语吸收方言音译词是否应该连同方音一起吸收的问题，也是值得讨论的。方言音译词具有两重性，它既是外来词，又是方言词，是方言地区根据汉字的方言读音模拟外语词的读音形成的。按照一般规律，汉民族共同语吸收本土方言词只吸收词的汉字书写形式和意义，不吸收方言读音。吸收方言音译词的情况也是一样，进入汉民族共同语的也只能是词的汉字书写形式和意义，汉字的读音应按汉民族共同语的读音来读。事实也可以证明这一点，“的士”“巴士”“T 恤”都是从粤方言来的音译词，根据《广州话方言词典》的注音，“的士”应读 dig^{1}xi$^{6-2}$，“巴士”应读 ba^{1}xi^{2}，“T 恤”应读 ti^{1}sêd^{1}，但是遍查非方言词典没有一处是严格按照粤方言注音的，只有部分词典把“的”注成阴平调，跟粤方言调值相同，而与普通话原有读音不一致。

鉴于以上分析，汉语在用汉字模拟外语词的读音吸收外来词时，无论直接吸收还是从方言吸收，没有特殊必要都不应无谓地增加汉字的读音。选择汉字原有的读音时，在保证模音求似的前提下，应选择常用音。因此，我们认为“的士”宜提倡以 díshì 作为规范读音，“的”字不取非常用音 dì，也不再增加“的”字的负担，平添 dī 音。同样，“打的”“面的”“的哥”“的姐”“的票”等词语中的“的”也应读 dí。

第5版《现代汉语词典》成语注音的特点和存在的问题*

一　当前词典中成语注音存在的分歧

自《汉语拼音方案》公布以来，中国大陆编纂的成语词典和普通语文词典都采用汉语拼音字母给成语注音，但在具体方式上却存在分歧，可以说成语注音问题还是一个需要语言文字工作者和辞书编纂工作者认真研究才能解决好的问题。从实践上来看，目前琳琅满目、规模不等的各种成语词典流行一种按音节分写（或叫作“按字分写”）的做法，例如，“叶公好龙”注为 yè gōng hào lóng，“白日做梦”注为 bái rì zuò mèng。这样的成语词典随手就可以举出许多，如《汉语成语辞海》（朱祖延主编，武汉出版社1999年版）、《中华成语辞海》（戴钦祥主编，人民日报出版社2002年版）、《汉大成语词典》（《汉大成语词典》编委会，汉语大词典出版社2000年版）、《中华成语大词典》（程志强编著，中国大百科全书出版社2003年版）、《中华成语大词典》（原建平主编，人民日报出版社2006年版）、《成语大词典》（《成语大词典》编委会，商务印书馆国际有限公司

---

* 本文曾收入《对比描写与统计分析——〈现代汉语词典〉专题研究》，山东人民出版社2006年版。

2004 年版)、《中华成语大词典》(任超奇主编，湖北长江出版集团崇文书局 2006 年版)、《中华成语全典》(张林川主编，崇文书局 2003 年版)、《汉语成语词典》(何伟渔、包南麟主编，上海世纪出版集团上海教育出版社 2004 年版)、《九用学生成语大词典》(周宏溟编著，学林出版社 1999 年版)、《汉语成语学习词典》(汪耀楠主编，外语教学与研究出版社 2006 年版)、《汉语成语规范词典》(黄金贵主编，石油工业出版社 2002 年版)、《古今成语词典》(向光忠主编，汉语大词典出版社 2006 年版)、《新华成语词典》(商务印书馆辞书研究中心编写，商务印书馆 2002 年版)、《成语辨析词典》(倪宝元主编，汉语大词典出版社 2005 年版) 等等。这种注音方式简单划一，便于操作，但是却掩盖了汉语成语结构上的多样性和复杂性，也不符合实际语感。

由国家教育委员会和国家语言文字工作委员会于 1988 年 7 月 1 日联合公布，1996 年 1 月 22 日由国家技术监督局批准，并自 1996 年 7 月 1 日起实施的中华人民共和国国家标准《汉语拼音正词法基本规则》规定：

> 四言成语可以分为两个双音节来念的，中间加短横。
> céngchū-bùqióng（层出不穷）　fēngpíng-làngjìng（风平浪静）
> àizēng-fēnmíng（爱憎分明）　shuǐdào-qúchéng（水到渠成）
> yángyáng-dàguān（洋洋大观）　píngfēn-qiūsè（平分秋色）
> guāngmíng-lěiluò（光明磊落）　diānsān-dǎosì（颠三倒四）
> 不能按两段来念的四言成语、熟语，全部连写。
> bùyìlèhū（不亦乐乎）　zǒng'éryánzhī（总而言之）
> àimònéngzhù（爱莫能助）　yīyīdàishuǐ（一衣带水）
> húlihútū 糊里糊涂　hēibuliūqiū 黑不溜秋
> diào'erlángdāng（吊儿郎当）

这个规定从语感出发，根据语步是不是“二二”式把成语分为两种情况，采用两种不同的注音方式。不管哪种注音方式，都注意到了成语的整体性，这是它合理的一面。但是这个规定过于笼统，更何况语感既有客观性和社会性，也有主观性和个人性，不同的人（甚至同一个人在不同的时候）语感会有不同，因此同样一个成语是不是可以按两段来念，不同的人认识会有差别，到底是分两段来写，还是全部连写，仍会产生分歧。同时，这个规定也在一定程度上忽视了成语的内部结构，不能显示成语的实际构成情况。

不管《汉语拼音正词法基本规则》还存在多少问题，既然它是国家标准，那么成语的注音就应该照此执行，但事实上真正照此给成语注音的成语词典却是比较少的。李行健主编的《现代汉语成语规范词典》（长春出版社 2006 年版）是按《汉语拼音正词法基本规则》给成语注音的，有一定的代表性，请看该词典“安”字头的成语注音。

安邦定国 ānbāng-dìngguó	安步当车 ānbù-dàngchē
安分守己 ānfèn-shǒujǐ	安家落户 ānjiā-luòhù
安居乐业 ānjū-lèyè	安民告示 ānmín-gàoshì
安贫乐道 ānpín-lèdào	安贫守道 ānpín-shǒudào
安然无恙 ānrán-wúyàng	安如磐石 ānrúpánshí
安如泰山 ānrútàishān	安若磐石 ānruòpánshí
安身立命 ānshēn-lìmìng	安土重迁 āntǔ-zhòngqiān
安营下寨 ānyíng-xiàzhài	安营扎寨 ānyíng-zhāzhài
安之若素 ānzhī-ruòsù	

李行健主编的《现代汉语规范词典》（外语教学与研究出版社、语文出版社 2004 年版）做法跟《现代汉语成语规范词典》基本相同，只是个别条目有出入，如“百闻不如一见”，《现代汉语规范词典》注音为 bǎi wén bùrú yī jiàn，《现代汉语成语规范词典》注音为 bǎiwén-bùrúyījiàn；“不登大雅之堂”，《现代汉语规范词典》注音为 bù dēng dàyǎzhītáng，《现代汉语成语规范词典》注音为 bùdēng-dàyǎzhītáng；“不敢越雷池一步”，《现代汉语规范词典》注音为 bùgǎn yuè léichí yī bù，《现代汉语成语规范词典》注音为 bùgǎnyuèléichíyībù。

商务印书馆辞书研究中心编写的《新华拼写词典》（商务印书馆2002年版）在“拼写法5问（代前言）”中指出：“《汉语拼音正词法基本规则》是一个纲要性的东西，它不可能规定得十分详尽和具体。这本拼写词典实际上就是基本规则的补充和详解，有一些地方可以看作是作者个人的建议，以备将来基本规则修订时参考。”① 该词典在成语拼写方面所作的“补充和详解”是多方面的，“四言成语数量很多，形式五花八门，但是从拼写的角度来说，可以分为三大类型，即：对偶式、非对偶式和词化式。三大类型分别采用三种不同的拼写形式。”② 每一种拼写形式又分为不同的小类。对偶式的四言成语采用“半连写”的方式，例如：花好月圆 huāhǎo-yuèyuán（主谓+主谓）、斩草除根 zhǎncǎo-chúgēn（动宾+动宾）、赶尽杀绝 gǎnjìn-shājué（动补+动补）、大刀阔斧 dàdāo-kuòfǔ（偏正+偏正）、悲欢离合 bēihuān-líhé（并列+并列）。非对偶式的四言成语则“按词分写”，例如：心花怒放 xīnhuā nùfàng（2+2型）、天花乱坠 tiānhuā luàn zhuì（2+1+1型）、石沉大海 shí chén dàhǎi（1+1+2型）、如鸟兽散 rú niǎo-shòu sàn（1+2+1型）、守口如瓶 shǒu kǒu rú píng（1+1+1+1型）。词化式的四言成语一律连写，例如：不亦乐乎 bùyìlèhū、满不在乎 mǎnbùzàihū 等。这种“补充和详解”不仅比基本规则多出一种拼写形式，即第2种“按词分写”的一类，而且从理论上细化了拼写规则，是一种值得在词典编纂中推广和进一步检验的方案。

同样是商务印书馆辞书研究中心编写的《应用汉语词典》（商务印书馆2000年版）却有着另外的做法：“成语类多音节条目注音，凡属并列结构的，在中间加短横隔开，如‘万水千山 wànshuǐ-qiānshān’，其余一律连写。”③ 据此，许多应该分写的成语都变成连写形式，如：爱憎分明 àizēngfēnmíng、水到渠成 shuǐdàoqúchéng、石沉大海 shíchéndàhǎi、守口如瓶 shǒukǒurúpíng 等。这种做法虽然明确说明是以结构为标准，但事实上也是将复杂问题简单化了，因为词典使用者从成语注音上只能了解哪些是

① 见《新华拼写词典》，第8页。
② 同上书，第346页。
③ 见《应用汉语词典》“凡例”。

"并列结构"，至于众多的连写成语，其结构如何就不得而知了。当然，从词典编纂的角度讲，这种做法比较容易操作。

如上所述，如何在词典中给成语注音的问题，还是辞书界没有解决好的一个问题。这个问题可以说长期困扰着语文词典编纂者。美国著名汉语专家夏威夷大学荣誉中文教授德范克（John DeFrancis）曾呼吁："对于通常是四音节的那些成语，是按它们的语音结构（多为2+2）处理，还是按语法结构处理？因为大多数成语都有典故，因此按语法结构处理尤为复杂。……我们希望能看到对这一问题的讨论以及最终所达成的共识。"①

二　第5版《现代汉语词典》成语注音的特点

中国社会科学院语言研究所词典编辑室编的《现代汉语词典》是一部有着广泛影响和极高声誉的现代汉语规范型词典，经多次修订，日臻完善。2005年6月出版的第5版《现代汉语词典》（以下简称第5版《现汉》）在成语的注音上秉承一贯的做法，仍然按词分写、专名大写，而且在一些具体条目的注音上较以前的版次有所改进。无论是从整体上看，还是从具体条目的处理上看，成语注音都有不同于任何其他词典的特点。

（一）按词分写

第5版《现汉》在"凡例"的注音部分明确说明："词组、成语按词分写。""按词分写"是第5版《现汉》成语注音的基本原则，也是它最突出的特色。

汉语成语的主体是四个音节，从四音节成语注音的实际情况看，有以下几个类型。

① 见［美］德范克（John DeFrancis）主编《汉英词典》（汉语大词典出版社1997年版）"编者的呼吁"。

1. 以四个音节为单位分写。如：

哀兵必胜 āi bīng bì shèng
哀鸿遍野 āi hóng biàn yě
唉声叹气 āi shēng tàn qì
爱不释手 ài bù shì shǒu
爱屋及乌 ài wū jí wū
安步当车 ān bù dàng chē
安分守己 ān fèn shǒu jǐ
安土重迁 ān tǔ zhòng qiān

2. 前两个音节分写，后两个音节连写。如：

安如磐石 ān rú pánshí
暗度陈仓 àn dù Chéncāng
暗送秋波 àn sòng qiūbō
别有用心 bié yǒu yòngxīn
不动声色 bù dòng shēngsè
浩如烟海 hào rú yānhǎi
水乳交融 shuǐ rǔ jiāoróng
无病呻吟 wú bìng shēnyín

3. 前两个音节连写，后两个音节分写。如：

先天不足 xiāntiān bù zú
逍遥法外 xiāoyáo fǎ wài
心腹之患 xīnfù zhī huàn
欣欣向荣 xīnxīn xiàng róng
行将就木 xíngjiāng jiù mù
秀色可餐 xiùsè kě cān
轩然大波 xuānrán dà bō
义愤填膺 yìfèn tián yīng

4. 前两个音节连写，后两个音节连写。如：

附庸风雅 fùyōng fēngyǎ
改换门庭 gǎihuàn méntíng
冠冕堂皇 guānmiǎn tánghuáng
花枝招展 huāzhī zhāozhǎn
水性杨花 shuǐxìng yánghuā
贪赃枉法 tānzāng wǎngfǎ
投机取巧 tóujī qǔqiǎo
万众一心 wànzhòng yīxīn

5. 前两个音节连写，后两个音节连写，中间加短横。如：

炒买炒卖 chǎomǎi-chǎomài
大千世界 dàqiān-shìjiè

当行出色 dānghángchūsè　　官样文章 guānyàng-wénzhāng
滚瓜烂熟 gǔnguā-lànshú　　滚瓜溜圆 gǔnguā-liūyuán
好好先生 hǎohǎo-xiān · sheng　　黑灯瞎火 hēidēng-xiāhuǒ

6. 四个音节整体连写。如：

哄堂大笑 hōngtángdàxiào　　假模假样 jiǎ · mojiǎyàng
七老八十 qīlǎobāshí　　三三两两 sānsānliǎngliǎng
生生世世 shēngshēngshìshì　　死乞白赖 sǐ · qibáilài
一塌糊涂 yītāhútú　　孜孜矻矻 zīzīkūkū

另外还有3个条目采用了不同于上述类型的处理方式，即“敌我矛盾 dí wǒ máodùn”“哼哈二将 Hēng-Hā èr jiàng”“摇鹅毛扇 yáo émáoshàn”。

根据意义的完整性、结构的定型性和历史来源等，从较宽泛的意义上统计，第5版《现汉》共收四音节成语3988条。其中按每个音节分写的数量最多，达3261条，约占四音节成语总数的81.77%；前两个音节分写，后两个音节连写的，有209条，约占四音节成语总数的5.22%；前两个音节连写，后两个音节分写的，有193条，约占四音节成语总数的4.79%；前两个音节连写，后两个音节连写的，有269条，约占四音节成语总数的6.77%；前两个音节连写，后两个音节连写，中间加短横的，有34条，占四音节成语总数的0.85%；四个音节整体连写的，有19条，[①]约占四音节成语总数的0.48%；其他类型的3条，约占四音节成语总数的0.08%。

第5版《现汉》共收四音节以上的熟语214条（统计的主要是成语，包括有限的俗语、谚语、歇后语，不包括惯用语）。这些四音节以上的熟

① “沸沸扬扬、轰轰烈烈、浑浑噩噩、兢兢业业、林林总总、洋洋洒洒、元元本本、战战兢兢”等第5版《现汉》都标注了词性，认为它们如同“疯疯癫癫、花花搭搭、曲曲弯弯、歪歪扭扭”等一样，都是形容词中的状态词。但“沸沸扬扬”等都有文言色彩，大都有来源出处，人们一般是当成语来看的，很多成语词典也收录了它们，所以我们仍把这几个整体注音的AABB式当作成语统计在四个音节整体连写的成语之内。

语在注音上采用了与四音节成语相同的原则，也是“按词分写”。例如：

按下葫芦浮起瓢 àn xià hú · lu fú qǐ piáo

百尺竿头，更进一步 bǎi chǐ gān tóu，gèng jìn yī bù

百足之虫，死而不僵 bǎi zú zhī chóng，sǐ ér bù jiāng

不入虎穴，焉得虎子 bù rù hǔ xué，yān dé hǔ zǐ

城门失火，殃及池鱼 chéngmén shī huǒ ，yāng jí chí yú

刀子嘴，豆腐心 dāo · zizuǐ，dòu · fuxīn

化干戈为玉帛 huà gāngē wéi yùbó

流水不腐，户枢不蠹 liúshuǐ bù fǔ，hùshū bù dù

冒天下之大不韪 mào tiānxià zhī dà bù wěi

平地一声雷 píngdì yī shēng léi

识时务者为俊杰 shí shíwù zhě wéi jùnjié

图穷匕首见 tú qióng bǐshǒu xiàn

心有灵犀一点通 xīn yǒu língxī yī diǎn tōng

有过之而无不及 yǒu guò zhī ér wú bù jí

鹬蚌相争，渔人得利 yù bàng xiāng zhēng，yúrén dé lì

真金不怕火炼 zhēn jīn bù pà huǒ liàn

只要功夫深，铁杵磨成针 zhǐyào gōng · fu shēn，tiě chǔ mó chéng zhēn

仅从字面上看，第 5 版《现汉》成语注音“按词分写”的原则完全跟《汉语拼音正词法基本规则》“以词为拼写单位”的总原则相合，但是通过以上分析不难看出，第 5 版《现汉》成语注音的实践及其结果跟《汉语拼音正词法基本规则》中对成语拼写的规定迥然不同。这一方面是因为《汉语拼音正词法基本规则》中的“词”是从正词法的角度确定的，既非严格意义上的词汇词，又非严格意义上的语法词，而在成语拼写上更加注重成语的整体性，强调“连”；另一方面，第 5 版《现汉》成语注音比较重视成语的文言性，通过注音显示成语（尤其是文言色彩较浓的成语）的内部结构，大量的分写单位并非现代汉语的词，而是“与成语的浅层意义有直接关联的最小意义单位”①，它更加侧重于“分”。

（二）专名大写

跟其他许多成语词典与普通语文词典不同，第5版《现汉》对成语中的姓氏、人名、地名、书名、山川河流名称等专名实行大写。这种做法符合《汉语拼音正词法基本规则》《中国地名汉语拼音字母拼写规则（汉语地名部分）》等规范标准的要求。例如：

安如泰山 ān rú Tài Shān	暗度陈仓 àn dù Chéncāng
巴山蜀水 Bā shān Shǔ shuǐ	班门弄斧 Bān mén nòng fǔ
半老徐娘 bàn lǎo Xúniáng	逼上梁山 bī shàng Liáng Shān
程门立雪 Chéng mén lì xuě	春秋笔法 Chūnqiū bǐfǎ
得陇望蜀 dé Lǒng wàng Shǔ	砥柱中流 Dǐzhù zhōngliú
东山再起 Dōng Shān zài qǐ	东施效颦 Dōngshī xiào pín
邯郸学步 Hándān xué bù	恒河沙数 Héng Hé shā shù
江郎才尽 Jiāngláng cái jìn	桀犬吠尧 Jié quǎn fèi Yáo
金刚努目 Jīngāng nǔ mù	泾渭分明 Jīng Wèi fēnmíng
夸父追日 Kuāfù zhuī rì	庐山真面 Lú Shān zhēn miàn
洛阳纸贵 Luòyáng zhǐ guì	毛遂自荐 Máo Suì zì jiàn
名落孙山 míng luò Sūn Shān	南柯一梦 Nánkē yī mèng
牛郎织女 Niúláng Zhīnǚ	牛头马面 Niútóu Mǎmiàn
齐东野语 Qí dōng yě yǔ	杞人忧天 Qǐ rén yōu tiān
黔驴技穷 Qián lǘ jì qióng	秦镜高悬 Qín jìng gāo xuán
三皇五帝 Sān Huáng Wǔ Dì	四面楚歌 sìmiàn Chǔ gē
泰山北斗 Tài Shān běidǒu	泰山压顶 Tài Shān yā dǐng

① 王金鑫：《〈现代汉语词典〉中的成语注音问题》，《辞书研究》2000年第4期。

太阿倒持 Tài'ē dào chí	天方夜谭 Tiānfāng yè tán
吴牛喘月 Wú niú chuǎn yuè	萧规曹随 Xiāo guī Cáo suí
叶公好龙 Yè Gōng hào lóng	夜郎自大 Yèláng zìdà
愚公移山 Yúgōng yí shān	朝秦暮楚 zhāo Qín mù Chǔ
助桀为虐 zhù Jié wéi nüè	助纣为虐 zhù Zhòu wéi nüè

有人在讨论1996年修订第3版《现汉》的成语注音问题时曾指出：

对于成语中的专有名词，我们认为没有必要大写。利用汉语拼音正词法拼写汉语语句时，句子开头第一个字母需要大写。句中的专有名词大写，以便与其他普通语词分开，防止造成误解，如“jiàn guó”是一个普通的词组，“Jiàn guó”可能是一个人的名字。成语中的专有名词已经溶入整个成语中，不会独立成为句子的一个基本组成部分，对作为一个整体使用、在语法功能上相当于词的成语没有必要分辨其中的专有名词。另外一些成语中的专有名词实在难以分辨。如：

东山再起　暗度陈仓　程门立雪　得陇望蜀　中流砥柱

江郎才尽　金刚努目　桀犬吠尧　恒河沙数　泾渭分明

人们只是把上述成语作为整体来掌握其意义、用法，一般并不知晓其中“东山、陈仓、砥柱、金刚”等为专有名词。从语言实际出发，成语中的专有名词还是小写为佳。《现汉》中的一小部分成语中的专有名词也是小写的。如：

春秋笔法 chūnqiū　bǐfǎ

泰山北斗 tàishān běidǒu

泰山压顶 tàishān yā dǐng①

第5版《现汉》并没有按这种意见将成语中的专有名词大写改为小写，而是坚持“专名大写”，只不过把上文指出的没有大写的“春秋笔法、泰山北斗、泰山压顶”中的“春秋、泰山”改为大写。我们认为，第5版

① 王金鑫：《〈现代汉语词典〉中的成语注音问题》，《辞书研究》2000年第4期。

《现汉》的这种做法不仅是符合有关规范的，而且是有必要的。正是因为人们对成语中的专有名词一般并不知晓，所以加以分辨，在注音上给予大写，提醒词典使用者是完全必要的，这对于人们认识成语的来源，更准确地了解和掌握成语的意义也是有帮助的。

（三）从今读，不从旧读

由于成语多来自古代汉语，有的还跟特定的典故相联系，因此个别成语中的构成成分有新旧两读的情况。如“叶公好龙”中的“叶”按旧读应读 shè，按今读要读 yè。第 5 版《现汉》成语注音遇到有新旧两读的情况时，如果《普通话异读词审音表》有明确规定的，即按规定注音，如“叶公好龙”中的“叶”注 yè，不注 shè；如果《普通话异读词审音表》没有明确规定，按照从俗从众的原则，根据现在的实际读音注今读，不注旧读，必要时旧读用括注的形式说明。例如：

别无长物 bié wú chángwù（长，旧读 zhàng）
博闻强记 bó wén qiáng jì（按：强，旧读 qiǎng）
不胜枚举 bù shèng méi jǔ（按：胜，旧读 shēng）
美不胜收 měi bù shèng shōu
衣锦还乡 yī jǐn huán xiāng（衣：旧读 yì，穿衣）
衣锦荣归 yī jǐn róng guī
捉襟见肘 zhuō jīn jiàn zhǒu（按：见，旧读 xiàn）

有人不清楚这一点，指出“衣锦还乡”的“衣”指穿，应注 yì；“捉襟见肘”的“见”指露出，应读 xiàn。①

① 陈霞村：《聚焦〈现汉〉——〈现代汉语词典〉评校》，吉林文史出版社 2004 年版，第 319—320 页。

三 第5版《现代汉语词典》成语注音存在的问题

尽管第5版《现汉》在成语注音上有其独到的特点，而且经过修订，比此前的版次有较大改进，但是仍然存在一些不尽如人意的地方，需要在今后的修订工作中加以研究，妥善解决。存在的问题主要表现在如下几个方面。

（一）连写和分写没有一致的标准

第5版《现汉》在成语注音上存在的最突出的问题就是连写和分写的标准不统一。关于这方面的问题，王金鑫的《〈现代汉语词典〉中的成语注音问题》和余桂林的《〈现代汉语词典〉四音节成语注音的按词分写问题》等论文已针对1996年修订第3版提出过。一些合理的意见也可能引起过《现汉》修订者的注意，论文中指出的某些修订第3版成语注音欠妥当的例子，第5版《现汉》进行了修改，如王文指出修订第3版“杯盘狼藉”中的“狼藉”不应分写，“峨冠博带”的“峨冠”和“博带”不应连写；余文指出修订第3版“铢两悉称”中的“铢两”不应连写等，2002年第4版时还没作修改，但在第5版《现汉》中都按这些意见进行了修改，“狼藉”改为连写，“峨冠”“博带”和“铢两”改为分写。不过，我们通过对第5版《现汉》成语注音的考察，所得到的印象是《现汉》修订者并没有就这一问题展开全面梳理，进行逐条审核，也没有从根本上解决连写和分写的标准不统一的问题，仍然存在大量该连写而分写或该分写而连写的条目。

1．该连写而分写

根据《现汉》“按词分写”的原则，在现代汉语中已凝固为词的成语的构成成分（有的在古代汉语中就是词），尤其是《现汉》在意义相同或相近的情况下，也单独立目的，若不影响显示成语的内部构成，则应该连写，尽管它们在古代汉语中可能是词组而不是词。因为只有这样才符合现代人的语感，也只有这样才可以使词典在体例上具有系统性。像以下成语中分写的成分，都应该跟单独立目时一样，实行连写（单词条目后括号内的数字是其所在第5版《现汉》的页码）。

哀鸿遍野 āi hóng biàn yě　比喻到处都是呻吟呼号、流离失所的灾民（哀鸿：哀鸣的大雁）。

遍野（86）biànyě　遍布原野，形容很多：牛羊～|～碧绿的庄稼。

安分守己 ān fèn shǒu jǐ　规矩老实，不做违法乱纪的事。

安分（7）ānfèn　规矩老实，守本分：～人|～守己|这孩子不大～。

安然无恙 ānrán wú yàng　原指人平安没有疾病，后泛指平平安安没有受到任何损伤。

无恙（1441）wúyàng〈书〉没有疾病，没有受害：安然～|别来～？

鞍马劳顿 ān mǎ láodùn　形容旅途或战斗的劳累。

鞍马（9）ānmǎ　③鞍子和马，借指骑马或战斗的生活：～劳顿|～生活。

暗无天日 àn wú tiān rì　形容社会极端黑暗。

天日（1347）tiānrì　天和太阳，比喻光明：重见～|暗无～。

昂首阔步 áng shǒu kuò bù　扬起头，迈着大步向前。形容精神振奋，意气昂扬。

昂首（13）ángshǒu　扬着头：～望天|战马～长鸣。

阔步（802）kuòbù　迈大步：～前进|昂首～。

白璧无瑕 bái bì wú xiá　洁白的玉上面没有一点儿小斑点，比喻人或事物完美无缺。

无瑕（1440）wúxiá　完美而没有瑕疵，比喻没有缺点或污点：白璧～|完美～。

白头偕老 báitóu xié lǎo　夫妻共同生活到老：百年好合，～（新婚颂词）。

偕老（1507）xiélǎo　夫妻共同生活到老：白头～丨百年～。

抱头鼠窜 bào tóu shǔ cuàn　形容急忙逃走的狼狈相。

鼠窜（1268）shǔcuàn　比喻像老鼠那样的惊慌逃走：抱头～。

暴跳如雷 bào tiào rú léi　跳着脚喊叫，像打雷一样，形容大怒的样子。

暴跳（53）bàotiào　猛烈地跳脚，形容大怒的样子：稍不如意，就～起来。

卑不足道 bēi bù zú dào　极其卑下，不值一提。

不足（119）bùzú　③不值得：～道丨～为奇丨～挂齿。

不足道（119）bùzúdào　不值得说：微～丨个人的得失是～的。

天网恢恢 tiān wǎng huī huī　天道像一个广阔的大网，作恶者逃不出这个网，也就是逃不出天道的惩罚（语出《老子》七十三章；恢恢：形容非常广大）。

恢恢（605）huīhuī　〈书〉形容非常广大：天网～，疏而不漏（形容作恶者一定会受到惩罚）。

修订第3版《现汉》像这样该连写而分写的成分有733个。① 第5版《现汉》仍然有大量这样的成分，初步统计有750个左右。

如果立目的词条本身是离合词，成语中与之同义或近义的成分可以连写，也可以分写。不过，连写可能更符合人们的语感。第5版《现汉》基本上采用的是分写形式。例如：

滥竽充数 làn yú chōng shù　比喻没有真正的才干，而混在行家里面充数，或拿不好的东西混在好的里面充数。

充数（188）chōng//shù　用不胜任的人或不合格的物品来凑足数额：滥竽～。

---

① 余桂林：《〈现代汉语词典〉四音节成语注音的按词分写问题》，《语言文字应用》2002年第3期。

立功赎罪 lì gōng shú zuì　建立功劳以抵消所犯罪过。

立功（839）lì//gōng　建立功绩。

赎罪（1266）shú//zuì　抵消所犯的罪过：将功～｜立功～。

还有一些成语中的构成成分，第5版《现汉》虽然没有单独立目，但是它们是词，甚至是古代汉语的词，这些成语中的构成成分也应连写，以全面贯彻“按词分写”的原则，但第5版《现汉》却采用了分写形式。像以下成语中加下划线的部分均以连写为宜。

筚路蓝缕 bì lù lán lǚ　《左传·宣公十二年》：“筚路蓝缕，以启山林。”意思是说驾着柴车，穿着破旧的衣服去开辟山林（筚路：柴车；蓝缕：破衣服）。形容创业的艰苦。

不胜枚举 bù shèng méi jǔ　无法一个一个全举出来，形容同一类的人或事物很多。

恍如隔世 huǎng rú gé shì　好像隔了一世，多用来形容对时间的变迁、事物的巨大变化的感慨。

生死攸关 shēng sǐ yōu guān　关系到人的生存和死亡（攸：所）。

失之东隅，收之桑榆 shī zhī dōng yú，shōu zhī sāng yú　比喻这个时候失败了，另一个时候得到了补偿（东隅：东方日出处，指早晨；桑榆：西方日落处……指傍晚）。

突如其来 tū rú qí lái　突然发生（突如：突然）。

再者，对于那些已经词化的成语，可以立足现代汉语的实际，考虑像“七老八十”等那样实行整体连写，而不是按音节分写，以免给人造成注音上支离破碎的感觉。笔者认为以下分写的条目均可改为整体连写。

不言而喻 bù yán ér yù	不亦乐乎 bù yì lè hū
过意不去 guò yì bù qù	焦头烂额 jiāo tóu làn é
久而久之 jiǔ ér jiǔ zhī	空空如也 kōngkōng rú yě
溜之乎也 liū zhī hū yě	十拿九稳 shí ná jiǔ wěn

万不得已 wàn bù dé yǐ　　忘乎所以 wàng hū suǒ yǐ
忘其所以 wàng qí suǒ yǐ　　微乎其微 wēi hū qí wēi
小小不言 xiǎoxiǎo bù yán　　一命呜呼 yī mìng wūhū
之乎者也 zhī hū zhě yě　　卿卿我我 qīng qīng wǒ wǒ

2. 该分写而连写

与上一种情况相反，第5版《现汉》有个别成语的注音将一些既不是古代汉语的词，也不是现代汉语的词的成分连写，这不仅不符合“按词分写”的原则，而且跟第5版《现汉》成语注音总体上重分不重合的做法相背。例如：

白衣天使 báiyī tiānshǐ　　白衣战士 báiyī zhànshì
抱薪救火 bàoxīn jiùhuǒ　　鞭打快牛 biāndǎ kuàiniú
草台班子 cǎotái bān · zi
拆东墙，补西墙 chāi dōngqiáng，bǔ xīqiáng
大鱼吃小鱼 dàyú chī xiǎoyú
狗嘴吐不出象牙 gǒuzuǐ tǔ · bu chū xiàngyá
鸡毛蒜皮 jīmáo suànpí　　极乐世界 jílè shìjiè
泥足巨人 nízú jùrén　　血海深仇 xuèhǎi shēnchóu
井水不犯河水 jǐngshuǐ bù fàn héshuǐ
迎头赶上 yíngtóu gǎnshàng　　月下老人 yuèxià lǎorén
长江后浪推前浪 Cháng Jiāng hòulàng tuī qiánlàng

（二）相类、相关的条目有失照应

第5版《现汉》的成语注音还有一个比较明显的疏漏，那就是相类、相关的条目注音方式本应相同，由于疏忽导致了相关、相类条目的注音不一致，失去照应。最主要的表现有以下几个方面。

其一，成语中的重叠音节（不管单音有无意义）大都连写，但有个别条目却与此相背。比较：

嗷嗷待哺 áo'áo dài bǔ
绰绰有余 chuòchuò yǒu yú
大腹便便 dà fù piánpián
富富有余 fùfù yǒu yú
衮衮诸公 gǔngǔn zhū gōng
济济一堂 jǐjǐ yī táng
空空如也 kōngkōng rú yě
默默无闻 mòmò wú wén
气势汹汹 qìshì xiōngxiōng
条条框框 tiáo · tiáo kuàng · kuàng
小小不言 xiǎoxiǎo bù yán
信誓旦旦 xìn shì dàndàn

蠢蠢欲动 chǔnchǔn yù dòng
刺刺不休 cìcì bù xiū
咄咄逼人 duōduō bī rén
耿耿于怀 gěnggěng yú huái
虎视眈眈 hǔ shì dāndān
斤斤计较 jīnjīn jìjiào
夸夸其谈 kuākuā qí tán
期期艾艾 qīqī ài'ài
死气沉沉 sǐqì chénchén
温情脉脉 wēnqíng mòmò
小心翼翼 xiǎoxīn yìyì

星星之火，可以燎原 xīngxīng zhī huǒ，kěyǐ liáo yuán

惺惺惜惺惺 xīngxīng xī xīngxīng

惺惺作态 xīngxīng zuò tài
洋洋大观 yángyáng dà guān
衣冠楚楚 yīguān chǔchǔ
忧心忡忡 yōu xīn chōngchōng
芸芸众生 yúnyún zhòng shēng
振振有词 zhènzhèn yǒu cí
蒸蒸日上 zhēngzhēng rì shàng

循循善诱 xúnxún shàn yòu
摇摇欲坠 yáoyáo yù zhuì
庸中佼佼 yōng zhōng jiǎojiǎo
跃跃欲试 yuèyuè yù shì
沾沾自喜 zhānzhān zì xǐ
振振有辞 zhènzhèn yǒu cí
众目睽睽 zhòng mù kuíkuí

步步为营 bù bù wéi yíng
陈陈相因 chén chén xiāng yīn
格格不入 gé gé bù rù
息息相关 xī xī xiāng guān

察察为明 chá chá wéi míng
多多益善 duō duō yì shàn
天网恢恢 tiān wǎng huī huī
息息相通 xī xī xiāng tōng

其二，有些成语中包含“数+名”成分或标数统括的成分，如果这些成分的性质是一样的，注音方式也应该统一标准，彼此照应。第5版《现汉》对这类成语的注音，似乎也缺乏通盘考虑。比较：

八面玲珑 bāmiàn línglóng	八面威风 bāmiàn wēifēng
九流三教 jiǔ liú sān jiào	六亲不认 liùqīn bù rèn
六神无主 liùshén wú zhǔ	七窍生烟 qīqiào shēng yān
七情六欲 qī qíng liù yù	三从四德 sāncóng sìdé
三纲五常 sāngāng wǔcháng	三姑六婆 sāngū liùpó
三教九流 sānjiào jiǔliú	三亲六故 sān qīn liù gù
三头六臂 sān tóu liù bì	三心二意 sān xīn èr yì
三言两语 sān yán liǎng yǔ	三灾八难 sān zāi bā nàn
十恶不赦 shí è bù shè	四面八方 sì miàn bā fāng
四面楚歌 sìmiàn Chǔ gē	四时八节 sì shí bā jié
五方杂处 wǔfāng zá chǔ	五行八作 wǔ háng bā zuō
五湖四海 wǔ hú sì hǎi	五劳七伤 wǔ láo qī shāng
五体投地 wǔ tǐ tóu dì	

其三，成语中的“牛头”与“羊头”、“马嘴”与“狗嘴”、“狗头”与“狗尾”等语言成分在结构上是同质的，注音也应相互照应，协调一致。第5版《现汉》对这类成语中的成分在注音上有失调之嫌。比较：

牛头不对马嘴 niú tóu bù duì mǎ zuǐ	
东风吹马耳 dōngfēng chuī mǎ'ěr	
凤毛麟角 fèng máo lín jiǎo	多如牛毛 duō rú niúmáo
狗尾续貂 gǒu wěi xù diāo	狗头军师 gǒutóu jūnshī
狗血喷头 gǒuxuè pēn tóu	
狗嘴吐不出象牙 gǒuzuǐ tǔ · bu chū xiàngyá	
挂羊头卖狗肉 guà yángtóu mài gǒuròu	
鸡毛蒜皮 jīmáo suànpí	尖嘴猴腮 jiān zuǐ hóu sāi
小肚鸡肠 xiǎo dù jī cháng	羊肠小道 yángcháng xiǎodào
羊毛出在羊身上 yángmáo chū zài yáng shēn · shang	

其四，成语中的同义构成成分注音方式应该相同，异形成语的注音更应一致，有的条目却出现了差失。比较：

长江后浪推前浪 Cháng Jiāng hòulàng tuī qiánlàng
后浪推前浪 hòu làng tuī qián làng
甘心情愿 gānxīn qíngyuàn　　心甘情愿 xīn gān qíng yuàn
红光满面 hóng guāng mǎn miàn　　满面红光 mǎn miàn hóngguāng
九流三教 jiǔ liú sān jiào　　三教九流 sānjiào jiǔliú
烈火见真金 lièhuǒ jiàn zhēnjīn
真金不怕火炼 zhēn jīn bù pà huǒ liàn
户枢不蠹 hù shū bù dù　　落花流水 luò huā liú shuǐ
流水不腐，户枢不蠹 liúshuǐ bù fǔ，hùshū bù dù
落叶归根 luò yè guī gēn　　秋风扫落叶 qiūfēng sǎo luòyè
损人利己 sǔn rén lì jǐ　　利己主义 lìjǐ zhǔyì
偷奸取巧 tōu jiān qǔ qiǎo　　投机取巧 tóujī qǔqiǎo
万事俱备，只欠东风 wàn shì jù bèi，zhǐ qiàn dōng fēng
东风吹马耳 dōngfēng chuī mǎ'ěr
血海深仇 xuèhǎi shēnchóu　　深仇大恨 shēn chóu dà hèn
元元本本 yuányuánběnběn　　原原本本 yuányuán-běnběn
源源本本 yuányuánběnběn　　自我批评 zìwǒ pīpíng
自我作古 zì wǒ zuò gǔ

其五，第5版《现汉》对成语中的专名实行大写，但从个别条目看，这条原则贯彻不够彻底，出现了该大写而没有大写的条目。例如：

白山黑水 báishān　hēishuǐ　长白山和黑龙江，指我国东北地区。(比较：巴山蜀水 Bā shān Shǔ shuǐ　巴、蜀一带的山水，指重庆、四川一带)

福如东海 fú rú dōnghǎi　福气像东海一样无边无际。用作对人的祝颂（多与“寿比南山”连用)。(“东海”属专名，应大写)

沆瀣一气 hàng xiè yī qì　唐代崔瀣参加科举考试，考官崔沆取中了他。于是当时有人嘲笑说，“座主门生，沆瀣一气”（见于钱易《南部新书》）。后来比喻臭味相投的人结合在一起。（“沆”和“瀣”是人名，应大写）

寿比南山 shòu bǐ nánshān　寿命像终南山一样长久。用作对老年人的祝颂（多与“福如东海”连用；南山，指终南山，在陕西省安南）。（“南山”属专名，应大写）

太岁头上动土 tàisuì tóu · shang dòng tǔ　比喻触犯有权势或强有力的人。参看〖太岁〗②。(【太岁】②传说中神名。……“太岁”应大写)

泰山北斗 Tài Shān běidǒu　比喻德高望重或有卓越成就而为众人所敬仰的人。（“北斗”指“北斗星”，属专名，应大写）

其六，带“者”字的成语，大都将“者”字单独分写，有一个条目却将“者”字跟前面的成分连写，而分写和连写没有结构上的依据，因为它们的结构是相同的。比较：

当局者迷 dāng jú zhě mí　　能者多劳 néng zhě duō láo

近朱者赤，近墨者黑 jìn zhū zhě chì jìn mò zhě hēi

旁观者清 páng guān zhě qīng　　始作俑者 shǐ zuò yǒng zhě

仁者见仁，智者见智 rén zhě jiàn rén，zhì zhě jiàn zhì

识时务者为俊杰 shí shíwù zhě wéi jùnjié

有志者事竟成 yǒu zhì zhě shì jìng chéng

言者无罪，闻者足戒 yánzhě wú zuì，wénzhě zú jiè

（三）个别条目注音有误

将“大包大揽”注音为“dǎ bāo dà lǎn”，第一个“大”注音失误，声调应注去声，而不应该注上声。

将“一塌糊涂”注音为“yītāhútú”，“涂”应注轻声。第 5 版《现汉》576 页“糊涂”注音为“hú · tu”，可参。

主要参考文献：

[1] 语文出版社编：《语言文字规范手册》，语文出版社 2006 年版。

[2] 温端政：《汉语语汇学》，商务印书馆 2005 年版。

[3] 晁继周：《语文词典论集》，商务印书馆 2005 年版。

[4] 周有光：《语文闲谈》，生活·读书·新知三联书店 1995 年版。

[5] 张军：《〈现代汉语词典〉注音拼写的连写分写问题》，《辞书研究》2000 年第 2 期。

[6] 王金鑫：《〈现代汉语词典〉中的成语注音问题》，《辞书研究》2000 年第 4 期。

[7] 王吉辉：《关于固定语条目的注音》，《语文建设》2001 年第 5 期。

[8] 余桂林：《〈现代汉语词典〉四音节成语注音的按词分写问题》，《语言文字应用》2002 年第 3 期。

第 5 版与第 4 版 《现代汉语词典》异体字整理比较分析*

第 5 版《现代汉语词典》（以下简称第 5 版）在一开头的说明中指出，“全面正确地执行国家的语言文字规范和科技术语规范”是本版词典的“重要原则”，按此原则词典作了精审的修订，比如调整收词、增加新词新义、删减陈旧且较少使用的词语、给词标注词类等。本文将第 5 版与第 4 版《现代汉语词典》（以下简称第 4 版）进行比较，对异体字收录和处理上的修订和改动进行分类描述并探讨这些改动的合理性问题。

先看词典凡例中有关异体字的说明。第 5 版的说明如下：“本词典单字条目所用汉字形体以现在通行的为标准。繁体字、异体字加括号附列在正体之后；既有繁体字又有异体字时，繁体字放在前面。括号内的字只适用于个别意义时，在字前加上所适用的义项数码，如：彩（②綵）。”第 4 版的说明则为：“本词典单字条目所用汉字形体以现在通行的为标准。异体字（包括繁体字）加括号附列在正体之后。括号内的异体字只适用于个别意义时，在异体字前头加上所适用的义项数码，如：彩（②綵）。”

比较这两个说明可以发现，第 4 版不区分异体字和繁体字，把繁体字包括在异体字当中，只是说“异体字（包括繁体字）加括号附列在正体之后”，对其前后次序未作明确说明，在处理中也存在混乱现象，有繁体在前

* 本文曾刊于《中国文字研究》2007 年第一辑，总第八辑。此处题目修改了个别文字。

异体在后的，如“宾（賓賔）”；也有异体在前繁体在后的，如“冲[1]（沖衝）”。相比之下，第5版的阐释更为明确：“繁体字、异体字加括号附列在正体之后，既有繁体字又有异体字时，繁体字放在前面。”有了这个说明，对照《简化字总表》，凡见于《简化字总表》的繁体字放在前面，相应的异体放在后面，没有繁体的，只列异体。词典正文的处理也更加规范明晰，如“宾（賓賔）、冲[1]（衝沖）、瓶（缾）、碰（掽踫）”等。

第5版所做的这种改动实践了前言中“全面正确地执行国家的语言文字规范和科技术语规范”的原则，与国家的规范标准契合，字表和字典取得了一致，规避了人们用字时可能造成的某些混乱。是否所有改动都合规范、合现实呢？下面对两版异体字收录和处理上的变动试作穷尽式的比较分析。

据笔者统计，第5版和第4版在异体字收录、处理方面的变动共有110处。这些不同可以分为以下10种情况。

一　正体后括列的字调整前后次序

此类字组有19个，占全部改动的17.3%。如表1所示。

表1

第4版	第5版
厂（厰廠）	厂（廠厰）
冲[1]（沖衝）	冲[1]（衝沖）
㧑（撝撝）	㧑（撝撝）
回[1]（囘囬①迴廻）	回[1]（①迴廻囘囬）
伙[2]（火夥）	伙[2]（夥火）
历[2]（厤曆歴）	历[2]（曆厤歴）

续 表

第 4 版	第 5 版
启(啟啓)	启(啓啟)
岁(嵗歲歳)	岁(歲嵗歳)
伪(偽僞)	伪(僞偽)
沩(溈潙)	沩(潙溈)
为(為爲)	为(爲為)
艻(蔿蘤)	艻(蘤蔿)
胁(脅脇)	胁(脅脇)
隰(隰隰)	隰(隰隰)
杂(雑雜襍)	杂(雜襍雑)
毡(氊氈)	毡(氈氊)
总(総總)	总(總総)
汇[1](滙匯②③彙)	汇[1](匯②③彙滙)
汇[2](滙匯)	汇[2](匯滙)

从表 1 可以看出，第 5 版对括号内的字的前后顺序作了调整，其中“廠”“衝”“搗”“迴”“匯”“彙”“夥”“曆”“啓”“歲”“僞”“潙”“爲”“蘤”“脅”“隰”“雜”“氈”“總”等皆见于《简化字总表》，在第 4 版中这些繁体字或放在异体后，如“厂”“启”“为”等字组；或夹在异体字中间，如“回”“岁”等字组，显得有些芜杂。第 5 版则把这些繁体字都排在了相应的异体字之前，取得了整齐划一的效果，避免了人们用字时辨识繁体、异体的麻烦，并与“凡例”在此问题上的说明相合。

二　个别异体字形稍有变化

此类字组有两个，即创（創㓨刱）（第4版）→创（創刅刱）（第5版）、误（悮）（第4版）→误（悞）（第5版），占全部改动的1.8%。“刅”和“㓨”按汉字构形学的理论，属于笔画微异的异写字，没有构字理据的差异，只是书写上的因素（这里主要是笔形）造成了不同，在这个层面上无法分辨孰优孰劣。再考察它在相关字表中的收录情况，对照《第一批异体字整理表》（以下简称《一异表》发现，《一异表》中收录的正是“刅”这一字形，这样我们就为第5版取“刅”舍“㓨”这一改动找到了依据。“悮”和“悞”属于新旧字形的不同。

三　正异体之间的全同、包孕、交叉关系变化

此类字组有12个，占全部改动的10.9%。如表2所示。

表2

第4版	第5版
它（牠）	它（①牠）
藤（籐）	藤（①籐）
页（葉）	页（①②葉）
茵（裀）	茵（①裀）
算（祘）	算（①-⑨祘）
皓（皜）	皓（①②皜）
筱（篠）	筱（①②篠）

续 表

第 4 版	第 5 版
吟(唫)	吟(①-③唫)
弦(②絃)	弦(①②絃)
宁(甯)níng(宁另有 nìng 音)	宁(①-④甯)níng(宁另有 nìng 音)
俟(竢)sì(俟另有 qí 音)	俟(①竢)sì(俟另有 qí 音)
专(①②耑)zhuān(耑另有 duān 音)	专(①-④耑)zhuān(耑另有 duān 音)

说明：字组中凡没有变化的繁体、异体皆不罗列，如“页”的繁体“頁”，另一个异体“葉”在两版中均无变化，举例时不予罗列，其他的字例同此处理。

按照音义关系的不同，正体与异体之间有全同关系、包孕关系和交叉关系。前后对比发现前 8 组在第 4 版中是全同关系，到第 5 版中变为包孕关系：“它”“藤”“页”“茵”“算”“皓”“筱”“吟”分别增加了“姓”这一义项。

“弦”组两版中都是单音包孕关系，但第 5 版中包孕的义项增加了：第 4 版中只有一个义项“（～儿）乐器上发声的线，一般用丝线、铜丝或钢丝等制成”；到第 5 版中增加了一个义项“弓背两端之间系着的绳状物，用牛筋制成，有弹性”。

“宁”组，“宁”有两个读音，分别为 níng 和 nìng，第 4 版中在这两个音上都有异体字“甯”，nìng 音又分为“宁^1”和“宁^2”，“宁^2”只有“姓”义，是一组多音典型异体字；到第 5 版中“宁”在 níng 音增加了“姓”这一义项，整个字组变成多音包孕关系。

“俟”组两版中都为多音包孕关系，在第 4 版中，在 sì 音的“〈书〉等待”义上，“俟”与“竢”形成异体关系；到第 5 版中，正体“俟”在 sì 音上增加了义项“姓”，于是只在义项“〈书〉等待”上与“竢”形成异体关系。

“专”组两版中都为交叉关系，但在第 5 版中交叉的义项增多了：第 4 版中仅有两个义项，即“集中在一件事情上的”和“独自掌握和占有”；第

5版中多了两个义项，即“在学术技能某方面有特长”和“光，只，专门”。

以上字例体现了义项增多的变化，增加的这些新义项多为第4版漏收，第5版补录。

四　整组异体字增删

整组增加或删除的有4组，占全部改动的3.6%。先看整组删除的，有3组，占全部改动的2.7%，它们是：豝（犯）、牕（牎）、嬗（覅）。“豝（犯）”组，按《说文·豕部》：“豝，牝豕也，从豕巴声。一曰一岁能相把拏也。”《汉语大字典》：“豝　①母猪。②一岁的猪。③古代渔阳称大猪为豝。④同‘羓’，干肉。”《汉语大字典》：“犯　同‘豝’。①母猪。②腊肉。③野兽名。”“嬗（覅）”组，《汉语大字典》只收“覅”，不收“嬗”，“覅”是一个方言词，表示否定，相当于“不曾、未曾”。“牕（牎）”组，《汉语大字典》：“牕　同‘囱（窗）’，窗户。《洪武正韵·阳韵》：‘牕，亦作‘囱’。”《汉语大字典》：“牎　同‘囱（窗）’，窗户。《玉篇·片部》：‘牎，牎牖也。’《集韵·江韵》：‘囱，或作窗、牎。’”

现代汉语词典收字应立足实用性。利用北京大学中国语言学研究中心的现代汉语语料库对这几个字进行检索，正体字头和括列异体都没有用例，这说明它们在现代汉语层面的使用频率很低，现实性、实用性不强。另外，作为一本规范词典，收字要符合国家相关规范标准，这一点第5版前言中也有明确的说明。对照现行规范汉字依据之一的《现代汉语通用字表》，正体字头和括列异体皆不见于字表。基于这两点，第5版直接删除这三组字是合理的。

再来看增加的，只有1组：“坉（堳）”，占全部改动的0.9%。“坉”见于《汉语大字典》，义为“寨子”，主要用于地名，如“石坉”“坉脚镇”，都在贵州省，皆见于《中华人民共和国地名大词典》。第4版无“坉”字头，第5版新增。作为中型规模的语文辞书酌收一定量的地名用字可以提高辞书的效用。

五　正体后括列异体的数量变化

此类字组有 7 个，占全部改动的 6.4%。如表 3 所示。

表 3

第 4 版	第 5 版
怵(怴)	怵(φ)
逗[1](鬥鬦鬭)	逗[1](φ)
阁(②閤)	阁(φ)
鞧(鞦)	鞧(φ)
画[2](劃)	画[2](φ)
颖(φ)	颖(頴)
皓(皜)	皓(①②皜暠)

说明：“φ”表示此字头没有异体，下同。

本类又可以分为两种情况，一是括列异体减少，一是括列异体增多。括列异体减少的，即表 3 中的前 5 组，占全部改动的 4.6%。先看“怵”组，“怵”和“怴”属于笔画微异的异写字，不存在构字理据的差别，只是书写上的因素——笔形有不同。《汉语大字典》不收“怴”字，说明这个字在历时发展过程中的使用范围和频率都是有限的，在现代汉语这一共时层面更是难觅其踪。

“逗”组，按《简化字总表》，“鬥”是“斗”的繁体字，按《第一批异体字整理表》“鬦”“鬭”是“鬥”的异体。“斗”和“逗”之间由于音同而有借用，但因此就把“斗”的异体直接“移植”过来作为“逗”的异体是不合适的。

“阎”组，第4版中“闫”是“阎”的包孕异体，在义项②“姓”上形成异体关系。第5版中“阎”不再括列异体，但在“阎”字的第二个义项中加注进行了说明：“②姓（近年来也有俗写作闫的）”。第5版不把“闫”作为括列异体，而是根据当前的使用情况，在释义中加以说明。

“鞧”组，两版的处理对比如表4所示。

表4

第4版	第5版
秋　…… 鞧(鞦)①见527页“后鞧”。 ②〈方〉收缩：~着眉毛。 鞦 见〖鞦韆〗。	秋^{1}…… 秋^{2}(鞦)见〖秋千〗。 【秋千】(鞦韆)…… 鞧①见570页“后鞧”。 ②〈方〉收缩：~着眉毛。

按《简化字总表》“鞦”是“秋”的繁体字，在第4版中对此没有体现：“秋”立为字头后无任何括列繁体、异体；“鞧”字头下将“鞦”括列为异体，下文“鞦”又作为单立字头出现。既然是被淘汰的括列异体，就不宜再立为具有通行字性质的字头，这种处理有混乱之嫌。到第5版中“鞦”作为“秋^{2}”的繁体字这一点体现出来，“鞧”字头不再括列“鞦”为异体，亦无“鞦”字头，仅在“【秋千】”这一词条后列“(鞦韆)”，即“【秋千】(鞦韆)”，表明两个词是异形词关系。这种处理字际关系明确，更为合理。

“画”组，按《简化字总表》，“畫”是“画”的繁体字，“劃”是“划”的繁体字。两版的处理对比如表5所示。

表5

第4版	第5版
划^{2}(劃)同“画^{2}”。 画^{2}(畫劃)……	划^{2}(劃)同“画^{2}”。 画^{2}(畫)……

第4版中，“劃”既是“划^{2}”的繁体，又是“画^{2}”的异体。到第5版中先在“划^{2}”字头下括列繁体“劃”，然后在释义中用“同”来沟通和“画^{2}”的同用关系，“画^{2}”后只括列繁体“畫”，不再括列“劃”，这样字际关系就清楚多了。至于用“同”来沟通两字的同用关系，这种做法体现了与括列式在处理层次以及词典对其认定和推荐度上的不同。直接括列在字头之后的作为精简、淘汰的对象。先立为字头再在释义中用“同”沟通它同某字的同用关系的，词典认定其通行字的地位，准予使用，但推荐使用“同”后联结的字。以“画”组为例，“划^{2}（劃）同‘画^{2}’”，即认定“划^{2}”的通行字地位，在此意义上推荐使用“画^{2}”。

第二种情况是括列异体增多，即表3中的后两组，占全部改动的1.8%。先看“颖”组，《汉语大字典》中已经沟通了“颖”和“頴”的异体关系，《第一批异体字整理表》亦收录了此组字，第5版增收“颖(頴)”。

“皓”组比较特殊，既有括列异体增多的变化，也有正异体音义关系的变化。“皓（皜）”在第4版中是全同关系，到第5版中变为包孕关系：“皓”增加了“姓”这一义项。另外，“暠”字在第4版中立为字头，释为“同‘皓’”，即认定“暠”的通行字地位，推荐使用“皓”。然而“暠”是否具有通行字的性质呢？先看它的现实使用情况，从北京大学中国语言学研究中心的现代汉语语料库中检索不到用例；对照《现代汉语通用字表》也没有发现它的身影。没有实际用例的支撑又缺乏规范标准的印证，到第5版中“暠”字不再立为字头而是直接括列在“皓”字头之后，这是可取的。

六　同形字头分合变化

此类字组有4个，占全部改动的3.6%。

先看“帖”组，如表6所示。

表6

第4版	第5版
帖^1　（贴）①服从，顺从。②妥当，稳当。 帖^2　姓。 贴^1　①把薄片状的东西粘在另一个东西上。②紧挨。③贴补。④津贴。⑤膏药一张叫一贴。 贴^2　同帖^1。	帖　①服从，顺从。②妥当，稳当。③姓。 贴^1　①把薄片状的东西粘在另一个东西上。②紧挨。③贴补。④津贴。⑤膏药一张叫一贴。 贴^2　同“帖”①②。

第4版中的“帖”立为两个同形字头“帖^1”“帖^2”，只在“帖^1”后括列异体“贴”，到第5版中“帖^1”“帖^2”合为一个字头，不再括列异体，同时，“贴”立为两个同形字头“贴^1”“贴^2”，并在“贴^2”的释义中用“同”来沟通和“帖”的同用关系。第4版中“贴”既作为括列异体，又立为字头的做法，容易造成混乱，第5版“贴”不再作为“帖”的括列异体，仅在“贴^2”字头下用“同”来沟通和“帖”的同用关系，表明工具书在“服从，顺从”和“妥当，稳当”这两个意义上认定“贴”的通行字地位，推荐使用的是“帖”，这种处理更为明晰。

“哪”组，第4版中“哪”读“nǎ”时分立为两个同形字头：“哪^1（那）”“哪^2（那）”，一个表示疑问，一个表示反问；到第5版中合并为一个字头“哪（那）”，统释为疑问代词。

“玳”组，两版的处理对比如表7所示。

表7

第4版	第5版
玳（瑇）见下。 【玳玳花】同“代代花”。 【玳瑁】爬行动物……	玳^1（瑇）[玳瑁]爬行动物…… 玳^2[玳玳花]同“代代花”。

第4版中“玳”立为一个字头并括列异体“瑇”，到第5版中，“玳”分化为两个同形字头“玳[1]”“玳[2]”，只在“玳[1]”后括列异体“瑇”。“瑇”只是在表示“玳瑁”这一意义的时候是“玳”的异体，在表示“玳玳花”的意义时与“玳”不存在异体关系。“玳瑁”是一种动物，甲壳可以用来做工艺品，而“玳玳花”是一种常绿灌木，可以用来熏茶和制香精，在意义上没有联系，分立为两个字头更为科学。

“秋”组，两版的处理对比如表8所示。

表8

第4版	第5版
秋(烁) ①秋季。②庄稼成熟或成熟时节。③指一年的时间。④指某个时期(多指不好的)。⑤姓。	秋[1](烁) ①秋季。②庄稼成熟或成熟时节。③指一年的时间。④指某个时期(多指不好的)。⑤姓。 秋[2](鞦)见〖秋千〗。

第4版中“秋”立为一个字头并括列异体“烁”，到第5版中，“秋”分化为两个同形字头“秋[1]”“秋[2]”，只在“秋[1]”后括列异体“烁”。“秋千”的“秋”与“烁”不存在异体关系，分立为两个字头更为科学。

七　括列异体的对应正体变化

这种情况只有1组，即碱（鹻堿）（第4版）→硷（鹼鹻礆）（第5版），占全部变动的0.9%。“鹻”在第4版中为“碱”的括列异体，到第5版中成为“硷”的括列异体，“碱”字头后只括列“堿”，这种处理与《一异表》取得了一致。《王力古汉语字典》“鹻　同‘鹼’”，沟通的也是“硷（鹼）”和“鹻”的同用关系。不过，《简化字总表》在第一表《不作简化偏旁用的简化字》中收“硷［鹼］”，第二表《可作简化偏旁用的简化字和简化偏旁》中收“佥”为“僉”的简化字，而第三表《应用第二表所列简化字和简化偏旁得出来的简化字》中未将“礆”字类推简化作“硷”。“《简化字表》并不是一个严格封闭的字表……其中个别繁体字在《简化字表》中找不到它的简化字形，而构成该繁体字形的偏旁已经简化，那么一般来说，这个繁体字形也应该根据偏旁类推简化的原则予以简化。”① 据此，“礆”宜看作“硷”的繁体，硷（鹼鹻礆）的字序应调整为硷（礆鹼鹻）。

八　正体变异体，异体变正体

这种情况有两组，即嘮（圐）（第4版）→圐（嘮）（第5版）、喻（圙）（第4版）→圙（喻）（第5版），占全部变动的1.8%。按《汉语大字典》“圐”和“圙”字头下只有“圐圙”一个词条，释为“蒙古语指围起来的草场，多用于村镇名，如：马家～（在内蒙古）。也作‘嘮喻’。今多译作‘库伦’”。“嘮”释为“同謾”。《字汇·口部》：“嘮，俗謾字。”“喻”字头收“嘮喻”词条，释义同“圐圙”。可见“圐圙”是一个外来词，源语为蒙古语。由于“嘮”还有别的用法，在记录“围起来的草场”的意义时用“圐圙”，将“圐”和“圙”立为正体字头，分别括列“嘮”“喻”，这种做法更为合理。

九　第4版的两个字头，第5版一个作为另一个的异体括列

用X、Y代表第4版的两个字头，这种变化可以用公式表示为：X、Y（第4版）→X(Y)（第5版）。此类字组有6个，占全部改动的5.5%。如表9所示。

① 李行健、费锦昌：《语言文字规范使用指南》，上海辞书出版社2001年版，第47页。

表 9

第 4 版	第 5 版
动 …… 働 用于"劳働",同"劳动"。	动(②働) …… 注意 "働"是"劳动"的"动"的异体字。
果[1]…… 菓 同果[1]①,用于"水菓"、"红菓儿"等。	果[1](①菓) …… 注意 "菓"是"水果"、"红果儿"的"果"的异体字。
憔 [憔悴]形容人瘦弱,面色不好看。也作顦顇。 顦 [顦顇]同"憔悴"。	憔(顦) [憔悴](蕉萃)……
悴 〈书〉①忧伤。②衰弱不振。 顇 见[顦顇]。	悴(顇) 见[憔悴]。
撰 写作。 譔 同"撰"。	撰(譔)
餬 粥类。 糊[3] 同"餬"。	糊[3](餬)

先看"动""果"两组,"働""菓"在第4版中都是正体字头,分别释为"用于'劳働',同'劳动'"和"同果[1]①,用于'水菓'、'红菓儿'等"。到第5版中"働""菓"成为"动"和"果"的括列异体,而且在释义中加了"注意",明确说明"働"是"劳动"的"动"的异体字,"菓"是"水果""红果儿"的"果"的异体字。"働"只能用于"劳动","菓"只能用于"水果""红果儿",使用范围比较窄,且皆不见于《现代汉语通用字表》,第5版直接括列在正体之后并在释义中加以说明的处理相比之下更为合理。

"憔""悴"两组,第4版中"顦""顇"各自立为字头,第5版则直接括列在"憔""悴"字头后。《一异表》推荐词形"憔悴"后只收"蕉萃"无"顦顇"。第5版将"顦""顇"分别括列在正体字头"憔""悴"之后,正条"[憔悴]"后只列"(蕉萃)",删除了"顦顇"这一词条。

再看"撰"组,仍然按照现实使用情况和是否合于规范两个标准来考察，北京大学中国语言学研究中心的现代汉语语料库检索不到“谋”字的用例，亦不见于《现代汉语通用字表》。没有实际用例的支撑又缺乏规范标准的印证，第5版不再立为字头而是直接括列。

“糊”组比较特殊，“餬”在第4版中立为字头，是“粥类”这一意义的推荐字形。到第5版中不再立为字头，在“粥类食品”的意义上作为“糊”的异体括列。两版的处理对比，如表10所示。

表10

第4版	第5版
餬　粥类。 【餬口】勉强维持生活。也做糊口。 糊^{1}　用黏性物把纸、布等粘起来或粘在别的器物上。 糊^{2}　同“煳”。 糊^{3}　同“餬”。	糊^{1}　用黏性物把纸、布等粘起来或粘在别的器物上。 糊^{2}　同“煳”。 糊^{3}（餬）　粥类食品。

“糊”见于《现代汉语通用字表》，从北京大学中国语言学研究中心的现代汉语语料库可以检索到15102个用例，而“餬”不见于《现代汉语通用字表》，且《一异表》早已整理了“糊（餬）”组，第5版的处理不仅更符合实际使用状况，而且与相关规范标准取得了一致。

十　第4版中的正体字头和括列异体在第5版都立为字头

用X、Y代表第4版的正体字头和括列异体，这种变化用公式可以表示为：X（Y）（第4版）→X、Y（第5版）。此类字组共53个，占全部改动的48.2%，其中Y立为字头后在释义中用“同”来沟通和X的同用关系的有45组，占全部变动的40.9%，是这类变化的大多数。另外的8组，Y立为字头后释义中不注“同”，占全部变动的7.3%。

（一）释义中用“同”沟通

此类字组有以下 45 个。

欣（訢）xīn → 訢 同欣。

熇（焅）kào → 焅 同熇。

壹（弌）yī → 弌 同一。

凼（氹）dàng → 氹 同凼。

鳅（鰌）qiū → 鰌 同鳅（泥鳅）。

哎（嗳）āi → 嗳 同哎。另有 ǎi、ài 音。

鲅（鲌）bà → 鲌〈书〉同鲅。另有 bó 音。

吧（罢）ba → 罢 同吧（ba）。另有 bà 音。

秤（称）chèng → 称 同秤。另有 chèn、chēng 音。

绸（紬）chóu → 紬 同绸。另有 chōu 音。

㘎（阚）hǎn → 阚〈书〉同㘎。另有 kàn 音。

嘿（嗨）hēi → 嗨 同嘿。另有 hāi 音。

隳（堕）huī → 堕〈书〉同隳。另有 duò 音。

夹（②挟）jiā → 挟 同夹（jiā）②。另有 xié 音。

糨（浆）jiàng → 浆 同糨（jiàng）。另有 jiāng 音。

锔（锯）jū → 锯 同锔①。另有 jù 音。

屩（蹻）juē → 蹻〈书〉同屩。另有 qiāo 音。

嗑（齣）kè → 齣 同嗑。另有 qiā 音。

啃（龈）kěn → 龈 同啃。另有 yín 音。

适（适）kuò → 适 ①同适。另有 shì 音。

吗（么）ma → 么 ①同吗。另有 me 音。

嘛（么）ma → 么 ②同嘛。另有 me 音。

碾（辗）niǎn → 辗〈书〉同碾。另有 zhǎn 音。

耙（钯）pá → 钯 同耙（pá）。另有 bǎ 音。

泊（泺）pō → 泺 同泊（pō）。另有 luò 音。

曝（暴）pù → 暴〈书〉同曝。另有 bào 音。

诮（谯）qiào → 谯 同诮。另有 qiáo 音。

缫（缲）sāo → 缲 同缫。另有 qiāo 音。

帅²（率）shuài → 率² ④同帅²。另有 lǜ 音。

碨（硙）wèi → 硙〈方〉同碨。另有 wéi 音。

璺（纹）wèn → 纹 同璺（wèn）。另有 wén 音。

铦（锬）xiān → 锬 同铦。另有 tán 音。

现（⑤见）xiàn → 见〈书〉同现⑤。另有 jiàn 音。

曳（拽）yè → 拽 同曳。另有 zhuāi、zhuài 音。

崽（仔）zǎi → 仔 ①同崽。另有 zī、zǐ 音。

坂（阪）bǎn → 阪 ①〈书〉同坂。②大阪，日本地名。

燕²（讌）yàn → 讌〈书〉①聚在一起叙谈。②同宴①②。

倘（儻）tǎng → 傥 ①〈书〉同倘（tǎng）。②见〖倜傥〗。

食（⑥蚀）shí → 蚀 ①损失；损伤；亏耗：～本｜侵～｜腐～｜剥～②同食⑥。

呵²（訶）hē → 诃¹ ①同呵²（hē）。②姓。

诃² ［诃子］（hēzǐ）①常绿乔木……②这种植物的果实。

玩¹（顽）wán → 顽¹ ①愚蠢无知：冥～不灵。②不容易开导或制服：～敌。③顽皮：～童。④姓。

顽² 同玩¹。

抄¹（①钞）chāo → 钞¹ ①指钞票：现～。②姓。

钞² 同抄¹①。

嗖（飕）sōu → 飕¹〈方〉风吹（使变干或变冷）：馒头让风干～了。

飕² 同嗖。

唬（虎）hǔ → 虎¹ ①哺乳动物……②比喻勇猛威武：～将｜～～有生气。③〈方〉露出凶相：～起脸。④姓。

虎² 同唬。另有 hù 音。

趼（繭）jiǎn → 茧[1] 某些昆虫的幼虫在变成蛹之前吐丝变成的壳，通常是白色或黄色的。蚕茧是缫丝的材料。

茧[2]（繭）同趼。

第4版的这些括列异体或者另有读音，或者另有意义，或者有了字头分合的变化，或者有姓名、地名等特殊用法。如“坂”组，“坂（阪岅）”是《一异表》发布之初收录的一组异体字，1956年3月中华人民共和国文化部、中国文字改革委员会发布了《修正〈第一批异体字整理表〉“阪”“挫”二字的通知》，将“坂（阪岅）”修改为“坂（岅）”，恢复了“阪”的规范字地位，《现代汉语通用字表》亦收“阪”字，主要用在日本地名“大阪”一词中。第4版及之前的各版次一直列为“坂（阪）”。“把‘阪’作为‘坂’的异体字处理，从字源学角度来说，这没有什么不对的，但考虑在现行汉字中‘阪’字还通行——大概主要用于日本城市名‘大阪’，‘阪’似应独立字头”①。第5版将“阪”单列为字头，义项①沟通同“坂”的同用关系，义项②指出用于地名的特殊用法，认定其通行字的性质，示同存异，更为科学。

还有一些字见于《简化字总表》，如“鳅”组，《一异表》将“鰌”作“鳅”的异体字，《简化字总表》简化为“䲡”，改作规范字；“欣”组，《一异表》将“訢”作“欣”的异体字，《简化字总表》简化为“䜣”，改作规范字；“宴”组，《一异表》将“讌”作“宴”的异体字，《简化字总表》简化为“𬤇”，改作规范字；另有“绸”组，《一异表》已不再把“紬”作为“绸”的异体括列，《简化字总表》将“紬”简化为“䌷”，改作规范字。

由此可见，把这些字直接括列在正体字头之后淘汰是不科学的，它们的一些音义和用法在现实表达中仍有需要，因此先立为字头，在释义中用“同”来沟通和推荐字形在某些音义上的同用关系，分条处理，这种编排方式便于对正异体关系做出恰如其分的描述，更符合人们实际用字的需要。

---

① 厉兵：《谈谈〈现代汉语词典〉的收字》，《语言文字应用》1997年第1期。

（二）释义中不注“同”

释义中不注“同”的有8组。如表11所示。

表11

第4版	第5版
剒(斮)	剒 cuò 斮 zhuó
浅(濺)	浅 qiǎn jiān 濺 jiàn
磕(搕)	磕　①碰在硬东西上。②磕打。 搕　把东西向别的东西上碰,使附着的东西掉下来。
沅(㵲)	沅　沅水,水名,沅江的支流,上源在贵州,叫㵲阳河。 㵲　㵲阳河,水名,发源于贵州,流到湖南叫沅水。
殨(溃)	溃　(疮)溃烂。 【溃脓】(殨脓)(疮)溃烂化脓。 殨　见〖溃脓〗(殨脓)。
硗(墝)	硗　见下。 【硗薄】〈书〉土地坚硬不肥沃;贫瘠。 垸(墝)〈书〉土地不肥沃。
砣(①铊)	砣　①秤砣。②碾砣。③用砣子打磨玉器。 铊　秤砣;秤锤。另有 tā 音。
审²(讅)	审²〈书〉知道。 谉〈书〉知道。

如表11所示，“剒”和“斮”、“浅”和“濺”读音不同，不符合异体字“音同”这一基本属性，两字不构成异体关系。

“磕”“搕”的意义不同，不符合异体字“义同”这一基本属性，两字不构成异体关系。

“沅（㵾）”组，虽然是同一条河流，但在不同的流域有不同的名称，不宜将一字作为另一字的异体括列淘汰。

“砣（①铊）”组，两字意义有所不同，而且“铊”另有读音，《现代汉语通用字表》亦收“铊”，故分立字头。

“审²（讅）”组，《一异表》将“讅”作“审”的异体字，《简化字总表》收“讅”，简化为“谉”，改作规范字，故立为字头。

第5版对第4版的所有改动，本着以下两点基本都可以找到根据：其一，要体现语言事实的动态发展，体现词典的现实性和实用性；其二，要符合国家相关的规范标准，彰显规范词典的性质。词典要客观忠实地记录语言现象，语言的发展和变化应当在不断的修订当中体现出来，实现词典的备查功能；作为一本规范词典，又要与国家颁布的相关规范标准一致，全面而正确地执行国家的语言文字规范和科技术语规范。具体到异体字的问题，要清晰地体现词典处理异体字的意见与倾向，对正体字形的应用进行引导。基于这些因素，第5版对异体字所做的改动是值得肯定的。

主要参考文献：

[1] 陈建裕：《建国以来异体字研究概说》，《西藏大学学报》（汉文版）2001年第2期。

[2] 陈抗：《评〈现代汉语词典〉对异体字的处理》，《中国语文》1994年第4期。

[3] 程荣：《规范型汉语辞书的异体字处理问题——〈现代汉语规范字典〉编写札记（上）》，《语文建设》1998年第6期。

[4] 程荣：《规范型汉语辞书的异体字处理问题——〈现代汉语规范字典〉编写札记（下）》，《语文建设》1998年第7期。

[5] 程荣：《辞书编纂中的语文规范问题——〈现代汉语规范字典〉规范特点述要》，《辞书研究》1999年第3期。

[6] 崔乃夫：《中华人民共和国地名大词典》，商务印书馆2002年版。

[7] 丁方：《关于〈现代汉语词典〉修订本的规范问题——兼论语文辞书的规范化》，《福州师专学报》（社会科学版）1998 年第 3 期。

[8] 高更生：《汉字研究》，山东教育出版社 2000 年版。

[9] 高更生：《现行汉字规范问题》，商务印书馆 2002 年版。

[10] 汉语大字典编辑委员会：《汉语大字典》，湖北辞书出版社、四川辞书出版社 1986 年版。

[11] 姜艳萍：《待规范典型异体字的整理》，《山东师范大学学报》（社会科学版）1996 年第 1 期。

[12] 厉兵：《谈谈〈现代汉语词典〉的收字》，《语言文字应用》1997 年第 1 期。

[13] 李行健、费锦昌：《语言文字规范使用指南》，上海辞书出版社 2001 年版。

[14] 李义琳、林仲湘：《〈现代汉语词典〉修订本的字形处理》，《语文建设》1997 年第 5 期。

[15] 刘延玲：《近五十年来异体字研究与整理状况综述（上）》，《辞书研究》2001 年第 5 期。

[16] 刘延玲：《近五十年来异体字研究与整理状况综述（下）》，《辞书研究》2001 年第 6 期。

[17] 裘锡圭：《文字学概要》，商务印书馆 1988 年版。

[18] 邵文利：《〈第一批异体字整理表〉存在的主要问题及其原因》，《语言文字应用》2003 年第 1 期。

[19] 邵文利：《试论〈规范汉字表〉整理异体字的原则和方法》，《四川大学学报》（哲学社会科学版）2003 年第 2 期。

[20] 苏培成：《现代汉字学纲要》，北京大学出版社 1994 年版。

[21] 王宁：《汉字学概要》，北京师范大学出版社 2001 年版。

[22] 王宁：《汉字构形学讲座》，上海教育出版社 2002 年版。

[23] 王铁昆：《略谈汉字规范化涉及的几个问题》，《天津师大学报》（社会科学版）1999 年第 6 期。

[24] 魏励：《〈现代汉语词典〉对异体字的处理》，《中国语文》2004 年第 3 期。

[25] 曾子凡：《评〈现代汉语词典〉（修订本）的几项不足》，《语言文字应用》1999 年第 3 期。

[26] 张书岩：《〈规范汉字表〉对异体字的处理》，《语言文字应用》2005 年第1 期。

[27] 张书岩：《异体字研究》，商务印书馆 2004 年版。
[28] 赵振铎：《谈异体字——为贺〈辞书研究〉百期作》，《辞书研究》1996 年第 6 期。
[29] 中国社会科学院语言研究所词典编辑室：《现代汉语词典》（增补本第 4 版），商务印书馆 2002 年版。
[30] 中国社会科学院语言研究所词典编辑室：《现代汉语词典》（第 5 版），商务印书馆 2005 年版。

汉语中型语文词典收释专名词语的实践与规范*

语文词典和百科词典相对，它的收释对象主要是普通词语。对小型语文词典来说，在有限的容量空间里，只有普通词语才有容身之地，语文性是其唯一特征。大型语文词典向来就难以拒绝百科性词语，兼具百科性是大型语文词典普遍具有的特征。而中型语文词典如何对待百科性词语，理论上没有明确一致的意见，实践上大多采用适当收释的做法，但缺乏统一的标准与规范。

专名词语是具有百科性质的词语，指的是表达单独概念的名词或名词性短语，包括人名（如鲁迅、马克思、毛泽东、诸葛亮、林黛玉）、地名（如中国、美国、北京、上海、巴黎、华东、河西走廊、云贵高原）、山名（如泰山、黄山、喜马拉雅山、珠穆朗玛峰）、水名（如黄河、长江、尼罗河、地中海、大西洋）、组织名（如北约、欧盟、安理会、中国共产党、亚太经合组织）、单位名（如中宣部、中科院、北京大学）、事件名（如五四运动、秋收起义、第一次世界大战）、建筑名（如长城、天安门、岳阳楼、比萨斜塔）、节日名（如端午节、元宵节、五四青年节、六一国际儿童节）、书籍名（如诗经、尚书、古兰经、毛泽东选集）、宗教名（如佛教、天主教、东正教、白莲教、伊斯兰教）、朝代名（如东晋、西魏、北

---

* 本文曾刊于《中国文字研究》2008 年第一辑，总第十辑。此处题目修改了个别文字。

宋、南北朝)、年号名（如开元、天宝、宣和、康熙)、民族名（如傣族、哈尼族、维吾尔族、柯尔克孜族）等等。

本文通过考察汉语中型语文词典收释专名词语的实践情况，来讨论汉语中型语文词典收释专名词语的规范问题。《现代汉语词典》《现代汉语规范词典》和《应用汉语词典》是目前国内影响大、使用广、规模相当的三部汉语中型语文词典，考察和比较这三部词典收释专名词语的情况对了解我国词典编纂界在汉语中型语文词典收释专名词语上的做法具有实质意义，对确定汉语中型语文词典收释专名词语的规范具有指导作用。

《现代汉语词典》在“前言”中指出：“一般语汇之外，也收了一些常见的方言词语、方言意义，不久以前还使用的旧词语、旧意义，现在书面上还使用的文言词语，以及某些习见的专门术语。此外还收了一些用于地名、人名、姓氏等方面的字和少数现代不很常用的字。”这只是说明收了一些专名用字，没有明确交代如何处理专名词语问题。《现代汉语规范词典》在“凡例”中说明：“原则上不收未进入一般语词的科技术语及专业用语，原则上也不收方言词、罕用词和在现代汉语中已经不使用的文言词；一般也不收人名、地名、官职名、机关名、国家名等。”这就表明了对待专名词语的态度是一般不予收录，但不是完全不收。《应用汉语词典》在“前言”里说：“条目以语词为主，适当收录百科。普通话一般词语（包括熟语、成语、俗语、谚语、惯用语和歇后语)、常用的文言词语、方言词语，约占总数的百分之九十；常见的百科词语约占总数的百分之十。”这百分之十的百科词语中实际上包含着一定数量的专名词语。

不管收词原则如何确定，三部词典均以单独出条的形式，不同程度地收释了部分专名词语。据初步统计，《现代汉语词典》收录专名词语（不包括复姓条目）500 多条，约占总词条数 6.5 万条的 0.78%；《现代汉语规范词典》收录专名词语接近 500 条，约占总词条数 6.8 万条的 0.77%；《应用汉语词典》收录专名词语 600 多条，约占总词条数 4 万余条的 1.5%。单纯从总量上看，《现代汉语词典》和《现代汉语规范词典》比例小些，《应用汉语词典》比例大些，这可能与《应用汉语词典》强调应用性有关。从所收释的专名词语类别以及同类别专名词语的数量多少看，三部词典在处理专名词语上有较大差别。比如《现代汉语词典》收释部分年号名和朝代名，基本不收释单位名、山名和水名；《现代汉语规范词典》不收释年号名和朝代名，收释了个别单位名和部分山名、水名；《应用汉语词典》收释部分朝代名，不收释年号名，收释的单位名、山名和水名的数量多于《现代汉语规范词典》。

以收录书籍名和建筑名为例，可以显示出三部词典在收释同类别专名词语上的差异。

书籍名

道藏　二十四史　二十五史　福音书　古兰经　可兰经　三藏　圣经　十三经　释藏　四书　天方夜谭　五经（《现代汉语词典》）

楚辞　辞源　辞海　道藏　二十四史　福音书　古兰经　急就章　金刚经　可兰经　六经　三字经　山海经　尚书　圣经　四书五经　诗经　十三经　天方夜谭　五经　周易　易经（《现代汉语规范词典》）

道藏　道德经　古兰经　康熙字典　可兰经　毛选　毛泽东选集　三字经　尚书　圣经　诗经　十三经　史记　说文解字　四书　天方夜谭　五经（《应用汉语词典》）

建筑名

白宫　白金汉宫　白厅　长城　克里姆林宫　万里长城　五角大楼（《现代汉语词典》）

白宫　白金汉宫　白厅　比萨斜塔　布达拉宫　长城　长城站　迪斯尼乐园　冬宫　阿房宫　十三陵　天安门　万里长城　五角大楼（《现代汉语规范词典》）

埃菲尔铁塔　白宫　白厅　北海公园　避暑山庄　布达拉宫　长城　钓鱼台　敦煌石窟　阿房　黄帝陵　靖国神社　克里姆林宫　龙门石窟　卢沟桥（芦沟桥）十三陵　人民英雄纪念碑　天安门　团城　万里长城　五角大楼　颐和园　圆明园　紫禁城（《应用汉语词典》）

从某一字头下收不收专名词语，收哪些类别的专名词语，以及数量多少等可更直观地看出三部词典局部的不同。例如：

“中”字头

中东　中非　中国工农红军　中国人民解放军　中国同盟会　中华　中华民族　中南　中欧　中秋　中亚　中元节　中原　中州（《现代汉语词典》）

中东　中共　中国　中华　中华民族　中秋　中秋节　中统　中原　中州（《现代汉语规范词典》）

中办　中东　中非　中共　中共中央　中国　中国工农红军　中国共产党　中国共产主义青年团　中国人民解放军　中国人民志愿军　中华　中华民族　中纪委　中科院　中联部　中美洲　中欧　中秋　中宣部　中亚　中元节　中原　中直机关　中州　中组部（《应用汉语词典》）

“第”字头

第二次国内革命战争　第二次世界大战　第二次鸦片战争　第二国际　第三次国内革命战争　第三国际　第一次国内革命战争　第一次世界大战　第一次鸦片战争　第一国际（《现代汉语词典》）

第二次世界大战　第一次世界大战（《应用汉语词典》）

“五”字头

五代　五环旗　五角大楼　五经　五卅运动　五四青年节　五四运动　五星红旗　五一　五一国际劳动节　五月节（《现代汉语词典》）

五反　五角大楼　五经　五四青年节　五四运动　五星红旗　五一国际劳动节　五月节（《现代汉语规范词典》）

五代　五反运动　五角大楼　五经　五七干校　五卅运动　五四青年节　五台山　五四运动　五星红旗　五一国际劳动节　五羊城　五月节（《应用汉语词典》）

三部词典在专名词语的释义上也有明显差别，突出表现在信息量的多少和内容的取舍不同。例如：

【钟馗】名传说中能打鬼的神，旧时民间常挂钟馗的像，认为可以驱除邪祟。（《现代汉语词典》）

【钟馗】名宋·沈括《梦溪笔谈·杂志》记载：唐明皇病中梦见一大一小两个鬼，大鬼把小鬼捉住吃掉，自称姓钟名馗，曾经应武举未中，誓除尽天下妖孽。唐明皇醒后病愈，因诏画师画成钟馗图像，悬挂起来以除邪驱祟。后此俗传布民间。现多用钟馗指敢于同邪恶作斗争的人物。（《现代汉语规范词典》）

钟馗［名］传说唐明皇病中梦见一个大鬼，将小鬼捉来吃掉，自称是终南进士钟馗，曾经应武举未中，触石阶而死。唐明皇醒后病愈，诏画师画出梦见的钟馗形象（破帽、蓝袍、朝靴、貌丑），并把画贴在宫门，广赐大臣，以后又传布民间。旧时端午节、民间多悬钟馗像，以驱鬼除邪。现多用钟馗指代那些勇于与邪恶势力斗争的人物。（《应用汉语词典》）

【八路军】名中国共产党领导的抗日革命武装，原是中国工农红军的主力部队，1937 年抗日战争开始后改编为国民革命军第八路军，是华北抗日的主力。第三次国内革命战争时期跟新四军和其他人民武装一起改编为中国人民解放军。（《现代汉语词典》）

【八路军】名抗日战争时期，中国共产党为了联合国民党抗日，于 1937 年 8 月，将中国工农红军在北方的主力部队改编为国民革命军第八路军，简称八路军。也说八路。（《现代汉语规范词典》）

八路军［名］国民革命军第八路军的简称，又称第十八集团军，为抗日战争时期中国共产党领导的武装力量，由原中国工农红军的主力部队于 1937 年改编而成。朱德任总司令，彭德怀任副总司令，叶剑英任参谋长，辖一一五、一二〇、一二九三个师。（《应用汉语词典》）

由上文可以看出，在汉语中型语文词典编纂的实践中，收释部分专名词语是普遍做法，但情况各不相同，表现出编纂者一定的自主性和随意性，缺乏统一的把握尺度和基本的收释规范。

汉语中型语文词典究竟应该收哪些类型的专名词语？收多少算是适宜的？如何对其释义？目前要回答这些问题，得出公认的结论还比较困难。但为了使汉语中型语文词典编纂逐步走向科学化和规范化，结合已有的编纂经验，确定几项基本的规范原则还是应该的，也是可能的。笔者认为，适度性、必要性和协调性是中型语文词典收释专名词语时要认真遵循的最基本的原则。

一　适度性

包括两个方面：其一是收词量的适度性；其二是释义内容的适度性。

中型语文词典虽然有一定的容量，但面对十分丰富的词汇系统，它能容纳的词语数量还是有限的。中型语文词典应该尽量多地收释普通词语，适量收释专名词语。只有这样，才能保证中型语文词典的语文性不受影响。像《应用汉语词典》那样，不收“北部、北风、北货、北极熊、北面、北上”等普通词语，而收了“北冰洋、北大荒、北戴河、北海公园、北约”等专名词语；不收“中长期、中档、中道、中国结、中国通、中空、中期、中提琴、中下游、中学生、中正、中转站、中资”等普通词语，而收了“中办、中纪委、中科院、中联部、中宣部、中直机关、中组部”等专名词语，就不是很妥当。当然，要问一部中型语文词典收释多少专名词语算是合适的，并不好用一个绝对数值来回答。这要看词典的规模和编者的意图，规模较大且编者有意使其兼具百科性的中型语文词典自然可以多收些，规模较小且编者旨在突出其语文性的中型语文词典自然会少收些。从已有中型语文词典收录专名词语的实际情况看，专名词语跟词典总条目的比值控制在1%左右是较为合适的。

专名词语即使进入语文词典，它的释义内容也不能像百科词典那样将词语所包含的信息尽可能全面地表述出来，而是应该有所取舍。释义内容只要能够让查阅者了解其所指就可以了，不需要指明与所指相关的大量背景信息。但如果有比喻义、借代义或象征义等语文义，则应该在释义中体现出来。下面是三部中型语文词典跟百科词典《辞海》对“白宫”和“诸葛亮”的释义，可作简单比较。

【白宫】名美国总统的官邸，在华盛顿，是一座白色的建筑物。常用作美国官方的代称。(《现代汉语词典》)

【白宫】名美国总统的官邸，在华盛顿宾夕法尼亚大街。是一座白色的建筑物，故称。常作为美国政府的代称。(《现代汉语规范词典》)

白宫［名］美国总统的办公处所和官邸，在华盛顿。始建于1792年，后遭火焚，1818年重建。因建筑物的外部为白色，所以叫作白宫。说到白宫，常常指的是美国政府。(《应用汉语词典》)

白宫（White House）美国总统的官邸。位于美国首都华盛顿宾夕法尼亚大街。是一座白色的二层楼房，建于1792年，后多次改建和扩充。从1800年以来，历届总统都以此为官邸。美国第二十六届总统西奥多·罗斯福在他的通信中首先使用“白宫”这一名词。后成为美国政府的代称。(《辞海》)

【诸葛亮】名三国时蜀汉政治家，字孔明，辅佐刘备建立蜀汉。《三国演义》对他的智谋多所渲染，一般用来称足智多谋的人。(《现代汉语词典》)

【诸葛亮】名三国时蜀汉政治家、军事家，字孔明，琅邪阳都（今山东沂南县南）人，辅佐刘备建立蜀汉政权。由于小说《三国演义》的成功渲染，成了智慧的化身，现在多用来借指足智多谋的人。(《现代汉语规范词典》)

诸葛亮［名］（公元181—234）字孔明，是三国蜀汉政治家、军事家。辅佐刘备建立蜀汉政权。小说《三国演义》把他写成一个足智多谋、神机莫测的人物；现在一般用来指代某人是智慧的化身。(《应用汉语词典》)

诸葛亮［名］（181—234）三国蜀汉政治家、军事家。字孔明，琅邪阳都（今山东沂南南）人。东汉末，隐居邓县隆中（今湖北襄阳西），留心世事，被称为“卧龙”。建安十二年（公元207年），刘备三顾草庐，他向刘备提出占据荆（今湖南、湖北）、益（今四川）两州，谋取西南各族统治者的支持，联合孙权，对抗曹操，统一全国的建议，即所谓“隆中对”。从此成为刘备的主要谋士。后刘备根据其策略，联孙攻曹，取得赤壁之战的胜利，并占领荆益，建立了蜀汉政权。曹丕代汉，他说服刘备称帝，任丞相。建兴元年（公元223年）刘禅继位，他被封为武乡侯，领益州牧，政事无论大小，都由他决定。当政期间，励精图治，赏罚严明，推行屯田政策，并改善和西南各族的关系，有利于当地经济、文化的发展。曾五次出兵攻魏，争夺中原。建兴十二年，与魏司马懿在渭南相拒，病死于五丈原军中，葬定军山（今陕西勉县东南）。传曾革新连弩，能同时发射十箭，又制造“木牛流马”，有利于山地运输。著作有《诸葛亮集》。(《辞海》)

二　必要性

首先，那些已经产生了语文义的专名词语，中型语文词典是应该而且必须收释的。因为它们在实际使用中都具有了二重性，一方面它们是专名词语，另一方面它们又是普通词语。对这部分词语的释义也应注意从两个方面进行，既不能只释其专名义，也不能只释其普通义。《现代汉语词典》对下列词语的收释就是比较允当的。

【回禄】名传说中的火神名，多借指火灾：～之灾｜惨遭～。

【陈世美】名戏曲《铡美案》中的人物。他考中状元后喜新厌旧，被招为驸马而抛弃结发妻子，后被包公处死。用来指地位提高而变心的丈夫，也泛指在情爱上见异思迁的男子。

【伯乐】名春秋时秦国人，善于相马，后来比喻善于发现和选用人才的人：各级领导要广开视野，当好～，发现和造就更多的人才。

【黄龙】名黄龙府，金国的地名，在今吉林农安。宋金交战时，岳飞曾经说要直捣黄龙府，后来泛指敌方的要地：直捣～丨痛饮～。

【慕尼黑】德国南部城市。1938年英、法、德、意四国首脑在这里举行会议，签订了慕尼黑协定，英法以出卖捷克斯洛伐克向德国求得妥协。后来用“慕尼黑”指外交上牺牲别国利益而与对方妥协的阴谋。

【天方夜谭】阿拉伯古代民间故事集，又名《一千零一夜》，内容富于神话色彩。后多用来比喻虚妄荒诞的言论：他刚才说的简直就是～！

其次，那些虽然还没有产生稳固的语文义，但所指具有了象征性和典型性的专名词语，也可尽量收释。例如：

【圣诞老人】名西方童话故事人物，据说是一个穿红袍的白须老人，在圣诞节夜到各家分送礼物给儿童。西方各国在圣诞节晚上有扮成圣诞老人分送礼物给儿童的风俗。(《现代汉语词典》)

【阿凡提】名维吾尔语音译。新疆维吾尔族民间传说中著名的机智人物。他的故事在许多国家和民族广为流传。后成为机智、善良，而且幽默、乐观的人物典型。(《现代汉语规范词典》)

【关公】名对三国时期蜀汉大将关羽的尊称。关羽以忠义著称，他的事迹在民间广为流传，并被神化，成为忠义的象征。(《现代汉语规范词典》)

【天安门】明清两代皇城（京城内城）的正门，位于北京市中心，现为我国的象征性建筑物。(《现代汉语规范词典》)

再次，那些使用频率高，复呈性强，所指具有重大历史意义和文化意义，或者具有重要现实意义的专名词语，可根据情况适当收释。如《现代汉语词典》收释的组织机构名“安理会、安全理事会、八国联军、巴黎公社、北洋军阀、第一国际、第二国际、第三国际、盖世太保、共产国际、黑手党、红军、红十字会、洪帮、克格勃、联合国、纳粹、青帮、三K党、世界贸易组织、世界银行、同盟会、新四军、义和团、中国工农红军、中国人民解放军、中国同盟会”，宗教名“八卦教、白莲教、拜火教、道教、东正教、佛教、红教、黄教、回教、基督教、罗马公教、喇嘛教、婆罗门教、清真教、儒教、萨满教、释教、天理教、天主教、祆教、新教、耶稣教、伊斯兰教、印度教、犹太教、藏传佛教、正教”等。

至于某种类别的专名词语是否有必要收释，有时跟词典的内容结构也有关系。一般来说，中型语文词典大都有一些附录，有些专名词语可用附录的形式集中展示，这些专名词语在正文中就不必出现。比如，《现代汉语词典》《现代汉语规范词典》和《应用汉语词典》都在正文里悉数收释了我国少数民族名称词语。它们完全可以不这样做，而是仿照《辞海》的做法，附录一个《中国少数民族人口分布简表》之类的东西，这样不仅可以使读者对我国少数民族有一个整体了解，而且可以使正文更简洁些。再如，《现代汉语词典》附有《我国历史纪元表》，《现代汉语规范词典》附有《中国历史纪元表》，表中均列有各个朝代名、各个朝代的帝王名和年号名。如果正文中不能提供更多的信息，那么就没有必要再收释朝代名和年号名。《现代汉语规范词典》是这样做的，比较可取。《现代汉语词典》在正文里同时收释了部分朝代名和年号名，从所提供的信息内容看，朝代名大多增加了《我国历史纪元表》中没有提供的“建都”方面的信息，而年号名大多没有超出《我国历史纪元表》所提供的信息内容，如果说正文收释前者还有意义的话，那么收释后者似乎就是多余的了。例如：

【东汉】名朝代，公元25—220，自光武帝（刘秀）建武元年起到献帝（刘协）延康元年止。建都洛阳。也叫后汉。

【南宋】名朝代，公元1127—1279，自高宗（赵构）建炎元年起到帝昺（赵昺）祥兴二年宋朝灭亡止。建都临安（今浙江杭州）。

【景泰】名明代宗（朱祁钰）年号（公元1450—1456）。

【康熙】名清圣祖（爱新觉罗·玄烨）年号（公元1662—1722）。

【光绪】名清德宗（爱新觉罗·载湉）年号（公元1875—1908）。

三　协调性

包括专名词语与普通词语的协调性和专名词语族群的协调性两个方面。

专名词语与普通词语的协调性问题是跟收释专名词语的适度性和必要性联系在一起的。也就是说收录专名词语不宜过多、过滥，与普通词语的比值不宜太大，不能出现比例失调的现象。有些专名词语的释文可能会长些，但也要尽可能简短，虽然不能简单地向普通词语的释文看齐，但也不要文字过多。比如，《现代汉语规范词典》对“北京”的释文就比《应用汉语词典》简要些，更合乎语文词典的释义要求，而《应用汉语词典》的释义就多了些百科释义的味道。

【北京】名我国首都，中央直辖市。既是全国的政治中心，也是全国的交通、科学、文化中心。是著名的历史文化名城和古都。10世纪初，辽代在此建立陪都，自金代起正式建都。简称京。1928年至新中国成立以前，曾先后改称北平特别市、北平市。（《现代汉语规范词典》）

北京［名］文化名城。公元10世纪初，这里就是辽代陪都，称为“南京”（也叫燕京）。金、元、明、清四朝相继在这里建都。北京集中展现着数千年灿烂的民族文化，有周口店北京猿人遗址、八达岭、居庸关长城、颐和园皇家园林、故宫帝王宫殿、北海、天坛、香山、十三陵等名胜古迹。1949年，中华人民共和国成立，北京成为中国的首都，中央直辖市。面积16800多平方公里，人口1200多万，除汉族外，还有回、满、蒙等民族。市区面积2701平方公里，辖10个区，9个县。北京科研机关、高等院校、图书馆、博物馆星罗棋布，不仅是全国的政治中心，而且是全国的经济、科学、文化中心。(《应用汉语词典》)

专名词语族群的协调性问题主要是指如何协调相同类别专名词语的收释问题。

相同类别的专名词语应收层次高、影响大的，不收层次低、影响小的，如可收组织名“联合国、安理会”，不收组织名“东盟、海基会”，可收水名“黄河、长江”，不收水名“汾河、乌江”，但不能反过来。

同类别同层次或同一系列的专名词语，要收都收，要不收都不收，如收组织名“中统、青帮”，就同时应收组织名“军统、洪帮”，收事件名“黄巢起义、武昌起义”，就同时应收事件名“李自成起义、南昌起义”，反之亦然。已出版的中型语文词典在这方面存在的问题比较突出，收词的随意性也主要表现在这个方面，如《现代汉语规范词典》收“中统”，不收“军统”，而《应用汉语词典》正好相反，收“军统”，不收“中统”。再如，《现代汉语规范词典》收“白宫、白金汉宫、白厅”，不收“克里姆林宫”，《应用汉语词典》收“白宫、白厅、克里姆林宫”，不收“白金汉宫”，《现代汉语词典》同时收“白宫、白金汉宫、白厅、克里姆林宫”，相比而言，《现代汉语词典》做得好些，但还不够，如果同时收录“爱丽舍宫”，就更加协调了。三部词典相较，《应用汉语词典》的随意性更大些，失调表现更为突出，比如“八仙”中收了“曹国舅、蓝采和、李铁拐、吕洞宾”，不收“汉钟离、韩湘子、何仙姑、张果老”；收“扁鹊”，不收“华佗”；收“唐老鸭”，不收“米老鼠”；收“马克思主义、毛泽东思想”，不收“列宁主义”；收“大西洋、太平洋、北冰洋”，不收

"印度洋"；收"云贵高原"，不收"青藏高原"；收"亚洲、欧洲、大洋洲、北美洲、拉丁美洲、中美洲、南极洲"，不收"非洲、南美洲"；等等。

同一系列的专名词语在释义上也要注意协调性，其释义应包含大致平行的内容。像《应用汉语词典》对我国四大淡水湖的释义就缺乏整体关照，有失协调。请看：

洞庭湖［名］湖泊名，在湖南省北部，长江南岸，为中国第二大淡水湖。湖内有君山，岸边有岳阳楼等名胜古迹。

洪泽湖［名］中国第四大淡水湖，面积约2069平方公里，位于江苏省洪泽县西部。由淮河下游河道淤高、宣泄不畅、河水汇聚而成。湖水自三河经高邮湖至江都县三江营注入长江。

鄱阳湖［名］中国淡水湖之一，在江西省北部：～自然保护区（候鸟白鹤在此越冬）。

太湖［名］中国第三大淡水湖，面积约2420平方公里，位于江苏省南部。由长江和钱塘江下游的堰塞古海湾而成，有苕溪、荆溪诸水纳入，湖水浩渺，东由浏河、苏州河、黄浦江泄入长江，为江南水网中心。

主要参考文献：

［1］中国社会科学院语言研究所词典编辑室：《现代汉语词典》，商务印书馆2005年版。

［2］李行健：《现代汉语规范词典》，外语教学与研究出版社、语文出版社2004年版。

［3］商务印书馆辞书研究中心：《应用汉语词典》，商务印书馆2000年版。

［4］辞海编辑委员会：《辞海》（缩印本），上海辞书出版社1980年版。

［5］黄建华：《词典论》，上海辞书出版社1987年版。

卢戆章切音字连写分析*

卢戆章是我国拼音文字运动史上最早树立分词连写观念并付诸实践的人。他的切音字著作《一目了然初阶》（1892 年，以下简称《初阶》）、《中国字母北京切音合订》（1906 年，以下简称《合订》）和《北京切音教科书》（1906 年，以下简称《教科书》）都有一定的拼写实例。其中《初阶》以拉丁字母及其变体为拼写符号，用加短横的方法实行分词连写，语言材料取自厦腔（厦门音）；《合订》和《教科书》均以汉字笔画式符号为拼写符号，用加点的方法实行分词连写，语言材料取自北京音，且《合订》的课文拼写部分与《教科书》首集重复。本文试就《初阶》和《教科书》连写的实际情况，分析卢氏的连写思想及其前后发展。

一 《初阶》的连写分析

《初阶》的拼音课文已全部实行分词连写。初步统计，从《饲蚊》到《忠孝廉节》44 篇课文，共有 3369 字（音节），连写单位有 2309 个，其中两个和两个以上音节的连写单位有 869 个。多音节连写单位的主要性质类型

* 本文曾刊于《山东社联通讯》1992 年第 4 期。

有：（1）名词，如“王祥、晋朝、娘母、夏天、鲤鱼、唐夫人、兄弟仔、山阳县”等；（2）动词，如“感动、看见、变成、感激、报答、摸了、染着”等；（3）形容词，如“凉冷、平平、青笋笋、空疎疎”等；（4）代词，如“自己、别人、这个、怎样”等；（5）数词，“二十、四十、七百余、八十余”等；（6）副词，如“忽然、已经、总是、常常”等；（7）连词，如“因为、所以、设使、虽然”等；（8）动宾短语，如“煮汤、买油、掠鱼、食鸡蛋、流目滓”等；（9）偏正短语，如“水面、笋汤、亲兄弟、一碗饭、鸡蛋块仔、皆是、不卖、能晓得、不甘愿”等；（10）补充短语，如“煠熟、跳起来、拭起来”等；（11）数量短语，如“一个、一块、三年、八九岁、四十斤”等；（12）方位短语，如“腹内、桥下、研底里、半空中”等；（13）“者”字短语，如“做贼者、其余者、掠妻者、借银者”等；（14）成语，如“于心/何忍、宽洪/大量、不仁/不义”等；（15）其他短语，如“名叫、所在、伊之、汝之”等。

从《初阶》拼写的实际来看，卢氏虽然建立了连写原则，但分词方法并不是很明确，连写意识不够牢固，规律性较差。主要表现为分词的随意性较大，不能做到以词为连写单位，一些连写单位不能贯彻到底。具体来说，有以下几个方面。

第一，同一个单位，在这篇课文中连写，在另一篇课文中又分写，甚至在同一篇课文中有时连写，有时分写。比如，“两个”共出现 6 次，连写 4 次，分写 2 次；“一日”出现 2 次，连写 1 次，分写 1 次；“伊之”共出现 14 次，连写 9 次，分写 5 次。

第二，同一种性质的语言单位，有的连写，有的分写。比如，同是“数词 + 岁”构成的“×岁”或“××岁”，在《初阶》中共有 9 个，出现 12 次，其中“一岁、二岁、三岁、八九岁、十六岁”连写，“四岁、二十岁、四十岁、八十余岁”分写。同是“数词 + 量词”构成的数量短语，“一个、两个、一滴（水）、一块（肉）、一阵（风）、一次、一下”等连写，而“一张（田契）、两尾（鲤鱼）”等分写。动宾短语“饲蚊、哭竹、借银、锥壁、守清节、食鸡蛋”等连写，而“让人、提银、锥孔、守寡、尽心”等却分写。

第三，个别语句分词不符合语言实际，分连界限不够科学。比如，《金母鸡》一文中的“开门要去”一句分为“开门要”和“去”两个连写单位；《让梨仔》一文中的“永是捡小粒者”一句，“小粒者”分为“小粒”和“者”等。

二 《教科书》与《初阶》的连写对比

《教科书》分首集和二集，都有拼写实例。首集和二集的分词连写原则是一致的，连写方法也是相同的，所以本文只选取首集的材料作为统计分析的对象。首集的拼写实例包括单字和课文两部分。除去单字，课文有12篇，共有2004字，连写单位有1454个，其中两个和两个以上音节的连写单位有434个。多音节连写单位的主要性质类型有：(1) 名词，如“桌子、火车、官兵、将来、大人、星星、英国、姜太公、教科书”等；(2) 动词，如“进来、没有、晓得、感激、闻闻、走走、躺着”等；(3) 形容词，如“便宜、劳苦、要紧、热闹、威武、温柔、故意儿”等；(4) 代词，如“什么、这么、那么、怎么、那里、咱们、自各儿”等；(5) 副词，如“不过、一定、后来、忽然”等；(6) 连词，如“因为、所以、故此、而且”等；(7) “的”字短语，如“上货的、卸货的、拉的、挑的”等；(8) 方位短语，如“床上、嘴里、耳朵里、树林子里”等；(9) 成语，如“七言八语、安分守己、甜言蜜语”等；(10) 某些较固定的三字短语，如“好得很、不中用、交朋友”等；(11) 其他，如“愿者”(“者”字短语)、“嗳呀”(感叹词)等。

《教科书》的连写以《初阶》为基础，但有了新的做法，连写思想有了明显的发展。这充分体现了卢氏在切音字方面不断探索的进取精神。

《教科书》基本上能够把连写原则贯穿始终，以词为连写单位的意识有所加强，连写具有一定的规律性。同《初阶》比较，有以下几个突出特点。

第一，以词为连写单位的观念比《初阶》进一步明确。《教科书》的多音节连写单位已很少有《初阶》中那样的自由短语。比如，《初阶》中的数量短语连写者居多，而《教科书》全部分写。这在连写单位的平均长度和多音节连写单位在整个连写单位中的比例上也能表现出来。《教科书》的连写长度平均约为1.38个音节，多音节连写单位约占30%，而《初阶》的连写长度平均约为1.46个音节，多音节连写单位约占38%。

第二，在同一个单位和同性质的单位是否连写上，《教科书》采用的标准较《初阶》统一，连写的随意性大大削弱，科学性和一致性有所加强。比如，《初阶》中有的连写，有的却分写的自由式动宾短语，《教科书》几乎全部分写。

第三，在连写方法上，《教科书》较《初阶》多样化。《初阶》只用短横表示音节的连写，而《教科书》用一个点表示一般的音节连写，用两个点表示后一个音节是轻音（即轻声）的连写，用“〈”表示人名音节的连写，用“×”表示地名音节的连写。

第四，在成语连写的问题上，《教科书》大都实行完全连写，如“七言八语”，而《初阶》基本上是采用分成两段的办法，如“宽洪/大量”。

第五，《教科书》比较注意语音特点。凡轻声词、儿化词都实行连写；句末的语气词、感叹词也多与它前面的词或音节连写，如“进来罢、可以吗、来啦、贵啊”等。

当然，《教科书》也存在个别连写标准不一的问题，如《鹰叨鱼》一文中的“这个/和/那/个/说”“您/想/生气/好，还/是/不/生/气/好”。另外，《教科书》拆词的现象比《初阶》突出，如“步/撵儿、旁/边儿、老/鸹、恐/怕、能/够、可/是”等。

三　结论

一个世纪以前的卢氏在《初阶》中首创的分词连写，尽管存在着这样或那样的不足和问题，但能领先一步，建立连写观念，实可嘉赞。此后的《教科书》能够发展《初阶》的基本思想，修改和完善连写法体系，使分词连写初步走上科学化轨道，这种勇于否定自我的求实精神，至今也是我们科学工作者应该认真学习的。

我们说《教科书》的连写法体系初步走上科学化轨道，是因为它自身还有某些欠缺和不尽合理之处，比如上面谈到的句末语气词跟前面的词或音节连写问题，有些就不合语感，像“（说什么）话呢”“（以后也省哈这么好几回的）腰了”等，所以它不是一个完备的连写法体系。然而，它毕竟为后来的拼音正词法提供了借鉴，有不少做法甚至与1988年7月公布的具有国家标准性质的《汉语拼音正词法基本规则》相同或相近。比如，基本上以词为书写单位；表示整体概念的双音节或三音节结构实行连写（如“奔波、心里、好看、庄稼汉”）；单音节词重叠实行连写（如“天天、走走、想想、闻闻”），双音节重叠实行分写（如“劝谕/劝谕”）；动词和“着、了、过”连写（如“叼着、掉了、交过”）；表复数的“们”和前面的代词、名词连写（如“你们、我们、他们、小孩们”）；数词和量词分写（如“一/张/桌子、十/个/官兵、三/斗/米、写了/百/来/个/忍字”），等等，都与《汉语拼音正词法基本规则》的精神相合。由此，我们不能不承认卢氏在分词连写做法上的科学态度，也不可否认《教科书》的连写体系具有一定的科学性。

构词解疑*

现代汉语词汇中，“词的构成”问题一直是研究和学习的重点和难点之一。具体分析词的结构时，常常遇到举棋不定的情况。为便于深刻了解和掌握现代汉语的构词特点和规律，下面就几种不易裁断或容易断错的情况作些说明。

一　是叠音单纯词，还是叠音合成词

汉语中有一批 AA 式叠音双音词。它们有的是单纯词，有的是合成词。比较以下四组：

① 爸爸 妈妈 星星 泛泛 活活 每每 刚刚 仅仅 渐渐 嚷嚷
② 爷爷 婆婆 屡屡 纷纷 悄悄 悻悻 默默 幽幽 悠悠 遥遥
③ 脉脉 堂堂 区区 仆仆 幢幢 落落 猎猎 恢恢 济济 瑟瑟
④ 饽饽 狒狒 猩猩 蝈蝈 姥姥 彬彬 冉冉 簌簌 孜孜 便便

①组的叠音词，单音形式也可独立成词，如“爸”“妈”“星”“泛”

* 本文曾刊于《高教自学考试》1990 年第 7 期。

“活”等。只是构成叠音形式以后，词义发生一定的变化。有的属色彩义的变化，如“爸”的口语色彩比“爸爸”浓，“星星”的感情色彩又比“星”浓；有的属词义程度的加深，如“活活”比“活”程度深；有的表示动态的延续，如“嚷嚷”比“嚷”动态长，等等。②组的叠音词，单音形式都有意义，但不能单独成词，这是与①组的不同之处。单音形式的意义与叠音形式的意义大体一致，这与①组是相同的。③组的叠音词，单音形式都有意义，并且有的可以独立成词，但从现代汉语的共时角度看，单音形式的意义与叠音词的意义没有任何联系，叠音词的意义是全新的。④组的叠音词，单音形式本身没有意义，只有叠音形式才有意义。根据构词的一般规律，即依据词义选用构词语素，构词语素的意义体现词的意义，我们认为：①和②是用重叠式构成的合成词，它们是现代汉语词汇双音化的结果；③组的叠音词，在构词之初也许是合成式的，但从共时角度看，应看作单纯词；④组是典型的叠音单纯词。

二　是附加式，还是复合式

附加式构词是词根与词缀（也叫语缀）相组合的一种构词方式，复合式构词则是词根与词根相组合的一种构词方式，所以，区分附加式构词和复合式构词的关键是分清词根与词缀。由于词缀大都是由词根虚化而来，有一个历史演变过程，因此，一个词根虚化到什么程度算转化为词缀，认识很不一致。比如“画家”的“家”，有人认为是词缀，因为它有很强的类化作用，能大量构词，意义也很概括；有人认为是词根，因为它还有较实在的词汇意义，即“掌握某种专门学识或从事某种专门活动的人”；有人认为是“类语缀”（或者叫“准语缀”），因为它的意义既有实在的一面，又有类化和虚化的倾向，具有二重性。后一种意见较为客观，但具体到分析“画家”一类词的结构时，要么回归到第一种意见，要么回归到第二种意见，总不能说它们既是附加式构词，又是复合式构词。我们的意见是，在分析和确定词缀的范围时，还是严格一些为宜，像“画家”的

“家”、“战士”的“士”、“文艺界”的“界”、“超导体”的“超”、“非党员”的“非”等，都可看成词根。我们在分析汉语词的结构时，不能忽视了汉语自身的特点。汉语的词法以复合法为主，附加法为辅。不过，以下两组词中加点的语素都是比较公认的词缀，附加在词根前的叫前缀，附加在词根后的叫后缀。

① 老虎 初一 阿姨 第一 小张

② 桌子 甜头 花儿 泥巴 勇于 绿化 倒腾 甩搭 捏巴 热乎 突然 歌手 党性 党员 姑娘家

需要注意的是，必须把词缀与形式上相同的词根区别开来，如“老师”的“老”是词缀，“老人”的“老”是词根；“老人家”的“家”是后缀，“作家”的“家”是有虚化倾向的词根，“娘家”的“家”是词根。

现代汉语中还有一类ABB式合成词，如“干巴巴”“绿油油”“硬邦邦”等。不少论著和教材把这类词的叠音语素BB都看成词缀。事实上，这类形式上相同的合成词，内部结构也不完全一样。试比较：

① 香喷喷 硬邦邦 笑哈哈

② 白皑皑 轻飘飘 静悄悄

③ 黑黝黝 绿油油 红通通

④ 皱巴巴 热乎乎 乱腾腾

⑤ 满登登 娇滴滴 好端端

①组有与之对应的BBA式，如“喷喷香”“哈哈笑”等，个别还有与之对应的BA式，如“喷香”等。BB或B在前，修饰限制或支配关涉A，为偏正型或述宾型复合构词。BB在后，意义与在前基本相同，补充说明A，为补充型复合构词。②组的BB式都能独立成词，并且构词以后，意义基本不变。与①组一样，②组也是补充型复合构词。BB式词根说明A的程度、情态等。③组有与之对应的BA式，如“黝黑”“油绿”等，B音节本身有意义，修饰限制A，为偏正型复合构词。BB式语素在A之后，

也应看成是词根，因为它的意义与在A之前的B基本一致，所以这类ABB式合成词也是补充型复合构词。④组有与之对应的AB式，如“热乎”“乱腾”等，B音节没有任何实在的词汇意义，因此，“热乎”“乱腾”等是附加式构词。它们的词缀再重叠，便构成ABB式。词缀重叠只能是词缀，所以“热乎乎”等ABB式合成词仍为附加式构词。⑤组并没有与之对应的词，BB也不能独立成词，并且BB没有实在的词汇意义。毫无疑义，这类ABB式合成词是由词根A附加叠音词缀BB构成的。

三 是主谓型，还是偏正型

先看两组合成词：

① 自学 自习 胆怯 头痛 血沉 心酸 心急 年轻 民主 地震 日食 雪崩

② 席卷 龟缩 鱼贯 雪亮 血红 笔谈 电灌 图解 法定 库存 仓储 秋播

①组和②组有共同之处，都是由一个名词性语素和一个谓词性语素构成的。正因如此，往往容易把它们都判定为主谓型合成词。但是，只要我们从词根的意义和词根间的组合关系细加分析，就不难发现，这两组词的构成方式迥然有别。我们知道主谓型合成词的词根之间有被陈述与陈述的关系，即前一词根说明“谁”或“什么”，后一词根说明“做什么”或“怎么样”。①组的词与此相符，如“自习”（自己学习）、“年轻”（年纪不大）、“民主”（人民作主）、“心酸”（心里悲痛）等。而②组的情况却不同，前后词根之间构不成被陈述与陈述的关系，构成的是修饰限制与被修饰限制的关系，如“鱼贯”（像游鱼一样一个挨一个地接连着）、“雪亮”（像雪那样明亮）、“电灌”（用电力扬水灌溉）、“法定”（由法律、法令所规定）、“库存”（库中现存的现金或物资）、“秋播”（秋季播种）等，这些都是前偏后正的偏正型合成词。从前一词根表示的意义来看，这一类偏正型合成词有三种情况：（1）表示比喻，含有“像……一样（那样）”

的意思，如瓜分、云集、鲸吞、雪白、火红、墨绿、笔直、冰冷、火热、鸟瞰、蛇行、壁立等。(2）表示工具、手段或方式，含有“用……”或者“由……”的意思，如笔战、手写、火攻、法办、电汇、电告、泥塑、梳理、水疗等。(3）表示处所或时间等，含有“在……”的意思，或者词义中蕴含着表偏正关系的结构助词“的”，如木刻、耳语、海防、巷战、河运、门诊、家访、乡邮、夏收、冬泳、春耕等。

四　是述宾型，还是偏正型

有些合成词，前一词根是动词性的，后一词根是名词性的，如站岗、作文、卧病、揭幕、乘客、卧铺、转盘、开水等。它们形式相同，内部结构却未必相同。有的前一词根表动作行为，后一词根表动作行为关涉的对象、处所或结果等，如上例中“站岗”的后一词根为前一词根关涉的处所；“揭幕”的后一词根为前一词根关涉的事物对象；“作文”的后一词根为前一词根的结果；“卧病”的后一词根为前一词根的原因。这些合成词的内部结构符合述宾型的特点，都是述宾型的。而上例中“乘客”（搭乘车、船、飞机的人)、“卧铺”（卧车上供旅客睡觉的铺位)、“转盘”（某些器械上能够旋转的圆盘)、“开水”（煮沸的水)，前一词根则分别从所属、用途、特征和性质等方面修饰限制后一词根，词义中蕴含着表偏正关系的结构助词“的”。显然，这些合成词都是偏正型的。

分辨这类合成词是述宾型还是偏正型，关键看词根之间的意义组合关系。当然，从意念上在词根之间试加助词的方法，也可作为参考。意念上能加动态助词“着”“了”或“过”，且意义与原词义保持基本不变者，是述宾型，如理发、起草、理事、留神、越轨、露底、埋头、毕业、食言等。意念上能加结构助词“的”，且意义与原词义保持基本不变者，是偏正型，如供品、流水、烧饼、支柱、跳棋、邮船、产权、考生、食品、食盐等。

五 是联合型，还是连动型

先比较下列两组词：

① A：增加 询问 思考 观望 停止

B：穿戴 裁缝 出纳 开关 收发

C：得失 升降 伸缩 取舍 成败

② 收听 收看 报销 核销 承办 承转 颁行 核减 查收 查封 离休 退休

①组中的 A 都是由两个意义相同或相近的动词性词根组合而成，两个词根相互补充映衬，共同说明词义；B 都是由两个意义相关或相反的动词性词根组合而成，组合后产生与两个词根的意义相关联的新义；C 都是由两个意义相反的动词性词根合成，词义是正反两方面的综合。以上三种情况，词根与词根之间的关系是同等并立的，都是联合型构词。②组中的词在形式上与①组相近，也都是由两个动词性词根组合而成的，所以容易被判定为联合型。实际上，②组的词与①组的词在内部结构上是有差别的，它们的词根不存在意义上的相同、相近或相反关系。尽管有的词根存在着相关关系，但组合后不产生新义，而是两个词根义的综合。再者，该组词有一个不容忽视的特点，即词根之间在时间上有先后承接关系，在意义上有因果或目的关系，如“核销”“查收”“查封”等。因此，这类词的两个词根叙述的是先后相连的动作，它们的构词类型属于连动型。连动型也是一种较能产的构词方式，可是以往的研究没有很好地重视它。

附带说明一点，有些述补型的合成词，也是由两个动词性的词根组合而成，并且词根之间在时间和意义上同样存在着先后承接与因果、目的关系，如摧毁、推翻、压倒、说服、揭穿、改进等。连动型构词与这类述补型构词的区别在于前者的两个动词性词根意念上是同主语的，而后者的两个动词性词根意念上是不同主语的。

六　是同词同构，还是同词异构

语言中的单义合成词一般只有一种内部结构，而多义合成词的情况就不同了。有的可能意义不同，但结构仍然相同。例如，“背景”有三个意义：①舞台上或电影里的布景。②图画、摄影里衬托主体事物的景物。③对人物、事件起作用的历史情况或现实环境。在三个意义上，“背景”的结构都是偏正型的。我们把这种一词多义而结构相同的情况称为“同词同构”。有的意义不同，结构也不相同。例如，“迷途”有两个意义：①迷失道路。②错误的道路。着眼于意义①，“迷途”为述宾型；着眼于意义②，“迷途”为定中式偏正型。我们把这种一词多义并且结构相异的情况称为“同词异构”。

对于“同词异构”的词，如果没有具体的语境，只能承认它具有多种结构。如上例中的“迷途”既是述宾型，又是偏正型。再如：

乐歌：① 音乐与歌曲。（联合型）
　　　② 有音乐伴奏的歌曲。（定中式偏正型）
确信：① 确实地相信。（状中式偏正型）
　　　② 确实的信息。（定中式偏正型）
详悉：① 详细地知道。（状中式偏正型）
　　　② 详细而全面。（联合型）

如果这些多义词用在具体语境中，就临时具有了单义性，那么，结构形式也就只有一种了。如在“我确信这是真的”中，“确信”只有“确实地相信”义，结构形式也就只有“状中式偏正型”一种。

总之，弄清词的结构有助于正确了解词义，而分析词义又可以帮助我们判定词的结构，二者相辅相成。

确定单纯词与合成词的依据和方法*

学习现代汉语词汇部分，“词的构造”是重点内容之一，也是难点之一。首先要解决的问题就是依据什么标准，运用怎样的方法将单纯词与合成词有效地区别开来。如果这一问题不能很好地解决，那么也就根本谈不上对词的结构分析了。

要解决这一问题必须从语素的性质特征谈起。

语素是语言中最小的音义结合单位。它以“音义结合体”的性质跟纯粹的语音单位相区别；又以“最小”的性质跟比它层次高的语言单位相区别。例如，“撼”读作 hàn，有读音，也有与此读音相结合的意义，即“摇；摇动”，是音义结合体无疑。而 hàn 包括三个音素 h、a、n 和一个去声调，这些纯语音单位在此不跟任何意义相联系，显然不是语素。所以“撼”是一个最小的音义结合单位，是一个语素而不是几个语素。又如，“菡萏”读作 hàndàn，表示“荷花”的意思，也是音义结合体。它由两个音节 hàn 和 dàn 组成，而音节 hàn 和 dàn 在此均无任何意义，因而“菡萏”也是一个最小的音义结合单位，是一个语素而不是两个语素。再如，“马虎”读作“mǎhu”，意义是“不认真”，同样是音义结合体。孤立地来看“马”和“虎”都可以表示意义，都是动物名称，但是作为动物名称的

* 本文曾刊于《高教自学考试》1996 年第 6 期。

“马”和“虎”跟这里的“马虎”没有丝毫瓜葛，就整个音义结合体而言，“马虎”依然是最小的，仍然是一个语素而不是两个语素。跟上述情况不同的是一个音义结合体内部包含着音义结合体，那么这个音义结合体就不是最小的，而是语素的组合体。它内部包含几个最小的音义结合体，就有几个语素。例如，“汉语”读作 hànyǔ，表示“汉族的语言”，是一个音义结合体。但是“汉”（hàn）和“语”（yǔ）也都是音义结合体，分别表示“汉族”义和“语言”义，因此，“汉语”是两个语素的组合体，包含着两个语素。以此类推，“生产力”包含三个语素，“市场经济”包含四个语素，“副交感神经”包含五个语素，“国民生产总值”包含六个语素。

需要说明的是，对语素所表示的意义的理解不能太狭隘。实在的有指称性的意义是意义，如“汉语”中的“汉”和“语”所表示的意义；不实在的附属色彩也是意义，如“阿哥”“阿妹”中的“阿”所表示的亲切色彩；不实在的语法特征或功能同样是意义，如“尖子”“扣子”中的“子”，表示由它附着在后面构成的词是名词。

语素是最小的语言单位，它处在语言单位层级结构中的最底层，它的职能是用来构词 。因而，对语素类型的分析以根据构词能力及构词作用所做的划分最有实用价值。

根据语素能不能独立成词，可把语素分为成词语素和不成词语素两类。

成词语素是自身就能成为一个词的语素。例如，“天、地、人、花、草、说、笑、吵、抢、问、美、好、大、小、红、白、一、百、吨、斤、你、我、他、不、就、也、又、向、自、和、或、的、吗、吧、玻璃、参差、伶俐、尴尬、从容、逍遥、蝙蝠、冉冉、沙发、布丁、马达、比基尼、迪斯科、可卡因、歇斯底里、布尔什维克”等 。有的成词语素只能自身独立成词，不能跟其他语素组合构词，如“吗、谁、冉冉、参差、比基尼”等。大多数成词语素既能自身独立成词，又能跟其他语素组合构词，有不少还具有极强的构词能力，如“人”，可以独立成词，又可以构成“人民、人类、人间、人道、人格、人称、人才、人工、人海、人迹、人家、人力、人口、人伦、人品、人马、人们、人身、人情、人命、人物、人生、人参、人士、人性、人选、人员、人心、人事、人手、人为、人头、人造、人种、人际、人均、人梯、人墙、人意、人味、人样、人行道、人力车、人口学、人公里、人贩子、人工湖、人民性、爱人、本人、传人、别人、敌人、仇人、恩人、法人、女人、男人、工人、巨人、凡人、伟人、丢人、媒人、盲人、名人、文人、完人、行人、前人、能人、恋人、客人、情人、军人、老人、猎人、亲人、友人、游人、代言人、候选人、局外人、意中人、接班人、继承人、主人翁、小人书、仙人掌、类人猿”等数百个词语。

不成词语素是自身不能独立成词，只能同别的语素组合构成词的语素。例如，在现代汉语里，“朋”除了在成语等固定语中还保留着古代汉语成词的特点外，一般不能独立成词，只能作为构词语素构成“朋友、朋辈、朋党”等合成词，“朋”就是一个现代汉语的不成词语素。

有一点要搞清楚，虽然成词语素跟词有一致性，但是当我们说它是语素时，着眼点是它的最小音义结合体性质，而当我们说它是词的时候，则着眼于它的自由用来造句性质。再者，当一个成词语素用来组合构词时，它只有语素的性质，没有词的性质，当它用来组句（或组成短语）时，则只有词的性质，没有语素的性质。

根据语素在组合构词时的不同表现和作用，可将语素分为词根语素和词缀语素两类。词根语素简称词根，是组合构词时意义较实在、位置不固定的语素，如“阿姨、姨妈、姨父”中的“姨”，“迅猛、猛然、猛醒、猛不防”中的“猛”等。词缀语素简称词缀，是组合构词时意义不实在、位置固定的语素，如“阿姨、阿爸、阿妈、阿婆、阿哥、阿妹、阿Q”中的“阿”，“突然、猛然、忽然、欣然、茫然、默然、悄然、肃然、悠然、毅然”中的“然”等。组合构词时只能出现在词首的叫前缀；只能出现在词末的叫后缀。现代汉语的词缀是有限的。下面把比较典型的词缀和部分类词缀排列出来，便于在识别词的结构类型时加以利用。

老——老虎 老鼠 老师 老乡 老婆 老张 老王 老大 老三

阿——阿爸 阿妈 阿公 阿婆

第——第一 第二 第五

初——初一 初二 初十 初级

可——可观 可笑 可耻 可恨 可悲 可爱 可信 可取

打——打趣 打扰 打赌 打扮

非——非党员 非正式 非金属 非常规 非本质

——子 屋子 房子 尖子 胖子 瘦子 疯子 拍子 板子 推子

——儿 鸟儿 盆儿 画儿 尖儿 盖儿 扣儿

——头 木头 舌头 苦头 甜头 想头 念头 看头 盼头

——然 忽然 安然 愤然 悄然

——乎 热乎 洋乎 玄乎 近乎 合乎 似乎 关乎 在乎

——于 在于 勇于 敢于 属于 过于 安于 急于 乐于

——家 老人家 孩子家 姑娘家

——气 神气 洋气 土气 娇气 流气 傻气 妖气

——得 懂得 值得 晓得 觉得 省得 显得 免得

——搭 甩搭 扭搭 拍搭 敲搭

——腾 折腾 倒腾 乱腾 闹腾

有了对语素的这些分析，我们就可以比较方便地讨论确定单纯词与合成词的依据和方法了。

单纯词与合成词的划分是根据构词语素的多少来划分的。由一个语素构成的词叫作单纯词，由两个或两个以上的语素构成的词叫作合成词。因此，确定一个词是单纯词还是合成词，依据只有一个，那就是看它包含的语素数量。如果一个词只能分析出一个语素来，那么它就是单纯词，不管在形式上它包含几个音节或汉字，例如，“词、有、准、却、呢、秋千、仿佛、垃圾、咖啡、雷达、巧克力、马赛克、盘尼西林、布尔什维克、英特耐雄纳尔”等。所以，单纯词都是由一个成词语素单独构成的词。如果一个词能分析出两个或两个以上语素来，那么它就是合成词，不管这些语素是成词的，还是不成词的，也不管它们是词根，还是词缀，是相同的，还是不同的。例如，“焊接”是由两个成词语素构成的合成词；“焊接机”是由“焊”和“接”这两个成词语素的组合跟不成词语素“机”构成的包含有两个层次、三个语素的合成词；“苦头”是由词根“苦”与词缀“头”构成的合成词；“妈妈”是由两个相同的语素“妈”重叠构成的合成词。单纯词与合成词的理论分辨是清楚的，但在具体分析时举棋不定的情况是常有的。下面指出几种确定单纯词与合成词的具体方法。

1. 形式鉴别法

词也是音义结合的语言单位，有语音形式，书面上还有书写形式。可以参照语音形式和书写形式有效地鉴别一部分单纯词与合成词。大家知道，词是由语素构成的，而汉语的语素绝大多数是单音节的，除儿化音节外，写下来就是一个汉字。因而，凡单音节词，写下来又是单字词的，都是单纯词。只有像“鸟儿”（niǎor）、“尖儿”（jiānr）、“扣儿”（kòur）这样的单音节词，由于带有词缀“儿”，才是合成词。但这类儿化音节的合成词书面上是两个汉字，所以参照字数很容易跟单音节的单纯词区别开。

2. 意义鉴别法

这种方法对分辨 AA 式单纯词和 AA 式合成词是有效的。具体做法是先看单音节 A 有无意义，如果没有意义，就说明 A 没有语素资格，AA 是单纯词，如“姥姥、蝈蝈、蛐蛐、冉冉、婷婷”等。如果单音节 A 有意义，再看单音节 A 的意义跟 AA 的意义是否一致或有联系。假如单音节 A 的意义跟 AA 的意义不一致，且毫无联系，那么 AA 是单纯词，如“奶奶、太太、堂堂、区区、猎猎”等。假如单音节 A 的意义跟 AA 的意义一致或有联系，那么 AA 是重叠式合成词，如“爸爸、妈妈、姐姐、弟弟、刚刚、仅仅、纷纷、屡屡、默默”等 。这种方法对识别单纯词中的联绵词也是有效的 。例如，“崎岖”的“崎”和“岖”都没有意义，只有“崎岖”才有意义，形容“山路不平”，所以它是由一个语素构成的双声联绵词，是单纯词。

3. 语源鉴别法

纯粹音译的外来词都是单纯词。当我们能够确定一个词是外来词，并且是通过单纯摹音的手段借来的时候，就可以确定该词为单纯词。例如：

咖喱：来源于英语 curry。
布丁：来源于英语 pudding。
加仑：来源于英语 gal1on。
克拉：来源于法语 carat。
沙龙：来源于法语 sa1on。
袈裟：来源于梵语 kasāya。
夜叉：来源于梵语 yaksa。
蒙太奇：来源于法语 montage。
阿的平：来源于英语 Atebrin。
海洛因：来源于英语 heroin。
普鲁卡因：来源于英语 procaine。

但要注意，不是纯粹音译的外来词不是单纯词，例如，来源于英语的“啤酒”（beer）、“艾滋病”（AIDS）、“保龄球”（bowling）、“色拉油”（salad oil）、“迷你裙”（miniskirt）、“黑马”（dark horse）等属于合成词。

4. 词根鉴别法

词缀的数量是有限的，其性质是缀加的，在词中它依附于词根而存在。如果一个词里面有词缀，它前面或后面一定有一个词根或词根组合，该词只能是合成词。现代汉语的常见单音节词缀已在上面列举过了。双音节的词缀主要是叠音形式的后缀。例如：

干巴巴　皱巴巴　紧巴巴
黑乎乎　辣乎乎　胖乎乎
酸溜溜　尖溜溜　滑溜溜

臭烘烘　热烘烘　臊烘烘

急冲冲　怒冲冲　气冲冲

满登登　娇滴滴　羞答答

三音节的词缀很少，主要是一些口语词中的后缀，表示贬义色彩。例如：

白不呲咧　傻了呱叽　傻不愣登

黑不溜秋　黑咕隆咚　脏不拉叽

5. 语素替换鉴别法

事实上，确定一个词是单纯词还是合成词，最根本的是确定这个词包含的语素数，是确定语素的问题。确定语素常用替换法，即用已知语素替换有待确定是否语素的语言成分。如果在保持意义基本一致的前提下，词中的每个语言成分都能被替换，就说明这些语言成分有语素资格。例如，要确定“蜡烛”是单纯词还是合成词，就看“蜡”和“烛”各为一个语素呢，还是“蜡烛”才是一个语素。用语素替换法鉴别如下：

蜡人　蜡纸　蜡染　蜡笔　蜡版

香烛　火烛　花烛

由此可以看出，“蜡”和“烛”都可以在保持意义基本一致的前提下为别的已知语素所替换，“蜡”和“烛”都是语素，“蜡烛”是合成词。但是，如果一个词中的成分有的能替换，有的不能替换，那么说明整个词是不可分的，只包含一个语素，是单纯词。例如，“苹果”中的“苹”可替换，如“水果、鲜果、野果”等，“果”却不可替换，汉语中除“苹果”外，再没有“苹～”这类词了。如果一个词中的成分均不能替换，那么这个词是单纯词就更无疑义了。例如，“骆驼”中的“骆”和“驼”在相应位置上都不能替换，除“骆驼”外，既没有“骆～”这类词，也没有“~驼”这类词，“骆驼”只能是由一个语素构成的词。还有，运用语素替换法确定单纯词和合成词，一定要注意语义的一致性。只有语义一致的替换才是有效的。例如，“从容”若按下面方式替换就是无效的：

从事　从犯　从良　从此　从严

面容　愁容　市容　阵容　整容

因为“从容”的“从”与“容”跟“从事”等的“从”、“面容”等的“容”在意义上毫无关系。

下编　文献篇

试论《干禄字书》在正字学史上的地位*

《干禄字书》是唐代初期颜元孙撰写的一部正字学著作。颜元孙，字聿修，京兆万年（今陕西西安市）人，生卒年月不详，大约活动于唐高宗至唐玄宗时期。元孙少孤，寄居舅父殷仲容家，蒙殷氏教笔法。自幼聪颖超群，善文辞，工草隶。垂拱初年举进士，从此名动海内。历官长安尉、太子舍人及滁、沂、豪三州刺史，追赠秘书监。玄宗时因遭诬奏，曾被黜归田，乡居十载，《干禄字书》就是在此间得闲完成的。大历九年（公元774年），元孙之侄颜真卿任湖州刺史时，将《干禄字书》摹写刻石，立于刺史院东厅。由于《干禄字书》适应了当时学人士子“干禄”（追求俸禄）所需，加之颜真卿书法精美，刻石一立，便“一二工人昼夜传拓不息”（见《湖州府志》）。此后，历代均有翻刻，为世人所重，成为正字学史上具有独特地位的著作。近人罗振玉在其《〈干禄字书〉笺证》的“弁语”中给予极高评价：“小学盛于汉，晦于六朝，渐明于唐。汉、唐间诸字书，《说文解字》外，晋有吕忱《字林》，梁有顾野王《玉篇》，其书详矣、备矣，然多存后世俗作，意在补《说文》所未备。其实所收之字多无意义，大抵皆增其所不必增，于六书殊无裨益。惟唐人《干禄字书》《五经文字》实能祖述许书，折衷至当。《五经文字》犹偶有疏舛，《干禄字书》

* 本文曾刊于《东岳论丛》2003年第4期。

则有纯无驳，其足以是正古籍之处极多。……昔人云‘隋唐古籍一字千金’，其此书之谓矣。”（见《贞松老人遗稿》甲集）

本文拟从正字学发展史的角度，对《干禄字书》的历史地位进一步申述如次。

一

颜元孙之《干禄字书》既继承和发展了颜氏家学，又适应了当时的社会所需。不仅对汉字进行了一次系统整理，而且为当时的社会用字提供了范式，客观上起到了规范和统一当时的汉字，为后世保存唐初用字资料的作用，成就了它作为正字学著作而能够久传不衰的历史地位。

汉字在隶变与楷化的过程中，字形不断发生变化，同字异体现象十分普遍，尤其是魏晋南北朝以至隋代，由于时代动荡，战事频仍，社会混乱，人自为是，造成了汉字讹变丛生，异体纷呈的局面。对这种局面，北齐人颜之推（颜元孙之高祖）就曾指出：“晋、宋以来，多能书者。故其时俗，递相染尚，所有部帙，楷正可观，不无俗字，非为大损。至梁天监年间，斯风未变，大同之末，讹替滋生。萧子云改易字体，邵陵王颇行伪字；朝野翕然，以为楷式，画虎不成，多所伤败。至为一字，唯见数点，或妄斟酌，逐便转移。尔后坟籍，略不可看。北朝丧乱之余，书迹鄙陋，加以专辄造字，猥拙甚于江南。乃以‘百念’为‘忧’，‘言反’为‘变’，‘不用’为‘罢’，‘追来’为‘归’，‘更生’为‘苏’，‘先人’为‘老’，如此非一，遍满经传。”（《颜氏家训·杂艺》）他还论及了当时流行的诸多俗字，如“揖”下无“耳”，“席”中加“带”，“恶”上安“西”，“鼓”外设“皮”，“鑿”乃施“豁”等。（《颜氏家训·书证》）

唐初用字，沿袭故旧，讹俗仍多，这种情形可从传世文献敦煌藏卷以及唐人碑帖用字略见一斑。随着唐朝政治、经济的日趋强盛和国家的高度统一，文化和教育事业得到迅速繁荣，这就要求作为文化之载体，教育之工具的汉字要有统一而明确的使用标准和规范。到了唐太宗贞观年间，整理传世经籍，是正讹俗文字就被纳入政府工作范围。据《旧唐书·颜师古传》记载："太宗以经籍去圣久远，文字讹谬，令师古于秘书省考定五经，师古多所厘正。既成，奏之。太宗复遣诸儒重加详议，于时诸儒传习已久，皆共非之。师古辄引晋、宋以来古今本，随言晓答，援据详明，皆出其意表，诸儒莫不叹服。于是兼通直郎散骑常侍，颁其所定之书于天下，令学者习焉。贞观七年，拜秘书少监，专典刊正奇书难字，众所共惑者，随宜剖析，曲尽其源。"颜师古乃颜元孙之伯祖，唐代著名文字训诂学家。他在整理经籍用字，刊正俗谬的同时，撰有《颜氏字样》一卷。师古整理经籍用字虽为唐代规范文字之初绪，字样学（即正字学）之发端，然整理范围局限于经籍用字，《颜氏字样》之规模也不大。《颜氏字样》后经学士杜延业续修，成《群书新定字样》，但杜氏之书杂乱无序，颇不实用。显然这种状况还不能完成规范文字之重任，也不能满足士子学人在官吏考选和学校教育方面的需要。颜元孙为了弘扬颜氏家学，也为了使读书人在考试作文时书写正字有所依傍，于是尊重汉字的历史发展，从社会用字的实际出发，审慎地处理每一组异体字，准确地辨析每一组易混字，撰成《干禄字书》一卷。以上所述，在《干禄字书》的"自序"里皆有说明，"元孙伯祖故秘书监，贞观中刊正经籍，因录字体数纸，以示雠校。楷书当代共传，号为《颜氏字样》。怀铅是赖，汗简攸资。时讹顿迁，岁久还变。后有《群书新定字样》，是学士杜延业续修，虽稍增加，然无条贯，或应出而靡载，或诡众而难依。且字书源流，起于上古，自改篆行隶，渐失本真，若总据《说文》，便下笔多碍，当去泰去甚，使轻重合宜。不揆庸虚，久思编辑，顷因闲暇，方契宿心。遂参校是非，较量同异，其有义理全僻，罔弗毕该，点画小亏，亦无所隐。勒成一卷，名曰《干禄字书》。……有此区别，其故何哉？夫筮仕观光，唯人所急。循名责实，有国恒规。既考文辞，兼详翰墨。升沉是系，安可忽诸？用舍之间，尤须折衷。目以干禄，义在兹乎。"

《干禄字书》共整理汉字804组，凡1656字。其中异体字有709组，易混字有95组。实际上，颜元孙整理异体字的视野远不止这709组，因为他在编撰《干禄字书》时有一条原则，即“偏旁同者不复广出”，也就是说同偏旁的字如果有相同的变异，只选择一组，余可类推，如“聡聦聰：上中通下正。诸从怱者并同，他皆放①此”。又如“逄逢：上俗下正。诸同声者并准此，唯降字等从夅”。整理异体字，确定字形规范，是《干禄字书》的主要内容。而辨析易混字的音义，就可以避免书写别字，这也是正字法的内容之一。如“童僮：上童幼，下僮仆，古则反是，今所不行”。又如“彤肜：上赤色，徒冬反；下祭名，音融”。只是颜元孙没有把辨析易混字放到与整理异体字并重的地位，不过是“字有相乱，因而附焉”。拿《干禄字书》所整理的汉字跟汉字从篆到隶、从隶到楷的实际演变情况相对照，不难看出它不仅仅是对颜师古《颜氏字样》的修修补补，而是一次对《说文》以来汉字字形的系统整理和归纳。因此，可以说《干禄字书》是我国正字学史上第一部专门以规范汉字字形为目的的著作。该书的问世不但为当时的社会用字提供了标准“字样”，确立了楷书的规范依据，也为后世研究汉字发展史保存了十分珍贵的资料。

二

《干禄字书》在正字学史上的突出地位还表现在它对后来的正字学著作所产生的深刻影响上。主要有以下两个方面。

第一，《干禄字书》首开以“平上去入”四声为序编排字书的先河，并且直接影响到后来的一些正字学著作仿用这种编排方式。《说文解字》以前的字书，如《仓颉篇》《急就篇》等，不是严格意义上的字书，而是童蒙识字课本，在编排上一般按意义类别将相关的字编缀成四言或七言韵语的形式，便于诵记。《说文解字》首创部首编排法，将汉字归纳为540

① “放”即“仿”字。

部，每部建一首字（称为部首），同部首的字由部首统摄，这样，所收9353个字头就“分别部居”于540个部首之下。此后，西晋吕忱撰写的《字林》、北魏江式撰写的《古今文字》以及梁顾野王撰写的《玉篇》均沿用《说文解字》的部首编排法，只不过《玉篇》的部首比《说文解字》多出两部，即542部。随着“四声”的发明和韵书的出现，人们越来越重视汉字的声韵问题，正是因为有这样的背景，颜元孙在编写《干禄字书》时，对编排汉字的方式进行改革，采用了以“平上去入”四声为次的编排方式，也就是把同声调的字放在一起，将所收汉字分别归入“平声”“上声”“去声”和“入声”四个部分，每个声调的内部再按206韵的先后次序排列。所以在某种意义上讲，《干禄字书》也具有韵书的性质，对研究唐朝初期汉语声韵有重要的参考价值。值得注意的是，《干禄字书》之后出现的正字学字书，按四声排序成为主流的编排方式，如宋代张有的《复古编》、辽代行均的《龙龛手镜》（一名《龙龛手鉴》）、元代李文仲的《字鉴》、明代焦竑的《俗书刊误》等。

第二，《干禄字书》确定了正字学研究的基本内容和方法，不仅是唐代“字样学”的代表作，而且奠定了正字学研究的大致格局。如上所述，《干禄字书》主要有两个方面的内容，一是整理异体字，即从一组音义相同的汉字中选择规范字形作为用字标准。例如：

棲栖：并正。

跡迹：并正。

洗洒：并正。上亦姑洗字，下亦洒扫字。

堤隄：上俗下正。

秘祕：上俗下正。

版板：上通下正。下亦板荡字。

燃然：然烧字，上通下正。

峙峙跱：上俗中下正。

猿猨蝯：上俗中通下正，今不行。

二是辨析易混字，有的辨析读音，有的辨析意义，有的既辨析读音又辨析意义，目的是为了避免误读和误写。例如：

> 冷泠：上力鼎反；下力丁反。
>
> 抄杪：上初交反，又初教反；下杪末字，弥小反。
>
> 才材：上文才；下材质。
>
> 簿薄：上簿籍；下厚薄。
>
> 噎咽：上食噎；下咽喉，亦呜咽。
>
> 俳徘：上俳优字，音排；下徘徊字，音裴。
>
> 逮逯：上及也，徒计反，俗音徒再反，非也；下人姓，音录。

综观正字学发展史，《干禄字书》之后的正字学著作都或多或少地受到了它的影响，在内容方面基本上没有超出《干禄字书》所涉及的范围，在分析方法上也有不少沿袭《干禄字书》的做法。此类著作除上面谈到的《复古编》《龙龛手镜》《字鉴》《俗书刊误》外，还有唐代张参的《五经文字》和唐玄度的《新加九经字样》、宋代郭忠恕的《佩觿》、明代叶秉敬的《字孪》、清代龙启瑞的《字学举隅》以及近人黄侃的《字正初编》等。

三

《干禄字书》反映了作者颜元孙灵活变通的正字学思想。这种正字学思想不仅在当时是可贵的，而且对今天的汉字整理和规范化工作仍有借鉴意义，值得重视。从正字学思想发展史的角度，更应当深入分析和研究。这里选择几个主要方面加以说明。

第一，颜元孙既能尊重汉字的历史传统，又能正视汉字的发展变化，所以在对汉字进行整理，从而决定取舍时，就能做到以字源和字用相结合的原则，从一组异体字中筛选出既符合汉字的历史发展规律又体现社会用字实际状况的汉字作为用字标准。正如他在“自序”中所言：“若总据《说文》，便下笔多碍。当去泰去甚，使轻重合宜。”“用舍之间，尤须折衷。”如此依准《说文》而又不拘泥于《说文》的做法，就使得《干禄字书》所确定的正字大部分合于《说文》，个别正字却采用了经典相承或当时普遍应用的字形，舍弃了《说文》中生僻繁难而又不合时用的字形，如“曹、庸、典、毅、函”等。另外，有时具有不同记词功能的汉字在发展变化的过程中有了相同的记词功能，这是汉字的合流现象；有时具有多种记词功能的一个汉字在发展变化的过程中产生了不同的字形来分担记词功能，这是汉字的分化现象。对这两种情况，《干禄字书》也能从用字实际出发给予反映。例如，《说文》：“堤：滞也。”“隄：唐也。”《干禄字书》：“堤隄：上俗下正。”段玉裁《说文解字注》：“唐、塘，正俗字。”“俗用堤为隄。”但是罗振玉没有认识到这一点，因而在《〈干禄字书〉笺证》中，于此条下加“案语”说：“《说文》：‘堤：滞也。’‘隄：塘也。’非一字。《广韵》云：‘堤同隄。’误与此同。”又如，《干禄字书》：“簿薄：上簿籍；下厚薄。”《〈干禄字书〉笺证》在此条下加“案语”曰：“《说文》有‘薄’无‘簿’。古‘簿籍’‘厚薄’字无别。”

第二，《干禄字书》采用分级整理汉字的办法，把当用字分为俗、通、正三体，并规定了每一种字的适用范围，这就承认了一部分俗字和通用字的合法地位，给汉字书写者留有一定的选用余地，也使汉字规范具有一定的宽容度。颜元孙对俗、通、正三体有明确说明：“所谓俗者，例皆浅近。唯籍账、文案、卷契、药方，非涉雅言，用亦无爽，倘能改革，善不可加。”“所谓通者，相承久远。可以施表奏、笺启、尺牍、判状，固免诋诃。”“所谓正者，并有凭据。可以施著述、文章、对策、碑碣，将为允当。”（《干禄字书·自序》）这种重视“正字”，认可“通用字”，容许部分“俗字”在“非涉雅言”的民间场合使用的态度是现实而积极的，也是符合汉字在规范中求稳定，在规范外求发展的客观规律的。汉字发展的事实表明，《干禄字书》所保留下来的“通用字”和“俗字”，有不少成为后来的“正字”。如通用字“狸、猪、溪、鞋、蛙、埋、裙、年、巢、靴、丧、光、争、砧、笄、浣、叟、嫂、皂、坐、永、走、喻、妒、退、遍、携、旁、粮、衮、耀、棹、状、壮、硬”；俗字“虫、怜、床、楞、与、叙、断、减、决、乱、籴、粜、吊、况、恙、秤、夙”等，都是当前的规范字（即正字）。

第三，《干禄字书》明确提出了“并正”的概念，确立了“正字”并非唯一的观念。这是灵活变通、柔性规范的又一表现。在《干禄字书》收录的709组异体字中有56组标为“并正”或“并某某字”。在颜元孙看来，凡“并有凭据，可以施著述、文章、对策、碑碣”者，皆可定为正字。至于“凭据”，可以是传世字书的载录，可以是经典的传承使用，还可以是当时社会的普遍运用。总之，只要是“可以施著述、文章、对策、碑碣”者，皆可定为正字。也就是说，如果一组异体字均可施于著述、文章、对策、碑碣，而且在使用频率上不分伯仲，那么就可确定该组异体字为并正字。由此可见，颜氏判定正字的标准既不是完全根据字源学，也不是完全依据字书，而主要是依凭当时社会用字的实际情况。颜氏的这种正字思想，较之其后的正字学者，如《五经文字》的作者张参、《字鉴》的作者李文仲等，都有明显不同，表现出很大程度上的灵活性和变通性。这种灵活性和变通性来源于当时的用字实际，也给当时的汉字书写者留下了一定的选用空间。有的学者强调正字的唯一性，即在一组异体字中只能选定一个字为正字。这种想法固然有其合理性，但要把这种思想彻底贯彻到异体字整理中去，而且不出偏差，不要说是颜元孙时代的个人行为，就是当代的政府行为也很难做到。1955年12月22日中华人民共和国文化部和中国文字改革委员会联合发布的《第一批异体字整理表》共整理异体字810组，1865个汉字。这远远不是当时所存异体字的全部。对尚未整理的异体字，如纯粹异体字“碱硷”、包孕异体字“沙砂”等，在没有整理成果公布之前只能承认它们都是规范字，具有正字的地位。因此，颜元孙的正字思想对于我们认识和整理异体字仍有启发，具有现实意义。

主要参考文献：

[1] 施安昌：《颜真卿书〈干禄字书〉》，紫禁城出版社 1992 年版。

[2] 罗振玉：《〈干禄字书〉笺证》，见《贞松老人遗稿（甲集）》，华东师范大学图书馆馆藏刻本。

[3] 颜普元：《颜氏家学与风徽》，岳麓书社 1999 年版。

[4] 黄德宽、陈秉新：《汉语文字学史》，安徽教育出版社 1990 年版。

[5] 许慎：《说文解字》，中华书局 1963 年版。

[6] 施安昌：《善本碑帖论集》，紫禁城出版社 2002 年版。

[7] 曾荣汾：《字样学研究》，台湾学生书局 1989 年版。

[8] 范可育等：《楷字规范史略》，华东师范大学出版社 2000 年版。

[9] 汤可敬：《〈说文解字〉今译》，岳麓书社 1997 年版。

《干禄字书》的异体字及其相关问题*

《干禄字书》乃唐人颜元孙之正字学著作。该书不仅是唐代正字学之代表作，而且为后代正字学研究提供了范本，独具特色，值得探讨。

一 关于异体字之类型

《干禄字书》的基本内容可以概括为两部分，一是辨正异体字，二是辨析易混字。据初步统计，全书收录异体字共709组，1465个字。[①]异体字分俗、通、正三体。“所谓俗者，例皆浅近，唯籍账、文案、券契、药方，非涉雅言，用亦无爽。倘能改革，善不可加。所谓通者，相承久远，可以施表奏、笺启、尺牍、判状，固免诋诃。所谓正者，并有凭据，可以施著述、文章、对策、碑碣，将为允当。”[②]由于异体字组或为二字组，或为三字组，因此并非每一字组均包含俗、通、正三体。其中二字组为数较多，有662组，包括以下几种情况。

---

* 本文曾刊于《古籍整理研究学刊》2003年第4期。

① 由于《干禄字书》流传时间长，版本繁多，不同版本质量参差不齐，包含的字组数量多少也有差别。本文之统计是依据施安昌先生编写的《颜真卿书〈干禄字书〉》进行的。施氏本乃据故宫博物院所藏明拓本整理，堪称善本。

② 见《干禄字书》自序。

1. 曰“并正”者。例如：

躬躳：并正。棲栖：并正。

烟煙：并正。歌謌：并正，多用上字。

2. 曰“上俗下正”者。例如：

堤隄：上俗下正。床牀：上俗下正。

囙因：上俗下正。餚肴：上俗下正。

3. 曰“上通下正”者。例如：

曺曹：上通下正。燃然：然烧字，上通下正。

扵於葅菹猪豬鉏鋤：并上通下正。

三字组较少，只有47组，但有以下几种不同情形。

1. 曰“上俗中通下正”者。例如：

猨猿蝯：上俗中通下正，今不行。

2. 曰“上中通下正”者。例如：

聡聦聰：上中通下正，诸从悤者并同，他皆放①此。

麁麄麤：上中通下正。

3. 曰“上俗中下正”者。例如：

筞筴策：上俗中下正。峙峙跱：上俗中下正。

4. 曰“上通中下正”者。例如：

① “放”即“仿”字。

陰陰陰：上通中下正。

以上是从文本体例上分析《干禄字书》异体字之类型。若深入异体字构成之条件，又可发现，《干禄字书》所整理的异体字是广义性质的，既包括纯粹异体字，亦含有包孕异体字，还涉及交叉异体字。① 尽管书中没有对这些不同类型的异体字加以界定，但从释文中却不难看出颜氏对不同类型的异体字有不同的处理。

纯粹异体字是指音义完全相同，只是书写形式不同的异体字。这种异体字是在形体演变和传写的过程中发生讹变的结果，其特点是不管有多少种写法，每个形体的记词功能都是相同的。狭义的异体字专门指这种异体字。《干禄字书》所收录的异体字绝大部分是这种异体字，在表述上一般直接说明俗、通、正三体关系。例如：

囙因：上俗下正。

敘叙：上俗下正。

年秊：上通下正。

氷冰：上通下正。

皁阜：上通下正。

聦聰聽：上中通下正，诸从悤者并同，他皆放此。

猨猿蝯：上俗中通下正，今不行。

包孕异体字是指一个字的音义完全为另一个字的音义所包含的异体字。这种异体字是在使用过程中发生借用或字音字义演变的结果，其特点是被包孕字跟包孕字的一项或几项记词功能相同，而包孕字还有其他的记词功能。《干禄字书》对这种异体字的处理一般有明确表述，即在说明俗、通、正关系的同时，指出包孕字具有而被包孕字不具有的音义。例如：

① 纯粹异体字、包孕异体字、交叉异体字等概念是现代汉字学才提出的，但这些现象却是伴随汉字发展始终的。

芒邙：北邙山，上俗下正。上，芒刺字，音亡。

坂阪：上通下正。阪亦阪泉字，蒲板反。

版板：上通下正。下亦板荡字。

摭拓：并正。下亦开拓字。

瘡創：上通下正。下亦創造。

有个别包孕异体字采用了其他表述方式，如“凰皇：鳳皇字，上俗下正”，这就指明了“凰”和“皇”只有在记写“鳳皇”一词时，二字是异体字，而“皇帝”的“皇”是不作“凰”的。

交叉异体字是指部分音义相同、部分音义不同的异体字。这种异体字的形成跟包孕异体字相同，其特点是互为异体的字有相同的记词功能，各自又有不同的记词功能。《干禄字书》收这种异体字较少，在表述上既说明异体关系，又指出不同的记词功能。例如：

麾撝：上旌麾，下谦撝字。其指撝亦作麾。

洗洒：并正。上亦姑洗字，下亦洒掃字。

二　关于并正字

值得注意的是，在《干禄字书》收录的709组异体字中有56组标为“并正”或“并某某字”等，我们称之为“并正字”。有以下几种情况。

1. 直曰“并正”者。此类为数最多，有38组。

躬躳：并正。鶵雛：并正。隮躋：并正。鶏雞：并正。

棲栖：并正。灾災：并正。忻欣：并正。懽歡：并正。

烟煙：并正。迢遰：并正。鵰雕：并正。球璆：并正。

衿襟：并正。覩睹：并正。秆稈：并正。瓫甕：并正。

篲彗：并正。万萬：并正。懿懿：并正。叡睿：并正。

喷歕：并正。線綫：并正。廟庿：并正。射躲：并正。
赦赦：并正。獸嘼：并正。爛燗　并正。汎泛：并正。
岳嶽：并正。帙袠：并正。昵暱：并正。悊哲：并正。
跡迹：并正。役伇：并正。蹠跖：并正。搤扼：并正。
襝衸：并正。愧媿：并正。

2. 曰“并正”，且说明使用频率之不同者。

褒襃：并正，多用下字。歌謌：并正，多用上字。
禮礼：并正，多行上字。塊凷：并正，多行上字，唯弔书作凷。

3. 曰“并正”，且注音或释义者。

傃遡：向也，并正。紝綅：并正，音汝鸩反。

4. 曰“并正”，且注明二字为交叉异体字或包孕异体字者。

洗洒：并正，上亦姑洗字，下亦洒扫字。
摭拓：并正，下亦开拓字。

5. 曰“并某某字”，且进一步解释音义或使用情况者。

儌僥：并侥幸字，古尧反，相承已久。字书作儌，今不行用。僥，亦僬侥字，谓南方短人也，音谯尧。

俯俛：并俯仰字。俗以俛音免，非也。然作上字为胜。

6. 曰“上中并某某”或“中下并某某”者。

粽糝糂：上蜜瓜粽，中下并羹糝。
辥辤辭：上中并辥让，下辭说，今作辥，俗作辞非也。

7. 曰“上俗中下正”或“上通中下正”者。

峙峙跱：上俗中下正。　　解解解：上俗中下正。

坐坐坐：上俗中下正。　　𠮦𠮦召：上俗中下正。

筴筞策：上俗中下正。　　陰陰陰：上通中下正。

由以上不同表述可以看出，颜元孙所确定的并正字是有层次的。有的并正字可以任意替换，如“棲栖”；有的并正字是有条件的，如“摭拓”，只有在表示“拾取”义，音“之石反”时，二者才是并正字，而“开拓”的“拓”是不可用“摭”替换的，也就是说“拓”和“摭”是一组包孕异体字；有的虽为并正字，但在使用频率上有明显差别，显示出社会用字规范的取字倾向，如“歌謌”。

作为共时层面的呈现形式，一般都存在历时的传承关系。《干禄字书》并正字大多能从此前或同时代的字书中找到根据。其中并正二字均见于《说文解字》者有38组，又分两种类型。

其一，在同一条目中，一为字头，一为或体、籀文或古文等。例如：

躳：身也，从身从吕。躳或从弓。

煙：火气也，从火垔声。或从因。

稈：禾茎也，从禾旱声。《春秋传》曰：“或投一秉稈”。稈或从干。

帙：书衣也，从巾失声。帙或从衣。

雛：雞子也，从隹芻声。籀文雛从鳥。

雞：知时畜也，从隹奚声。籀文雞从鳥。

辤：不受也，从辛从受。受辛宜辤之。籀文辤从台。

睹：见也，从目者声。古文从見。

役：戍边也，从殳从彳。古文役从人。

其二，并正二字以不同条目出现，释义或相近，或不同。例如：

欣：笑喜也，从欠斤声。

忻：闓也，从心斤声。司马法曰：“善者，忻民之善，閉民之恶。”

歡：喜乐也，从欠雚声。

懽：喜歀也，从心雚声。

洗：洒足也，从水先声。

洒：滌也，从水西声。古文为灑埽字。

泛：浮也，从水乏声。

汎：浮皃，从水凡声。

哲：知也，从口折声。哲或从心。古文哲从三吉。

悊：敬也，从心折声。

二字同条共现者，在《说文解字》时代即为异体字。二字并列出条者，一般来说不是异体字，只有“哲”和“悊”情况有些特殊，在“知”义上，二者为异体字，而在“敬”义上，“悊”不能作“哲”。但到了颜元孙撰写《干禄字书》时，这些本来不是异体字的字，或变成纯粹异体字，或变成包孕异体字，或变成交叉异体字。总之以上两种情形的字，无论在《说文解字》里情况如何，但在颜氏撰书的时代它们是并行并用的一组异体字，且皆为正字。

另外18组并正字除极个别字组外，绝大多数字组有一个字见于《说文解字》，如“躋、棲、峙、俛、瓮、萬、召、策、獸、礿、解、坐、懿、遡、迹”等。而另一个字又多见于《干禄字书》前后的其他字书，如分别跟“躋、瓮、迹”并正的“隮、甕、跡”，均见于《玉篇》《篆隶万象名义》《五经文字》；分别跟“峙、俛、遡、萬、礿”并正的“跱、俯、愫、万、禴”，均见于《玉篇》《篆隶万象名义》；跟“棲”并正的“栖”，见于《玉篇》《五经文字》。当然也有个别的字不见于当时的字书，如与“解”并正的“觧”，但它们却常见于那时的碑刻文字或写卷文字。

《干禄字书》首次明确提出“并正”术语，确立了正字并非唯一的观念。这一点既跟此前的字书有明显不同，又与现代的正字标准不一样，显示了该书作者颜元孙某种发展的文字规范观念。《说文解字》收录了不少异体字，除了在正字下指明某为“古文”、某为“籀文”外，还有“某或从某”的说法，即在正字下指出时用正字的或体，但看不出许慎有二字并正的思想。《玉篇》在继承《说文解字》的基础上，除了使用古文、籀文等概念，又提出“亦作”“又作”“今作”“同”等说法。例如：

橛：渠月切。橛株山名。亦作橜。

棲：思奚切。鸟棲也。亦作栖。

栖：音西。鸟栖宿。又作棲。

樌：古换切。木丛生也。今作灌。

柄：必命切。柯柄也。棅：同上。

槀：苦道切。木枯也。槁：同上。

朵：都果切。木上垂。朶：同上。

楥：吁萬切。履法也。楦：同上，俗。

牀：仕良切。《说文》曰：安身之坐者。床：同上，俗。

傻：思口切。老也。与“叟”同。

佲偠：二同。弥顶切。

从以上例子可以看出，《玉篇》说明异体字的方式比《说文解字》丰富得多。值得注意的是，《玉篇》“同”的观念跟《干禄字书》的“并正”观念似有传承关系，但实质并不相同。《玉篇》的“同”只是说明音义俱同的异体关系，没有确定二字均为正体，尤其像“楥”与“楦”、“牀”与“床”等在标明二者异体关系的同时，还说明了“楦”“床”分别为“楥”“牀”的俗体。那么，颜元孙为何提出“并正”概念，且用以分析当时的异体字呢？这与颜元孙独特的正字思想不无关系。

在颜元孙看来，凡“并有凭据，可以施著述、文章、对策、碑碣”者，皆可定为正字。至于“凭据”，可以是传世字书的载录，可以是经典的传承使用，还可以是当时社会的普遍运用。总之，只要是“可以施著述、文章、对策、碑碣”者，皆可定为正字。也就是说，如果一组异体字均可施于著述、文章、对策、碑碣，而且在使用频率上不分伯仲，那么就可确定该组异体字为并正字。由此可见，颜氏判定正字的标准既不是完全根据字源学，也不是完全依据字书，而主要是依凭当时社会用字的实际情况。颜氏的这种正字思想，较之其后的正字学者，如《五经文字》的作者张参、《字鉴》的作者李文仲等，都有明显不同，表现出很大程度上的灵活性和变通性。这种灵活性和变通性来源于当时的用字实际，也给当时的汉字书写者留下了一定的选用空间。

有的学者强调正字的唯一性，即在一组异体字中只能选定一个字为正字。这种想法固然有其合理性，但要把这种思想彻底贯彻到异体字整理中去，而且不出偏差，不要说是颜元孙时代的个人行为，就是当代的政府行为也很难做到。1955 年 12 月 22 日中华人民共和国文化部和中国文字改革委员会联合发布的《第一批异体字整理表》共整理异体字 810 组，1865 个汉字。这远远不是当时所存异体字的全部。即便是所整理的这 810 组，也存在一些问题。到 1986 年 10 月 10 日重新发表《简化字总表》时，确认“訢、讌、曄、讋、訶、鰌、紬、劃、鱠、諲、讎”11 个字类推简化作“䜣、谯、晔、詟、诃、鳅、䌷、划、鲙、谭、雠”，不再作为“欣、宴、烨、慑、呵、鳅、绸、锥、脍、诨、仇”的异体字而淘汰。1988 年 3 月 25 日国家语言文字工作委员和中华人民共和国新闻出版署联合发布的《现代汉语通用字表》收入“翦、邱、於、澹、骼、彷、菰、溷、徼、薰、黏、桉、愣、晖、凋”15 个字作为规范字，不再作为“剪、丘、于、淡、胳、仿、菇、混、熏、粘、案、楞、辉、雕”的异体字而淘汰。此 26 个字先被打入冷宫，后又重新被确立为规范字（即正字）。对尚未整理的异体字，如纯粹异体字“碱硷”、包孕异体字“沙砂”等，在没有整理成果公布之前只能承认它们都是规范字，具有正字的地位。因此，颜元孙的正字思想对于我们认识异体字也有借鉴意义。

三　关于同类同例与同类不同例

如果异体字的构成情况相同，解说体例也是同一体例，我们称其为同类同例。与此相反，如果异体字的构成情况相同，而解说却采用了不同体例，那么就是同类不同例。考察《干禄字书》之体例可以发现，《干禄字书》在解释异体字俗、通、正三体时，除了创立“同偏旁者不复广出”之体例外，还有很多同类同例共现的。例如：

A. 迴迥：上俗下正。坰垧：上俗下正。

B. 携攜：上通下正。鑴鐫：上通下正。

C. 燃然：然烧字，上通下正。燋焦：焦烂字，上通下正。

当然，也有不少同类不同例的。例如：

A. 旅旅：上俗下正。扵於：上通下正。

B. 色色：上俗下正。肥肥：上通下正。

C. 抂枉：上俗下正。撗横：上通下正。

还有的是同类同例与同类不同例交互出现。例如：

A. 苽瓜：上俗下正。菓果：上俗下正。韮韭：上通下正。

B. 堤隄：上俗下正。堦階：上俗下正。坂阪：上通下正。

C. 荔荔：上俗下正。脅脅：上通下正。恊協：上通下正。

D. 虆虆：上俗下正。苐第：上俗下正。莭節：上俗下正。

蔦篤：上通下正。苐等：上通下正。

一般而言，构成情况相同的异体字应该属于同一类，解说体例也应该使用同一体例，即同类同例。那么《干禄字书》何以出现如此多的同类不同例呢？探究其原因，有人或许首先想到颜氏自乱体例。当然，我们不能排除有个别例子可能属于这种情况。但是有如此多的同类不同例存在，绝不能简单地看成颜氏自乱体例。恰恰相反，这也许正是颜氏注重实际，严格遵守已确立的划分俗、通、正三体之标准的表现。从以上例子不难看出，同类不同例的情况集中在俗字和通字的确定上。根据颜氏的标准，俗字跟通字的差异除使用领域有别外，最根本的不同是使用时间的长短，通字其实也是俗字，只是“相承久远”而已。同类是类推的结果，而类推常常有先后，先变者为源，后变者为流。区分源流就可导致俗通之别。先变者相承沿用，使用时间长，流通范围广，于字为通；后变者使用时间短，流通范围小，于字为俗。因此，表面看来属于同一类型的变异情形，而颜氏却做了不同的处理，就容易理解了。在这个问题上需要进一步做的工作是考察这些同类型的变异究竟谁先谁后，以印证颜氏之处理是否真正符合实际。

主要参考文献：

［1］施安昌：《颜真卿书〈干禄字书〉》，紫禁城出版社 1992 年版。

［2］许慎：《说文解字》，中华书局 1963 年版。

［3］顾野王：《大广益会玉篇》，中华书局 1987 年版。

［4］［日］释空海：《篆隶万象名义》，中华书局 1995 年版。

［5］张参：《五经文字》，中华书局 1985 年版。

［6］裘锡圭：《文字学概要》，商务印书馆 1988 年版。

［7］高更生：《汉字研究》，山东教育出版社 2000 年版。

［8］高更生：《谈异体字整理》，《语文建设》1991 年第 10 期。

［9］范可育等：《楷字规范史略》，华东师范大学出版社 2000 年版。

［10］魏励：《〈第一批异体字整理表〉的调整》，《语文建设》1990 年第 6 期。

《干禄字书》正字的性质及其来源*

一 《干禄字书》正字的性质

这里所讨论的正字是指《干禄字书》中与俗字、通字相对的字和标以“并正”或“并某某”的字，不包括《干禄字书》所辨析的易混字。

要认识《干禄字书》正字的性质，首先还是应该看一看作者是怎样界定“正字”的。作者颜元孙在“自序”中说：“所谓正者，并有凭据，可以施著述、文章、对策、碑碣，将为允当。”这一表述包含两层意思：一是正字都是“有凭据”的字；二是正字是适用于著述、文章、对策、碑碣等正式场合的字。作者在这一表述之后加小字注云：“进士考试，理宜必遵正体；明经对策，贵合经注本文；碑书多作八分，任别询旧则。”这就进一步说明了正字的当用场合及其规范性。从对正字的界定和注释文字可知，正字是在正式场合使用的规范汉字。唯“有凭据”这一条作者没有明确给出所遵从的“凭据”是什么。不过，作者在“自序”中还说：“若总据《说文》，便下笔多碍，当去泰去甚，使轻重合宜。”这句话实际上告诉

---

* 本文曾刊于《中国文字研究》第五辑，广西教育出版社 2004 年版。

我们《干禄字书》确定正字主要还是依据《说文》，只有当《说文》的字生僻繁难而又不合时用时，才“去泰去甚，使轻重合宜”。所以罗振玉在《〈干禄字书〉笺证》的“弁语”里说：“小学盛于汉，晦于六朝，渐明于唐。汉唐间诸字书，《说文解字》外，晋有吕忱《字林》，梁有顾野王《玉篇》，其书详矣、备矣，然多存后世俗作，意在补《说文》所未备。其实所收之字多无意义，大抵皆增其所不必增，于六书殊无禆益。惟唐人《干禄字书》《五经文字》实能祖述许书，折衷至当。《五经文字》犹偶有疏舛，《干禄字书》则有纯无驳。”罗氏之说当是以《干禄字书》与《说文》进行比照之后所得出的判断。

至于《干禄字书》中少部分不合《说文》的正字，作者又是依据什么原则确定的呢？余嘉锡在《四库提要辨证》中说：“所谓正者，并有凭据，或本《说文》，或本经典。”据此，经典相承用字是《干禄字书》确定正字字形的又一依据。通过跟《五经文字》《经典释文》《新加九经字样》等比较，确实可以发现有些正字取自经典用字。这些经典用字或《说文》未收，或《说文》虽收，但字形繁难，不如经典用字切合实用。例如，依《说文》，正字“曹”当作䳹，但经典相承用隶省字“曹”，“曹”书写相对简易，而且也是当时社会用字中的常用字，所以颜元孙取“曹”为正字，另取出自石经且当时也很流行的“曺”为通字，曰：“曹曺：上通下正。”《五经文字》云：“䳹曹曺：上《说文》；中经典相承隶省，凡字从曹者皆放①此；下石经。”可以为证。还有极小一部分正字不合《说文》或不见于《说文》，而且也没有经典用字的依据。这些字的取字依据有以下几种可能：

1. 有不同于《说文》的其他来源。

2. 属于《说文》之后产生的新造字。

3. 采用当时流行的俗字为正字。当然也不能排除有个别正字是在传刻的过程中产生的讹字。

有一点值得注意，不合《说文》的正字究竟哪些是颜元孙采用时用

① “放”即“仿”字。

字，实践其“去泰去甚，使轻重合宜”的文字观的结果，哪些是书刻时造成的讹误，对此做出断定有时是非常困难的。举例来说，《干禄字书》以“箎”为正字。罗振玉因“箎”字不合《说文》而断定为“误”。他在《〈干禄字书〉笺证》中于该字组之后加“案”曰：“《说文》‘箎’从竹从虒。此从虎作箎，误。”孙沐在夷门广牍本《干禄字书》之后所加“跋语”亦认定“箎”字误。然而从唐初石刻用字看，“箎”字很流行，倒是“篪”字不太常见。如“夫人武氏，早修贞顺，幼综妇仪，行自杨门，埙箎相韵。”（《杨贵墓志》）“婉埙箎而立性，总椒桂而凝怀。”（《张君妻苅姬墓志》）“总埙箎而辅质，婉兰桂而矜怀。”（《梁君妻孔氏墓志》）或许以“箎”为正字，恰是颜元孙之本意，是其不拘泥于《说文》的实际表现之一例。

总之，《干禄字书》的正字是有一定来源依据的字，是适用于正式场合的字，是比通字、尤其是比俗字规范程度更高的字，也就是说，是当时的标准字样。

二 《干禄字书》正字的来源

上文已经指出，《干禄字书》选定正字主要依据《说文》。那么《干禄字书》的正字到底有多少来自《说文》，其比例有多大？下面我们先就这一问题进行考察。

1. 以下正字见于《说文》，而且字形与《说文》（大徐本）正篆隶定字字形相合。所谓“相合”是指构形相合，即构字部件（或字素）相同，构造模式一致。有的正字跟《说文》正篆隶定字笔画稍异，笔形有所变化，如“爪”与“瓜”“誇”与“誇”等，这些细微差别忽略不计。

聰 功 蒙 叢 筩 衷 馮 雄 蟲 躳 龍 從 逢 恭

凶 邦 雙 支 巵 簁 虧 規 兒 澌 差 窺 羸 辤

兹 耆 夔 醫 私 蕤 尼 蚩 貍 夷 龜 衰 棊 丕

絲 疑 微 徽 暉 肥 歸 胥 虛 菹 豬 鉏 芻 殳
儒 襦 驅 廚 扶 雛 麤 壺 鑪 蒲 蘇 圖 徒 黎
泥 霓 谿 隄 氐 齎 躋 稽 雞 犀 鼷 鼂 蘿 懷
豺 灰 臺 回 因 珍 分 帬 筋 忻 欣 蝯 黿 樊
坤 完 寬 冠 看 單 安 懽 歡 關 刪 鰥 乾 牽
權 愆 焉 然 季 廛 延 鐫 鉛 專 煙 飆 喬 堯
樵 料 髫 迢 梟 僥 雕 肴 巢 牢 鼉 贏 訶 歌
瓜 庌 邪 櫨 誇 麚 蠶 含 耼 牆 牀 莊 商 觴
腸 彊 章 羌 糧 涼 旁 臧 當 囊 皇 罡 光 岡
剛 邛 橫 迎 旌 朙 京 輕 盈 庭 冥 荓 耕 罌
爭 休 鄉 牟 球 兜 溝 陰 潛 檐 僉 詹 霑 冰
興 矜 勝 繩 陵 弘 滕 能 鑒 凡 蚌 講 從 紙
氏 技 此 尒 爾 旨 峙 市 裏 恥 齒 止 軌 幾
黍 巨 與 所 楚 敘 舞 黼 豎 取 鼓 羖 土 虎
苦 睹 體 蠡 禮 洗 洒 啓 解 罷 采 隱 筍 準
偃 阪 本 袞 亶 滿 盌 稈 典 艸 繭 沔 翦 夭
繞 肇 兆 巧 嫂 燥 埽 擣 老 稾 寶 考 瑣 果
寡 寫 假 斝 瓦 椹 覽 擘 養 兩 爲 纚 莽 駔
整 囧 景 丮 騁 竝 迥 友 丑 缶 牖 受 臼 咎
韭 丞 后 苟 狗 妟 甚 忝 拯 等 減 湅 夢 侌
義 譬 戲 寐 置 轡 祕 嗣 亟 器 鼻 飤 弒 貴
御 庹 遽 箸 句 諭 慕 度 姤 顧 措 遡 害 帶
泰 最 兌 賴 膾 墮 歲 閉 荔 戾 祭 裔 脃 繫
繼 薊 彗 第 派 挂 畫 戒 介 孛 輩 再 劾 凷
祓 訊 胤 釁 慭 齔 疢 奮 訓 憲 獻 券 建 萬
遁 噴 歕 粲 亂 侃 歎 館 蒜 算 懦 竄 宦 篡
諫 鴈 麪 變 羨 燕 宴 偏 綫 召 耀 弔 廟 盜
操 霸 躭 赦 晳 匠 況 恙 樣 狀 壯 夐 勁 孟
正 佞 聽 定 廷 臭 舊 肉 富 獸 寇 紝 譖 爓

餤 稱 隥 汎 泛 哭 僕 肅 儵 叔 礐 篤 局 足
搉 斲 邈 嶽 悉 匹 率 漆 逸 卒 密 帙 暱 黻
蝨 厥 闕 韈 勃 突 殺 拔 節 決 蔑 熱 滅 鼈
缺 切 徹 哲 悊 糴 敵 狄 嫡 析 歷 益 席 索
柏 隙 掖 迹 役 蹠 跖 拓 策 冊 革 搤 雜 蹋
帀 匣 插 愶 獵 楫 輒 緝 若 衲 鑿 惡 鶴 貉
博 飾 稷 直 色 穡 默 或 脅 劫

2. 以下正字亦见于《说文》，字形与《说文》重文隶定字字形相合。括号内标示的是《说文》重文的类别，“或”“古”“籀”“篆”“俗”分别表示“或体”“古文”“籀文”“篆文”和“俗体”。

鴟（籀）躬（或）辥（籀）於（古）膚（籀）鶵（籀）
鷄（籀）棲（或）灾（或）災（籀）麕（籀）豚（篆）
攀（或）全（篆）烟（或）鵬（籀）誷（或）覃（篆）
疆（或）創（或）坰（或）靈（或）流（篆）璆（或）
簪（俗）兕（古）俛（或）覩（古）礼（古）秆（或）
藻（或）坐（古）糝（古）爽（篆）遡（或）篿（或）
對（或）退（古）線（古）廗（古）貌（籀）竈（或）
射（篆）赦（或）粢（或）學（篆）岳（古）衺（或）
昵（或）鐵（或）役（古）摭（或）齰（或）

以上两项相加共有595字，约占《干禄字书》802个正字的74%。所以，说《干禄字书》确定正字主要依据《说文》是符合事实的。由此也可以看出，颜元孙选定正字字样时是尊重汉字历史传统的，他的变通精神是有一定限度的。有几个正字的取样，在一定程度上还显示出颜元孙保守的一面，如“巢”“㫄”“灮”“𧶠”等字虽然当时还在使用，但远远不如“巢”“旁”（或“傍”）“光”“貴”等常用，而且“巢”“旁”（或“傍”）“光”“貴”等已经进入经典常用字的行列，完全可以确立它们的正字地位，至少可以让它们跟“巢”“㫄”“灮”“𧶠”取得“并正”

资格。

字形不合《说文》的正字大致有以下几个方面的来源。

1.《说文》有与之对应的字，但《干禄字书》根据实际使用情况，选择隶变、隶省字为正字，这些隶变、隶省字更常用，而且大多是经典传承用字。例如：

庸：《说文》从用从庚，隶定作庸。“庸”为隶变字。《五经文字》：“庸庸：以钟反。上《说文》；下相承隶省。”

竊：《说文》从穴从米，禼、廿皆声，隶定作竊。“竊”为隶省字。《五经文字》作竊。

邊：《说文》从辵臱声，隶定作邉。“邊”为隶变字。《五经文字》作邊。

督：《说文》从目叔声，隶定作督。督”为隶省字。《五经文字》：“督督：上《说文》；下经典相承隶省。”

貿：《说文》从貝丣声，隶定作貿或貿。“貿”为隶省字。《五经文字》：“貿貿：上《说文》；下经典相承隶省。”

散：《说文》从肉㪔声，隶定作𢿱。“散”为隶变字。《五经文字》：“𢿱散：上《说文》；下石经。”

俞：《说文》从亼从舟从巜，隶定作兪。“俞”为隶变字。《五经文字》：“兪俞：上《说文》，从亼从舟从巜，巜，音工外反；下依石经变舟作月。”

屬：《说文》从尾蜀声，隶定作“屬”。“屬”为隶省字。《五经文字》：“屬屬：上《说文》；下经典相承隶省。”

款：《说文》正篆从欠，窾省，隶定作歀；或体从欠从柰，隶定作款。“款”为隶省字。《五经文字》：“歀 款：苦管反。上《说文》；下经典相承隶省。作欵，非。”

晉：《说文》从日从臸，隶定作晉。“晉”为隶省字。《五经文字》：“晉晉：上《说文》；下石经。”

備：《说文》从人葡声，隶定作備。“備”为隶省字。《五经文字》：“備備：上《说文》，从𦫳从用，𦫳，已力反；下经典相承隶省。”

隸：《说文》正篆从隶柰声，隶定作隸；篆文从隶从祟，隶定作隸。“隷”为隶省字。《五经文字》：“隸隷：力计反。上《说文》；下经典相承隶省。”

奪：《说文》从又从奞，隶定作奪。“奪”为隶变字。《五经文字》作奪。《〈干禄字书〉笺证》：“奪，《说文》作奪。此从隶变。”

扼：《说文》正篆从手鬲声，隶定作搹；或体从手从戹，隶定作搤。《五经文字》：“搹扼：二同，并乌革反。上见《礼经》。”“搹”即搹，“扼”为“搤”之隶变。《说文解字注》：“搤，今隶变作扼。”

毅：《说文》从殳豙声，隶定作毅。《五经文字》作毅。《〈干禄字书〉笺证》：“《说文》‘毅’从殳豙声，此从家，隶省。”

鄰：《说文》从邑粦声，隶定作鄰。“鄰”为隶变字。《新加九经字样》：“鄰鄰：五家为鄰。上《说文》；下隶省。作隣者讹。”

2.《说文》有与之对应的字，但《干禄字书》根据实际使用情况，选择当时流行的讹变俗字为正字，或是根据当时的书写习惯，选择习惯用字为正字。当然，个别正字还可能是后世传刻造成的错讹字。例如：

襛：《说文》从衣農声，隶定作襛。俗书衤旁与礻旁相乱，“襛”遂有作禯者。《〈干禄字书〉笺证》：“《说文》：‘襛：衣厚皃。从衣農声。《诗》：何彼襛矣。’据此则‘禯’当从衣，从礻，误。”

篪：《说文》正篆从龠虒声，隶定作龥；或体从竹虒声，隶定作篪。俗书将“篪”省作篪，唐初流行。《〈干禄字书〉笺证》：“《说文》‘篪’从竹从虒。此从虎作篪，误。”

釐：《说文》从里𠩺声，隶定作釐或釐。左上部的“未”俗书常作𣎵，故“釐”俗书当可作釐。“瓠鹿何望？嫠釐向隅。”（唐《慕容君妻张顺墓志》）“扵是允釐以公事，出为忠州剌史。”（唐《卢承业墓志》）“纠直论非，豪釐无隐。”（唐《杨轨墓志》）均可参。《〈干禄字书〉笺证》：“《说文》‘釐’从里𠩺声。此从𠩺，乃传刻之误。”

穨：《说文》从秃貴声，隶定作穨。段注本《说文》从秃𧶠聲，隶定当作穨。段玉裁在“穨”字之后加注曰：“此从𧶠声，今俗字作頹，失其声矣。”从石刻用字看，魏晋南北朝以至隋唐很难见到作“積”或“穳”者。“頽”是主流用字，俗书亦常作“頹”，所以颜氏以“頽”为正，以“頹”为通。

寃：《说文》从兔从冂，隶定作冤。“寃”为俗字，但石刻用字比较流行。如“化金徒说，埋玉成寃。”（唐《周藻墓志》）“义结鲁人，寃深赵卒者，不亦痛乎！”（唐《杜并墓志》）《〈干禄字书〉笺证》：“《说文》‘冤’从冂兔，字当作冤。此作寃，误。”《龙龛手镜》：“寃寃：于袁反，屈也，枉也，苦也。又县名。二。”可参。

褒裦：《干禄字书》：“褒裦：并正，多用下字。”大徐本《说文》从衣，保省声，隶定作褒。段注本隶定亦作褒，另加注云：“隶作褒、作裦。”《五经文字》：“褎：补牢反，或作褒，又作裦，皆讹。”《〈干禄字书〉笺证》：“《说文》作褎。《玉篇》作褎。《五经文字》云：‘或作褒、裦，皆讹。’此以讹为正。”《广韵》以“褒”为“褎”之俗。从唐初石刻用字看，褎、褒、裦三字均用，但以“裦”字最为常见，如“祖褎，周徐州刺史。”（《明雅墓志》）“以公年将颐秏，□诏特褒，彰显以荣官，表间千载。”（《刘德墓志》）“指归定于雌黄，裦贬由其月旦。”（《王宾墓志》）“重君才行，深见裦奖。”（《裴镜民墓碑》）“君讳彦裦，其先河间人也。”（《邢彦墓志》）“君讳裦，字彦裦，会稽人也。”（《范褒妻柳氏墓志》）

鹽：《说文》从鹵監声，隶定作鹽。《〈干禄字书〉笺证》：“《说文》‘鹽’从鹵監声，字作鹽。此作鹽，误。”

叡睿：《干禄字书》“叡睿”二字“并正”。《说文》：“叡：深明也；通也。从𣦼，从目，从谷省。睿，古文叡。壡，籀文叡从土。”《〈干禄字书〉笺证》：“二字当作叡、睿。”叡、睿虽为叡、睿之讹，但罗氏以《说文》正之，未必符合颜氏原意。唐初石刻用字常见作叡、睿者，如“祖卿，朝散大夫大理正；父叡，都水监丞。”（《樊氏六娘七娘九娘墓志》）“父叡，随密州巫山县长。”（《元罕墓志》）《张善及妻上官氏墓志》“睿智”作“睿智”。又“君冥极兼资，表因心于育下；心灵洞照，驰睿范于龄年。”（《谢通墓志》）“俄以北京肇建，睿念属于枌榆；中阳旧居，分官侍于才秀。”（《崔哲墓志》）以叡、睿为正，或许正是颜氏实践其“当去泰去甚，使轻重合宜”思想的具体表现。

爨：《〈干禄字书〉笺证》：“爨，当作爨。”依《说文》“爨”确实应作爨，然而晋《爨寳子碑》作爨，南朝宋《爨龙颜碑》作爨，唐《爨右墓志》《桑贞墓志》等作爨，“爨”或许为唐时流行俗字，《干禄字书》是以俗为正。《〈干禄字书〉研究》：“罗氏《笺证》云：‘当作爨。’未必为是，此取通行字为正也。”可参。

貣：“貣”，常用字书不见载录。有的版本作“貣”，“貣”字常用字书亦不见载录。其俗字《干禄字书》作貣，有的版本作貣。《〈干禄字书〉研究》：“貣貣不知何字，《广韵》志韵虽见貣字，云：‘或也，直吏切。’然韵次不合。或当从丙己本作貣貣。”（按：丙本指的是龚氏钞本，己本指的是小学汇函本）“貣”当为“貣”之讹变字。

3.《说文》有与之对应的字，《干禄字书》取后起或体字或是《说文》漏收之字为正字，或者是以后起或体字、《说文》漏收之字跟《说文》所收之字“并正”。还有的是取后起的分化字为正字。

例如，正字“躁”，《说文》作趮，“躁”为后起或体，因经典常用，《干禄字书》取以为正。《干禄字书》以“衿襟”二字“并正”，其实这两个字都是后起或体字，《说文》作裣或紟。同类的例子还有：正字“耄”，《说文》作薹；正字“膝”，《说文》作厀；正字“狹”，《说文》作陜等。

再如，《说文》：“迹：步处也。从辵亦声。蹟，或从足責。速，籒文迹从束。”后来又出现了或体“跡”，《干禄字书》取“跡”与“迹”并正。同类的例子还有：《说文》作“瓮”，后来出现或体“甕”，《干禄字书》二字并正；《说文》有“躋”无“隮”，《干禄字书》二字并正；《说文》有“衸”无“褕”，《干禄字书》二字并正；《说文》有“峙”无“跱”，《干禄字书》二字并正等。

又如，正字“樽”本作尊，《说文》有“尊”无“樽”，“樽”乃后起分化字。同类的例子还有：正字“皁”本作“草”，《说文》有“草”无“皁”，后因“草”借作“艸”，且久借不还，遂造“皁”字以承担“草”之本义，从而分化“草”的记词功能。

4.《说文》没有与之对应的字，《干禄字书》的正字或是《说文》失收的字，或是《说文》之后产生的新字。

这类正字有些可见于大徐本《说文》新附字，如襧、售、鞾、櫂、侪、鬐、馱、懇、鼇、勢、闃等。有几个正字也见于新附字，但字形稍异，如翺（新附作翱）、翻（新附作翻）、笑（新附作笑）等。不见于新附字的还有槁、鵶、贊、兗、弊、万、笴、褉、夹、鞕、稍等。

从以上分析可知，《干禄字书》选取正字虽然主要依据《说文》，但《说文》之外的字却有着不同的来源，总体而言，《干禄字书》的正字是一个多来源的字类集合。由此也可看出，颜元孙在对待正字问题上既尊重以《说文》为标准的历史传统，也能够顺应汉字的发展变化，根据社会实际用字选定正字字样。

主要参考文献：

[1] 许慎：《说文解字》，中华书局 1963 年版。

[2] 段玉裁：《说文解字注》，上海古籍出版社 1981 年版。

[3] 陆德明：《经典释文》，中华书局 1983 年版。

[4] 施安昌：《颜真卿书〈干禄字书〉》，紫禁城出版社 1992 年版。

[5] 张参：《五经文字》，中华书局 1985 年影印丛书集成初编本。

[6] 唐玄度：《新加九经字样》，中华书局 1985 年影印丛书集成初编本。

[7] 罗振玉：《〈干禄字书〉笺证》，见《贞松老人遗稿（甲集）》，华东师范大学图书馆馆藏刻本。

[8] 释行均：《龙龛手镜》，中华书局 1985 年版。

[9] 曾荣汾：《字样学研究》，台湾学生书局 1988 年版。

[10] 曾荣汾：《〈干禄字书〉研究》，（台湾）中国文化大学中文研究所博士学位论文。

[11] 王平：《〈说文解字〉重文与正篆比较研究》，博士学位论文，华东师范大学，2003 年。

[12] 北京图书馆金石组：《北京图书馆藏中国历代石刻拓本汇编》，中州古籍出版社 1989 年版。

[13] 符渝：《〈干禄字书〉的正字观及现实意义》，《北京师范大学学报》（人文

社会科学版）2002 年第 4 期。
［14］张涌泉：《汉语俗字研究》，岳麓书社 1995 年版。
［15］秦公：《碑别字新编》，文物出版社 1985 年版。
［16］李建国：《唐代的字样之学》，《传统文化与现代化》1995 年第 6 期。
［17］丁方豪：《〈干禄字书〉正字与现代汉字规范字的传承关系》，见王均主编《语文现代化论丛》，山东教育出版社 1995 年版。
［18］赵平安：《隶变研究》，河北大学出版社 1993 年版。
［19］郝茂：《三种楷体正字书的比较》，《新疆大学学报》（哲学社会科学版）1996 年第 1 期。
［20］李荣：《文字问题》，商务印书馆 1987 年版。

“⿰希爪”字考释

——兼及⿰希爪、⿰希爪、⿰希爪*

“⿰希爪”字《汉语大字典》注音为 fēn，释文为：“《龙龛手鉴·爪部》：‘⿰希爪，《经音义》作分、布二字呼。’《字汇补·爪部》：‘⿰希爪，音分。见《篇韵》。”认为“⿰希爪”字读“分”音的还有：《康熙字典》在备考部分收有“⿰希爪”字，释为“《龙龛》音分。”而《字海》“⿰希爪”字的释文为“同‘⿰希爪’。字见《龙龛》。”“⿰希爪”字注音为 xī，释文为“义未详。见《直音篇》。”另外还收有“⿰希爪”字，释文为“同‘⿰希爪’。字见《篇海》”。这三部字典的共同点是，都认为“⿰希爪”是单音节字，注音并说明了出处，没有释义。不同的是《汉语大字典》和《康熙字典》标音一致，认为读 fēn，只不过前者用汉语拼音注音，后者用直音法注音，《字海》却认为读 xī，同时沟通了“⿰希爪”“⿰希爪”“⿰希爪”三字的异体关系。

那么“⿰希爪”究竟是个什么字，音义如何？它和“⿰希爪”“⿰希爪”是什么关系？张涌泉先生在《汉语俗字丛考》中通过考证《龙龛》《直音篇》《篇海》等文献，疑“⿰希爪”“⿰希爪”“⿰希爪”均为“分布”二字的合体讹字。为方便说明问题，兹将张涌泉先生于此三字下所加“按”转录如下。

* 本文曾刊于《中国文字研究》第四辑，广西教育出版社 2003 年版。

⿰希爪

按：《直音篇》卷二爪部："⿰希爪，希、分、布三音。"考《篇海》卷一一爪部引《搜真玉镜》："⿰希爪，分、布二音。"又云："⿰希爪，音希。"盖即《直音篇》所本。"音希"之音当是根据字形得出的"俗音"，不可从。"分""布"二音的"⿰希爪"则疑即"分布"二字的合体讹字，说详下"⿰𢁳爪"字条。

⿰𢁳爪

按："⿰𢁳爪"为"⿰希爪"字俗写。《龙龛》卷一巾部："𢁳、帝：二俗，音希。"这二字皆为"希"的俗字，可以比勘。"⿰𢁳爪"疑是"分布"二字的合体讹字。《篇海》以"⿰𢁳爪"字音"希"，盖望形而生音，不可从。参上条。

⿰𢁳爪

按："希"字俗作"𢁳"，又作"帝"，据此推断，《字海》以"⿰𢁳爪"同"⿰希爪"也许是正确的。但《字海》"⿰𢁳爪"字音 xī，则不可从。"⿰𢁳爪（⿰𢁳瓜）"疑即"分布"二字的合体讹字。《龙龛》卷一瓜部："⿰𢁳瓜，作分布二字。""⿰𢁳爪""⿰𢁳瓜"一字之变，可参。

张涌泉先生的考述让我们知道"⿰𢁳爪"字是"分布"二字的合体讹字，不仅跟"⿰希爪""⿰𢁳爪"是异体关系，而且与"⿰𢁳瓜"也是异体关系，这也就使我们明白了《龙龛》所谓"作分布二字呼""作分布二字"的含义，即"⿰希爪"字等是读"分布"两个音节的合文，其意义同"分布"。如果只是为了弄清"⿰希爪"这组异体字的音义，沟通到这一步就可以了。问题是"⿰希爪""⿰𢁳爪""⿰𢁳爪"与"⿰𢁳瓜"何以就是"分布"二字的合体？它们的左偏旁是"希"或"𢁳"的讹写，还是"布"的讹写？它们的右偏旁是"爪"或"爪（瓜）"吗？这一组字在发生学上有没有先后？这些问题是破解"⿰希爪"字产生的依据与过程时必须要回答的问题。

假如“𥿋”字等的左偏旁是“希”或“希”的讹写，右偏旁是“爪”或“爪（瓜）”，那么说“𥿋”字等是“分布”二字的合文就没有客观基础，缺乏说服力，因为这跟合二字为一字的合文规律不符。我们认为：“𥿋”“𥿋”“𥿋”与“𥿋”的左偏旁都是“布”字的讹体字，只不过“𥿋”“𥿋”的左偏旁跟“希”和“希”的讹体字“肴”形体混同了。同样“𥿋”“𥿋”“𥿋”与“𥿋”的右偏旁也不是“爪”或“爪（瓜）”，而是跟“爪”或“爪（瓜）”形体混同了的“分”字的讹体字。“𥿋”“𥿋”“𥿋”与“𥿋”是“分”和“布”的讹体合文。我们这种看法是基于以下认识提出的。

先看“分”字的形体结构及变异情况。从甲骨文、金文到小篆，“分”都是“从八从刀”的会意字。《说文》：“分，别也。从八从刀，刀以分别物也。”隶楷阶段“分”字有两种最常见的形体。一种就是上“从八”，下“从刀”的“分”，《干禄字书》定为正体。另一种就是“八”的捺笔偏下，与“刀”的折笔平行或偏上一些，笔画稍短或接近长点，“刀”的撇笔不是在顶端跟折笔相接，而是在中部或偏上跟折笔相接或相对，折笔也较直，常常趋近于笔画“㇁”，以北魏《敬使君碑》和《朱君山墓志》、隋代智永《真草千字文》、唐代褚遂良《雁塔圣教序》和欧阳询《九成宫铭》等碑帖用字为代表，《干禄字书》将其整合为“分”，定为通字。尤其是捺笔接近长点，折笔趋近“㇁”写法的“分”，跟“爪”字的行草写法非常接近，极易与“爪”讹混。《龙龛》爪部：“𧴱：俗。𧴱：正。莫必反，不见皃。又，‘贫’字从此也。”这说明“贫”字上部的“分”也有从“爪”的写法，可互证。此外，从《干禄字书》和《龙龛》等字书收字可知，当时“瓜”字写作“爪”，且“爪”“爪”相混。《干禄字书》：“苽瓜：上俗下正。”《龙龛·爪部》：“爪：侧绞反，指爪也。又，古文示字。又，爪部与爪部相滥，瓜，古花反。”同部还收有“从爪”的瓢、瓣等字。所以由“分（分）”而“爪”，进而讹变为“爪”，是顺乎逻辑，合于情理的。因此，我们认为“𥿋”“𥿋”和“𥿋”的右偏旁“爪”都是“分”的讹体，“𥿋”字的右偏旁“爪”同样是“分”的讹体。

再看“布”字的形体结构及变异情况。古文字中的“布”多是“从巾父声”的形声字。《说文》：“布，枲织也。从巾父声。”隶变以后，“布”出现了各种形体，除“布”形外，常见的有“⿱父巾”。《汉语大字典》：“⿱父巾：同‘布’。《字汇·巾部》：‘⿱父巾，同布。’《隶辨·溧阳长潘干校官碑》：‘⿱父巾政优优。’顾蔼吉注：‘⿱父巾，即布字。《帝尧碑》：“体别枝⿱父巾。”《华山亭碑》：“甘澍弗⿱父巾。”“布”皆作“⿱父巾”。’”晋刻楷书《黄庭经》和《黄庭内景经》“布”也作“⿱父巾”，如《黄庭经》“列布如流星”句作“列⿱父巾如流星”，《黄庭内景经》“罗可用青布”句作“罗可用青⿱父巾”等。“布”还有“⿱丶布”“⿱丿布”“⿱乂布”等形体，其中“⿱丶布”可见于魏《元纪墓志》，“⿱丿布”可见于齐《宋买造像》，“⿱乂布”可见于隋代智永《真草千字文》。由此不难看出，“⿰⿱文巾爪”字左偏旁“⿱文巾”实际上就是“⿱父巾”的直接变体，因为在汉字隶变过程中，“夂”和“文”常互通。尽管“⿱文巾”字也是“希”的俗字，但“⿰⿱文巾爪”字中的“⿱文巾”不宜看作“希”的俗字。同样，“⿰希爪”字中的“希”也不应就看成是“希”字本身，而应视为也是由“⿱文巾”“⿱丶布”“⿱丿布”或“⿱乂布”讹变来的，只是与“希”字同形而已。至于“⿰⿱乂希爪”与“⿰⿱爻巾爪”字中的“⿱乂希”，应该是在“⿱文巾”“希”的基础上进一步讹变形成的。

根据以上分析，或许可以做出这样的推断：虽然《龙龛》只收录“⿰⿱乂希爪”“⿰⿱爻巾爪”二字，后世字书《字汇补》《康熙字典》和《汉语大字典》仅仅收了“⿰⿱文巾爪”一个字，但“⿰⿱文巾爪”不是“分布”二字合文的源头，也不是最终结果，而是一个中间过程。汉字发展史上是否存在过以“分”和“布”的正体构成的合文，因不见字书收录，也找不到文献上的实际用例，不得而知。就“⿰希爪”“⿰⿱文巾爪”“⿰⿱乂希爪”和“⿰⿱爻巾爪”四字而言，它们的讹变轨迹大概是先有“⿰⿱文巾爪”或“⿰希爪”，然后有“⿰⿱乂希爪”，“⿰⿱乂希爪”再讹化为“⿰⿱爻巾爪”。至于“⿰⿱文巾爪”“⿰希爪”二字在产生上谁先谁后，没有文献实际用例的断代支持，是不便下结论的，因为我们难以确定“布”的讹体“⿱文巾”和“希”究竟哪个在先。

总之，“⿰希爪”“⿰⿱文巾爪”“⿰⿱乂希爪”和“⿰⿱爻巾爪”是一组比较特殊的合文异体字，由于它们结构特殊，产生年代久远而又生僻难见，发生误读误释，也就是情理之中的事了。

主要参考文献：

[1] 张涌泉：《汉语俗字丛考》，中华书局2001年版。
[2] 汉语大字典编纂委员会：《汉语大字典》（缩印本），湖北辞书出版社、四川辞书出版社1992年版。
[3] 释行均：《龙龛手镜》，中华书局1985年影印高丽本。
[4] 秦公、刘大新：《广碑别字》，国际文化出版公司1995年版。
[5] 李志贤等：《中国正书大字典》，上海书画出版社1995年版。
[6] 颜元孙：《干禄字书》，紫禁城出版社1990年影印明代拓本。

《字鉴》所指唐宋正字书错误考辨*

《字鉴》是元代李文仲编撰的一部有特色的正字学著作。李文仲的伯父李世英曾积十年之功作《类韵》十卷，“以字为本，以音为干，以义训为枝叶，自一而二，井井不可紊”（见《字鉴·张序》），然而该书“于文字之伪谬未及有所考正”（见《字鉴·黄序》）。为卒伯父之志，李文仲“辨正点画，刊除俗谬”（见《字鉴·张序》），撰《字鉴》五卷。至于李文仲撰写《字鉴》的具体原因和做法，他在《自序》中说：“宋绍兴间三衢毛晃增注《礼部韵略》，因《监韵》字画差谬，斟酌古今，较裁点画，辨正黜俗，特为详举。以今参之，珠颣玉瑕，尚存指摘，如衮谥之类是也。……夹漈郑氏发明六体，可谓备矣。然俗字混淆，学者罕能留心，承谬袭讹，去真愈远，六书之法遂隐，经典之文益差。愚不自量，雅尚古典，本之《说文》《增韵》，参以诸家字书，以《说文》箴《增韵》之误，以六书明诸家之失，因作《字鉴》，遗诸同志，以兹正体施之高文大册，奏章笺表与夫经典碑碣则辞翰俱美。”李文仲之所以以《说文》为本是正汉字，是因为他认为“《说文解字》体包古今，首得六书之要。其于字学，处《说文》之先者，非《说文》无以明；处《说文》之后者，非《说文》无以法。故后学所用，取以为则”。由此可知，《字鉴》十分尊崇《说文》，

* 本文曾刊于《中国文字研究》2009年第一辑，总第十二辑。

但又不完全拘泥于《说文》，如以“堕”为字头，注曰：“苏果切。《说文》作‘陊’，落也，从阜多声。堕，本篆文隓败字，音许规切。今文以‘隳’代‘隓’，而以‘堕’代‘陊’，本非其正，然相承已久，遽难改也。”对于《字鉴》之前的韵书、字书，李文仲既作为参考对象，又作为批评对象。征引的韵书有《增韵》《监本》（即《自序》所言《监韵》）《广韵》《集韵》和《韵会》；除偶尔征引《玉篇》和《六书略》之外，征引的字书多是唐宋时期的正字书，有《干禄字书》《五经文字》《九经字样》《佩觿》和《广干禄字书》。在征引的唐宋正字书中，引《干禄字书》3处，均为纠错；引《五经文字》63处，正引60处，指出错误3处；引《九经字样》11处，皆为正引；引《佩觿》17处，正引15处，指出错误2处；引《广干禄字书》1处，为正引。《字鉴》所指《干禄字书》《五经文字》和《佩觿》的错误，大都有不顾汉字时用之嫌，需要加以考证辨析。

一　《字鉴》所指《干禄字书》错误考辨

1.《字鉴》卷二盐韵“匳”字条曰：“力盐切。鉴匳；又盛香器。从匚，音方。《说文》作‘籢’。《干禄字书》云作‘奩’，非。”

《说文》：“籢：镜籢也，从竹敛声。”汉字构形着眼于使用的材料。“匳”字从匚，汉字构形着眼于功用。《说文》：“匚：受物之器，象形。”“匳”乃为“籢”之后起异体字。《字鉴》此条正字未取《说文》的“籢”，而是采用后起的“匳”，表现出灵活变通，注重汉字时用的文字观。

然而认为颜元孙《干禄字书》采用“奩”形是错误的，又显出《字鉴》保守的一面。首先需要说明的是《干禄字书》确定的正字也是“匳”，“奩”只认定为通字。另外颜真卿书《干禄字书》作“奁匳：上通下正”，据此通字又为“奁”。《干禄字书》认定“奩”或“奁”的通字地位是有根据的。

从当时的用字情况看，“奩”或“奁”都是社会实际用字，以唐代墓志铭用字为例，如：

[1] 窥镜奁而心断，览杯泽以魂伤。(苻君母张曜本墓志)

[2] 鸾镜雉服，遂同瘗拎泉宫；桃匣妆奁，乃空陈拎灵怅（帐）。(宋君妻斑氏墓志)

[3] 对楹书而永慕，视镜奁而泣血。(王素臣墓志)

[4] 镜奁却月，长簟横秋。(张肃墓志)

[5] 镜奁却月，长簟生秋。(爨君妻张端墓志)

从字书、韵书情况看，《篆隶万象名义·匚部》：“匳：力古切，感书器。”按：“匳”即“匳”字，“力古切”应为“力占切”之误，“感书器”应为“盛书器”或“盛香器”之误。《玉篇·匚部》：“匳：力占切，盛香器。亦作籢。匳：同上。”《龙龛手镜·匚部》：“奁：俗。匳：正。力潜反，香匳，镜匳，盛物匣也。二。”又“大部”：“奁：俗。力潜反。”“奩：俗。音廉。正作匳。”《广韵·盐韵》：“匳：盛香器也，又镜匳也。俗作奁。籢：同上。”《集韵·盐部》：“籢匳匳奩𢅥：《说文》：‘镜籢也。’或作匳匳奩𢅥。”

由上分析可知，《说文》之后，“籢”字字形几经变化，到唐宋时期后起字“匳”已取代“籢”，取得正字地位；再由“匳”演变为“匳”，进而变作“奁、奩、奩、奩”等。《干禄字书》以“奁”（或奩）作通字，正反映了用字实际，不为误判。

2.《字鉴》卷三晧韵“稾”字条曰：“古老切。《说文》：‘稈也，从禾高声。’与‘槀’字异。槀，苦浩切，木枯也，从木。《干禄字书》云作‘藳’，非。”

“稾”和“槀”分别见于《说文》禾部和木部，释为：“稾：稈也，从禾高声。”“槀：木枯也，从木高声。”此乃《字鉴》区别“稾”与“槀”之所本。颜真卿书《干禄字书》：“藳稾：上通下正。”另有版本“藳”作“藁”，这就是《字鉴》所指为“非”的依据。

《干禄字书》将“藳”或“藁”作为“稾”的通字来处理，同样是有根据的。就我们所见资料，“稾”作“藁”早在南北朝时期就已出现，如北齐《刘双仁墓志》：“未穷人爵，忽往藁亭。”“稾”作“藁”也有实际用例，如唐代《扶余隆墓志》：“趋䕯街而沐□，绩着来王；登棘署以开荣，庆流遗胤。”于字理而言，“稾”字增旁作“䕯”符合汉字衍变规律，如：采——採、然——燃、暴——曝、罔——﨡、篙——檣。至于“稾”作“䕯”，可作两种解释：一是重新造字的结果。《篆隶万象名义·禾部》：“稾：公道反，秆也，草也。”“稾”有“草”义，故造从草稾声的“䕯”。二是“稾”和“槀”形近，“䕯”与“藁”亦形近，因形近而讹。

《龙龛手镜·草部》：“䕯：通；藁：俗。古老反。正作稾，禾稈也。”《广韵·晧韵》：“稾：禾稈；又稾本，草翙之本。藁：俗。”这些也可用来佐证《干禄字书》以“䕯”或“藁”为“稾”之通字，不误。

3.《字鉴》卷五昔韵“隙”字条曰：“乞逆切。《说文》：‘壁际空也，从阜从㡭。’㡭音同。中从黑白之白，俗作隙。《干禄字书》云作‘隟’，非。”

“隙”现行汉字字形作“隙”。大徐本《说文》分析“隙”的构形为“从阜从㡭，㡭亦声”，“隙”为形声兼会意字，与此处所引微殊。《干禄字书》：“隟隙：上通下正。”由此可知《字鉴》所指《干禄字书》作“隟”非，是指“隟”作“隙”的通字为非。

“隟”虽然不是有构形理据的源于《说文》的正字，但在颜元孙作《干禄字书》时确实是社会上流通的汉字，将其定位为通字是以实际用字为根据的。下面是唐代墓志铭用字的实例：

[1] 然而□鸟忽惊，悲鼠藤之何促；隟驹俄谢，怨鹤林之已空。(萧胜墓志)

[2] 二竖潜神，忽同隟驹之逝。(董轴墓志)

[3] □□过隟，兰茝遽倾。(张明墓志)

“隙”字俗书异体很多，石刻用字中常见者还有隟、隟、隙、隕、隕等，其中“隟”最常用。以下是唐代墓志铭用例：

[1] 隟日易驰，电光难驻。(张君妻成公氏墓志)

[2] 痛手足之不启，怨树隟之无停。(冯信墓志)

[3] 实亦阳乌难驻，隟驹易流。（杨德墓志）

[4] 人生局促，世路推移；曦轮不驻，隟马横驰。（田玄达妻衡氏墓志）

[5] 忽停驾申悲，奄□销拎夜隟。（张愿墓志）

[6] 人生百年，如白驹过隙。（张金刚墓志）

[7] 岂期隙影难留，奄惊风烛。（王敏墓志）

[8] 岂谓隕驷不留，遽落照梁之景。（郭君妻张某墓志）

[9] 少微易感，挥日难回；隕光永谢，今古同哀。（盖畅墓志）

由“隙”到“隟”，其衍变过程大致是：隙→隙→隟→隟→隟。至于隕、隕，可能受到琐、锁俗书的影响，“琐”俗字作璅，“锁”俗字作鏁，这在唐代墓志铭用字中也是比较常见的，如“凌丹霄而刷御羽，望青璅而飞缨。”（李道素墓志）“岂如腰鞬璅闼，则光映岩廊；宣力戎旃，则声驰禁旅。”（卢万春墓志）“禀衔珠而申豹略，入青璅而侍鸾阶。”（独孤守义墓志）“南瞻清洛，铜街之路非遥；北控黄河，铁璅之桥斯近；西望函谷，紫气仍存；东眺狄泉，苍鹅已去。”（康志墓志）“琐”俗书还作瑣，如“及趋拜青瑣，给事黄门，遥知阙下之车，不言省中之树。”（裴成墓志）“锁”俗书还作鎖，《字鉴·果韵》：“锁：……俗作鎖鏁。”“隟”据此回改，便有了隕、隕二字。

二　《字鉴》所指《五经文字》错误考辨

《五经文字》是《字鉴》的重要参考，《字鉴》全书有60处正引《五经文字》作为辨正文字的依据。如卷四翰韵“散”字下曰：“先旰切。《说文》作‘㪔’，离肉也，从肉㪔声。㪔，音同。《五经文字》云：‘后汉蔡邕石经作散。’”又如卷三虞韵“豎”下曰：“臣庾切。《说文》：‘豎立也，从臤豆声。’《五经文字》云：‘从立作竪，非。’”卷五锡韵“析”字下曰：“先的切。《说文》：‘破木也，从木从斤。’《五经文字》云：‘作桁，讹。”这里的“非”“讹”是《五经文字》原文判定字形是非的断语，不是《字鉴》判定《五经文字》是非的断语。《四库全书总目提要》在评价《字鉴》时说“豎”字误从立作“竪”，“析”字误从片作“桁”，是“纠《五经文字》之失”，这是对《字鉴》的误读。不过，《字鉴》还是有3处指出《五经文字》有误。

1.《字鉴》卷一魂韵“昏”字条曰：“呼昆切。《说文》：‘日冥也。’从日，从氏省，氏者，下也，会意。或从民作昬。凡緍睧婚閽之类从昏。《增韵》于‘緍’字下云：‘本作緍，误作緍，今不敢去。’又《五经文字》云：‘本从民，先朝避讳改作昏。’案：昏，从氏省者，会意；从民者，谐声也，二字皆通。然《说文》本字从氏省，于下注云：‘一曰民声。’则昬乃或作之字昭然可见。偏旁俱当从此，二说皆误。”

关于“昏”与“昬”的关系，历史上一直有争议。概括起来大致有三种看法：一是以传世《说文》和《字鉴》为代表的观点，认为“昏”和“昬”是不同造字的结果，“昏”为会意字，“昬”为形声字。二是以《五经文字》和《六书故》为代表的观点，认为本作“昬”，因唐朝避讳改作“昏”。三是以《说文解字注》为代表的观点，段玉裁在“昏”字下注曰：“字从氐省为会意，绝非从民声为形声也。盖隶书淆乱，乃有从民作‘昬’者，俗界尊用。唐人作《五经文字》乃云：‘缘庙讳偏旁准式省从氏。凡汦昏之类皆从氏。’以‘昏’类‘汦’，其亦傎矣。……‘一曰民声’，此四字盖浅人所增、非许本书，宜删。凡全书内昏声之字皆不从民。有从民者，讹也。”

从“昏”字的甲骨文形体看，与《说文》篆文略同，由此似乎可以断定本应作“昏”。从“民”之“昬”大概由“昏”讹变而来，但秦汉时期社会用字已多用“昬”字。据丁福保《说文诂林·后叙》考证，汉碑《六熊碑阴》《尹宙碑》《孙叔敖碑》《刘曜碑》《孔庙碑》“昏”或从“昏”之字皆从“民”，从氏者仅见于《繁阳令扬君碑》。张涌泉先生在《敦煌俗字研究》“昏”字条中也认为：“征之秦汉帛书、简策和碑版字多作‘昬’，似以从民者为近古。”“昏”“昬”并用，以“昬”为常，这种情况延续到唐代，因避唐太宗李世民讳，“昏”“昬”的使用又来了个逆转，流行可以避讳的“昏”，不用犯讳的“昬”。唐朝讳“民”字，进而讳从民之字的史实，可以从一些文献中得到了解。据《旧唐书·高帝纪》“昬”改“昏”在显庆二年十二月。如果不去追究“昏”“昬”谁早谁后，哪个为本，字源上到底应该从“氏”省还是从“民”，仅就用字而论，由以用“昬”为常，到唐代以用“昏”为常，当与避讳有关。从这一层意义上讲，《五经文字》所云“本从民，先朝避讳改作昏”，并不虚妄。当然，如果《五经文字》的作者张参认为“先朝避讳”之前无“昏”字，那就跟事实不符了。

2.《字鉴》卷三小韵“肇”字条曰：“直绍切。(说文)‘击也，从攵肇省声。’肇音同，始也。从戈从庫。《说文》元有二字，而《监韵》《五经文字》只收‘肇’字，以此为俗，非也。”

《五经文字》卷中戈部：“肇作肇，讹。”《字鉴》所引与《五经文字》字面有出入，但内容还是相合的。“肇”“肇”二字确实皆见于今本《说文》，且释义有别。《说文·戈部》：“肇：上讳。”《说文·攴部》：“肇：击也，从攴，肇省声。”徐铉在“肇”字下加按语曰：“后汉和帝名也。案：李周《切韵》云：‘击也，从戈庫声。’直小切。”李周《切韵》释“肇”为“击”，恰与《说文》释“肇”相同。段玉裁《说文解字注》“肇”下注云：“古有肇无肇，从戈之肇汉碑或从殳，俗乃从攵作肇。而浅人以窜入许书攴部中。《玉篇》曰：‘肇，俗肇字。’《五经文字·戈部》曰：‘肇作肇，讹。’《广韵》有肇无肇。……今经典肇字俗讹从攵，不可不正。攴部妄窜之肇，今已芟去。”段氏所述，为《五经文字》以“肇”为“肇”之讹作了详注。不过，段氏虽然将“肇”从《说文》中删去，可并没有影响“肇”字在民间的流行，否则便无法解释现如今“肇”行而“肇”废的事实。

无论“肇”和“肇”有不同的字源也好，还是“肇”为“肇”之俗讹也罢，在汉字历史上两个汉字都曾使用，是没有异议的。所争议的是两个汉字是记词功能完全不同的字，还是记词功能相同的一正一讹的一字二体现象。从“肇”和“肇”有不同的甲骨文或金文形体而言，这两个字可能是来源不同的字，且本初的记词功能也可能不一样。即使这两个字从源头上就是一字二体，那也说明“肇”和“肈”的讹变不是从汉代才开始的。至于用字情况又是另一回事，一字二体自然功能相同，不同汉字也可因音同音近、形体近似等原因而假借、通用或误用，进而发生合流现象。

为便于考察二字的同异与分合，再看其他字书收释的情况。《篆隶万象名义》二字皆收，释义不同，戈部“肇”字释为“驰矫反，谋也，长也，始也，敏也”。支部“肈”字释为“丑较反。击”。《干禄字书》：“肁肈：上通下正。”“肁”字或许是“肈”字俗体，变“户”为“石”，变“攵”为“又”，符合讹变的实际情形。隋唐墓志铭中有不少表示“始”义的“肁”字用例，如：“昨（祚）土命氏，肁自有周。”（隋《□和墓志》）“惟□初生，肁承黄帝；枝流远祖，纂胤张罗。”（唐《张育墓志》）“鸿业肁开，珪璋欝于汉世；官姓爰立，簪组着于魏朝。”（唐《刘君妻杨成其墓志》）石刻用字中“肇”亦常见作肈、肁，如：“肈构帝胄，启自轩皇，裔绪繁炽，祚胤克昌。”（唐《李仲宾墓志》）“夫人肈膺作俪，素质柔静。”（唐《王怀文墓志》）“□惟德姓，肁自有周。”（唐《王才墓志》）“肁自有周文王之子姬文公旦之后，锡土命氏。”（唐《姬推墓志》）《龙龛手镜·聿部》：“肁：通。肁：正，直小反，始也，初也，正也，敏也，长也。”又以“肁”为正，以“肁”为通。《集韵》“肇”字下注云：“谋也，始也。”“肈”字下注云：“《说文》击也，通作肇。”

由上分析，大致可以得出这样的认识：“肇”“肈”二字起初可能有不同分工，后来出现了合流现象，但以“肇”字为常用，“肈”字退到使用频度较低的或体地位，这种情况在唐代表现已十分突出，所以《五经文字》以“肈”为“肇”之讹体。从《广韵》有“肇”无“肈”，《集韵》以“肈”为通字看，宋代情况也是一样。再后来情况又有变化，“肈”字的使用逐渐占了优势，直至今天“肈”完全取代了“肇”，成为现行规范汉字，而“肇”却成了历史汉字。

3.《字鉴》卷五缉韵“湆”字条曰：“乞及切。《说文》：‘幽湿也，从水音声。’《五经文字》云：‘经典多以此湆字为大羹湇字。’误。”

《说文》有“湆”字，释文如《字鉴》所引，无“湇”字。《五经文字》：“湇湆：并丘及反。上从泣下月，大羹也；下从泣下日，幽深也。今

《礼经》‘大羹’相承多用下字，传写久讹，不敢便改。”这说明三个问题：一是如果《说文》没有漏收，那么“湇”是《说文》之后产生的新字；二是如果《五经文字》如实反映了唐代的用字情况，那么“湇”字至迟应在《五经文字》问世之前产生，且与“湆”有不同分工；三是到张参撰写《五经文字》时传世经典《礼经》表示“大羹”义仍用“湆”字。

《原本玉篇残卷·水部》：“湆：去及反。《仪礼》：‘大羹湆在爨。’郑玄曰：‘湆，煮肉汁也。’野王案：《礼记》：‘凡羞有湆者不以齐。’《说文》：‘湆，湿也。’”《篆隶万象名义·水部》也只收“湆”字，释为“去反也。煮肉汁也；湿也。”（按：“去反也”应从《玉篇残卷》作“去及反”）由此可知，“湆”字本有两义，一是“大羹”或“煮肉汁”，一是“湿”。《礼经》用字也的确使用“湆”。《五经文字》的解释符合用字实际，《字鉴》对它的指责没有根据。

“湇”字产生的确切时代还不清楚，或许是汉代以后为分化“湆”的“大羹”义或“煮肉汁”义而造的新字。从“月（肉）”的“湇”虽比“湆”更有构形理据，但并没有流行开来，至少在李文仲作《字鉴》之前情况是这样。因为《字鉴》之前的字书、韵书除《集韵》外多不收“湇”字，只收“湆”字，且多释为“羹汁”或“煮肉汁”，如《龙龛手镜·水部》：“湆：音泣，羹汁。”宋本《玉篇·水部》：“湆：去及切，煮肉汁。”《广韵·缉韵》：“湆：羹汁。”只有《集韵》二字均收，且“湆”字释义同《说文》，《集韵·缉韵》：“湆：《说文》‘幽湿也’。”又《集韵·缉韵》：“腔湇：《博雅》：‘臇谓之腔。’或作湇。”

三　《字鉴》所指《佩觿》错误考辨

1.《字鉴》卷一魂韵“屯”字条曰：“徒孙切。聚也。《说文》钝、顿等字皆从屯得声。又陟伦切，难也，从中贯一，一，地也，尾曲。借为屯聚字。郑氏曰：‘借协音不借义。’《佩觿》以此音迍，别出屯为屯聚字，误。”

《字鉴》所指"别出屯为屯聚字"中的"屯"当作"乇"，否则与字头无异。《佩觿》卷中："乇乇：上陟伦翻，厄也；下徒门翻，乇聚。"与《佩觿》意见相合的还有《龙龛手镜》。《龙龛手镜》："屯：陟伦反，难也；厚也。"又"乇：徒浑反，聚也；又姓。"其实《佩觿》和《龙龛手镜》又都是沿用《干禄字书》的意见。《干禄字书》："乇乇：上乇厄；下乇聚。"段玉裁《书〈干禄字书〉后》曰："屯乇，云上屯厄，下乇聚，而不知屯，难也，屯聚不散若有所难，其义相近，古无异字。乇乇又皆非正体。郭氏《佩觿》实沿其误。"段氏首先将"乇"改"屯"，据其所言，则"乇乇"本为一字，正体应为"屯"。罗振玉《〈干禄字书〉笺证》在"乇乇"之后加案曰："《说文》屯从屮贯一，字作屯，此作乇误。"在《干禄字书》的释语后又加案曰："古屯厄、屯聚本一字。《易序卦传》曰：'屯者，盈也。'屯聚之义本此。……此分屯厄、屯聚为二形，误。"此说基本与段氏同。从李文仲到段玉裁再到罗振玉都认为屯厄、屯聚之屯为同一形体，即一字二音二义一形。从来源和字际关系讲，"乇""乇"都是"屯"的俗字异体，这不仅可以找到讹变轨迹，而且还可以从以屯为声的形声字的不同俗字得到旁证。例如，"纯"字俗书既作"純"又作"純"，"夫人禀至仁于純和，温恭自远……"（唐《霍氏墓志》）"自幼及长，昧道怀純。"（唐《韩长墓志》）"窀"字既作"窀"又作"窀"，"岂意生崖有隔，阅水无停；纔构沉痾，奄归窀穸。"（唐《侯君妻窦氏墓志》）"岂谓婴痼缠痾，奄从窀穸。"（唐《董君妻戴满墓志》）

那么颜元孙为何不采用正体"屯"，又强分"乇""乇"为二字呢？根据我们对大量唐初石刻用字的考察，"屯"多作"乇"或"乇"，而正字"屯"却很少使用，因而在字形选择上，颜元孙从俗，而非从《说文》。将"乇""乇"分为功能不同的两个字，或许颜元孙认为此二形有分化功能的作用。但根据当时的实际用字情况看，依据不足。下面是唐代墓志铭用字实例：

[1] 然而道悠运足，时泰命乇。（赵义墓志）

[2] 履危而安，居乇而泰。（吴续墓志）

[3] 九年，诏授左乇卫安西府左果毅都尉。(侯云墓志)

[4] 除左乇卫兵曹。(王素墓志)

[5] 控弦飞镝，乇万骑于金城；月满尘惊，□十营于沙塞。(康续墓志)

[6] 但以瓯越闽骆，蚁聚蜂乇，水耨火耕，鸮张鼠跱。(杨智积墓志)

[7] 松风惊兮荒郊惨，云雾乇兮寒陇昏。(梁君妻姚弟墓志)

[8] 夫人姓任，西河汾州人也，随左乇卫司仓参军滑州城纪县令玄之女。(董君妻任氏墓志)

单从 [1] [2] 看，“乇”为“乇厄”义，单从 [6] [7] [8] 看，“乇”为“乇聚”义，符合颜元孙的解释。然 [3] [4] [5] 跟 [6] [7] [8] 相较，“乇”又与“乇”义同，均为“乇聚”义。

总之，颜元孙《干禄字书》区分“乇”“乇”为不同的字根据不足，《佩觿》沿用其误，实属不察。《字鉴》对《佩觿》的批评是有见地的。

2.《字鉴》卷四效韵“校”字条下曰：“居效切。《说文》：‘木囚也，从木交声。’又相角也，报也。《论语》‘犯而不校。’又胡孝切。学校也，校尉也。案：此字元有二音，借为比挍字。《佩觿》以此止音胡孝切，误。”

《佩觿》卷下：“挍校：上音教，比挍；下胡教翻，校尉。”《佩觿》此条实亦沿用《干禄字书》。《干禄字书》：“挍校：上比挍，下校尉。”《说文》有“校”无“挍”。《五经文字》：“挍：经典及《释文》或以为比挍字。案：字书无文。”《释文》在《周礼·夏官》“校人”下云：“字从木，若从手旁作是比挍之字耳，今人多乱之。”据此，或许颜元孙区别“校”和“挍”的不同用法又来自陆德明《经典释文》。虽然《五经文字》说“挍”字“字书无文”，但隋唐时代的社会用字中的确是有“挍”字的，且多用同“校尉”之“校”，如“父伯和，步兵挍尉谏议大夫护河内郡太守。”(隋《寇炽妻姜敬亲墓志》)“祖、父咸任昭武挍尉。”(唐《史法善墓志》)依《干禄字书》所释，例中“挍尉”之“挍”应作“校”。

当然也有收“挍”而不收“校”的字书。《篆隶万象名义·手部》：“挍：古効反。数也，报也，考也。”木部无“校”字。由以上材料我们可以得出这样的判断：隋唐时期社会用字中存在“挍”“校”二字，二字使用功能混乱。陆德明和颜元孙主张二字分用，“校人”“校尉”用“校”，“比挍”用“挍”。但主张分用的原因没有明释，不易获知。不过从可能性而言，无非两种：或是认为二字的字源功能不同，时用混乱，故分辨之；或是认为二字虽同源，“挍”作为分化字应与“校”有不同的记词功能，使“挍”和“校”成为形音义均有别的各自独立的不同字符。不管分化“挍”和“校”有无字理依据，也不管分化其记词功能是否有当时社会用字选择倾向的支持，但区别二字音义的做法是唐宋学者不断传承的正字观念。

关于“挍”与“校”的字际关系，钱大昕《十驾斋养新录·陆氏释文多俗字》云：“《说文·手部》无挍字，汉碑木旁字多作手旁，此隶体之变，非别有挍字。”可参。还需要说明的是，不管《佩觿》的解释是否符合用字实际，但从《佩觿》的释文看，只能得出《佩觿》认为“校尉”的“校”读“胡教翻”，得不出《佩觿》认为“校”“止音胡孝切”（即胡教翻）的结论。因此《字鉴》在该条中对《佩觿》的指误，本身也是不严密的。

跟唐宋正字书相比，《字鉴》在是正汉字时更加注重字理和字源分析，突出了字族的系联和递互研考，加强了形近字（尤其同音形近字）的辨析，规定与解释并重，这是它的特色，也是它的优点。当然，我们也应该看到《字鉴》有时过于强调《说文》传统，忽视了汉字的演变和实际运用，确定汉字规范时难免有“以古律今”之嫌，这也是它的特点，但不是优点。唐宋正字书往往规定多于解释，缺少必要的规范理据分析，这是它们的不足。然而唐宋正字书比较注重汉字的现实使用，更具有现实针对性，为后世了解当时的用字情况提供了直接而宝贵的材料，这又是值得肯定的。正是因为《字鉴》与唐宋时期的正字书有着不同的旨趣和做法，所以《字鉴》所指出的唐宋正字书的错误往往也就不能成立。

主要参考文献：

[1] 许慎：《说文解字》，中华书局 1963 年版。

[2] 顾野王：《原本玉篇残卷》，中华书局 1985 年版。

[3] 顾野王：《大广益会玉篇》，中华书局 1987 年版。

[4] [日] 释空海：《篆隶万象名义》，中华书局 1995 年版。

[5] 颜元孙：《干禄字书》，中华书局 1985 年影印丛书集成初编本。

[6] 张参：《五经文字》，中华书局 1985 年影印丛书集成初编本。

[7] 唐玄度：《新加九经字样》，中华书局 1985 年影印丛书集成初编本。

[8] 郭忠恕：《佩觿》，中华书局 1985 年影印丛书集成初编本。

[9] 李文仲：《字鉴》，中华书局 1985 年影印丛书集成初编本。

[10] 释行均：《龙龛手镜》，中华书局 1985 年版。

[11] 陆德明：《经典释文》，中华书局 1983 年版。

[12] 丁度等：《集韵》，北京市中国书店 1983 年版。

[13] 段玉裁：《说文解字注》，上海古籍出版社 1981 年版。

[14] 钱大昕：《十驾斋养新录》，江苏古籍出版社 2000 年版。

[15] 罗振玉：《〈干禄字书〉笺证》，见《贞松老人遗稿（甲集）》，华东师范大学图书馆馆藏刻本。

[16] 施安昌：《颜真卿书〈干禄字书〉》，紫禁城出版社 1992 年版。

[17] 余迺永：《新校互注宋本广韵》，上海辞书出版社 2000 年版。

[18] 裘锡圭：《文字学概要》，商务印书馆 1988 年版。

[19] 张涌泉：《敦煌俗字研究》，上海教育出版社 1996 年版。

[20] 党怀兴：《六书故研究》，陕西师范大学出版社 2000 年版。

[21] 刘中富：《干禄字书字类研究》，齐鲁书社 2004 年版。

[22] 北京图书馆金石组：《北京图书馆藏中国历代石刻拓本汇编》，中州古籍出版社 1989 年版。

《释名》性质新论*

与《尔雅》《方言》《说文解字》研究相比，《释名》研究起步最晚。清代以前虽有不少文献征引《释名》条目，宋明也有刻本问世，但直到清代才对其进行系统整理。清代所做的工作也只不过限于校勘文字、考证名物、阐明体例和辨明音读几个方面①，仍缺乏理论研究。20世纪80年代之前虽有个别学者发表了一些《释名》研究的文章，如杨树达的《〈释名〉新略例》(《晨报》七周年纪念增刊1925年12月1日)、丁山提的《释名释说明书》(《北京大学研究所国学门月刊》1927年1卷7、8期合刊本)、齐佩瑢的《〈释名〉音训举例及其在语言学上之贡献》(《南京申报·真知周刊》民国三十年3月28日)、孙德宣的《刘熙和他的〈释名〉》(《中国语文》1956年11月号)、殷孟伦的《〈说文解字〉〈释名〉两书简析》(《山东大学学报》1961年第3期)、周祖谟的《书刘熙释名后》(《问学集》，中华书局1966年版）等，但仍嫌冷清。20世纪80年代以后情况则大不相同，据不完全统计，截至2007年年底仅大陆学者就发表有关《释名》研究的论文100余篇，博士学位论文4篇，硕士学位论文9篇，出版专著和校勘著作3部。这些论著从性质与体例、价值与不足、声训与音韵、

---

* 本文曾刊于《东方论坛》2009年第1期。

① 李传书:《清人对〈释名〉的整理与研究》,《长沙电力学院学报》(社会科学版) 1995年第2期。

词汇与训诂、方言与文化等不同角度展开研究。既有宏观的评述，也有微观的考据；既有定性分析，也有定量统计；既有材料整理，也有义理阐释。不过，由于《释名》本身的复杂性和不同学者看待问题的角度的差异性，仍有不少问题认识不一，其中关于《释名》性质问题就存在很大分歧。本文在梳理不同认识的基础上，拟就《释名》性质提出个人看法。

一 判定《释名》性质的不同观点

王闰吉对《释名》性质研究的不同观点有过概括，认为：《释名》一书性质的争议由来已久，宋代就有两种不同的意见。《中兴馆阁书目》曰："《释名》，汉征士北海刘熙字成国撰，推揆事源，释名号，致意精微。"（据《玉海》四十四所引）《崇文总目》则曰："释名八卷，原题刘熙，即物名以释义，凡二十七篇。"前者视《释名》为推源之书，后者则视为释义之书。清代也基本上是这两种看法。《四库全书总目提要》云："其书以同声相谐，推论称名辨物之意。"把《释名》看成推源书，而毕沅等人则把《释名》看成阐释经义的训诂书，他在《释名疏证·序》中说："其书参校方俗，考合古今，晰名物之殊，辨典礼之异，洵为《尔雅》《说文》以后不可少之书。"现代学者对《释名》一书的性质仍众说纷纭，归纳起来有以下几种意见：第一种认为《释名》是一部声训专著，如濮之珍、李茂康、卢烈红、祝敏彻等；第二种认为是同源词研究专著，如路广正等；第三种认为是语源、词源或字源学著作，如黄典诚、孙德宣、吴辛丑、陆宗达等；第四种认为《释名》是义书，如黄侃在列出"十种根柢书"时把《释名》归入义书一类，李开也持此观点；第五种认为《释名》是"探索词的理据的鸿篇巨制"，是"带试探性的理据词典"，如黎良军、符淮青等。如此等等，仍是宋以来推源和释义之争，第一、第二、第三和第五种看法比较接近，只是存在科学准确性问题，我们看法倾向于第五种，这在《释名·序》里说得很明白。[①]王闰吉在其他论文中明确认定“《释名》是一部理据词典”[②]。

魏宇文对上述概括不完全赞同，认为：对于当代学者对《释名》的性质的论述，以上的概括和归纳有一定的道理。不过应当看到，学者们是从不同的角度去看待《释名》的性质的，以上五种意见并不是非此即彼的关系，它们之间不但不矛盾，而且相互补充。如果我们只强调某一方面，那倒是片面的。从训释方法上看，《释名》当然是声训（音训）专书。祝敏彻先生指出：“东汉刘熙《释名》是一部声训专书，全书都是用同音或音近的字组成声训。”从训释词与被训释词的关系看，《释名》又是同源词研究专著。路广正先生就认为：“《释名》一书的出现，标志着同源词研究的开发。”从训释目的来看，《释名》则是语源、词源或字源学著作。许多专家学者都特别强调了这点。例如，黄典诚先生说：“《释名》是一部带有‘语源学’性质的训诂专书。”张永言先生说：“刘熙的《释名》是一部专门解释词的语源义和同源关系的词典。”孙德宣先生说：“刘熙的《释名》是一部‘语源学’性质的词典。”黄大荣先生说：“《释名》是我国最早的词源学词典。”赵振铎先生说：“刘熙《释名》是我国最早的词源学词典。”何九盈先生说：“《释名》并不只是声训资料的汇编，它既有总结，又有开创，完全算得上是中国语言学史上第一部词源学性质的专著。”王宁先生指出：“《释名》发掘出事物命名的规律，以声训为主要手段来解释名源，这是十分正确的。”黄建中先生说：“《释名》为我国现存研究语源的第一部专书，尽管其中不免有牵合皮傅之处，但开先河之功是不可灭的。”陈绂先生说：“《释名》是东汉末年的刘熙所作，他用声训的方法探求语源。”周祖谟先生说：“《释名》一书非为通经晓传而作，旨在探寻事情命名之含义，故以当时日常习用之词为主。”刘又辛、李茂康先生也认为：“其书名‘释名’，顾名思义就是解释名称，即探求事物命名的本意。”孙雍长先生也指出：“他（刘熙）著述《释名》一书，所释之词是‘名’，

① 王闰吉：《〈释名〉研究历程及争鸣》，《遵义师范学院学报》2006 年第 3 期。

② 王闰吉：《论〈释名〉的性质》，《丽水师范专科学校学报》2002 年第 3 期。

亦即名物之词，解释这些名物之词的目的是‘论叙指归’，亦即解释它们命名之时的‘所以然之意’。可见，《释名》一书的训诂方式只取‘声训’，其旨趣即在‘推源’。”[①] 魏宇文在她的其他论文中，对《释名》性质的界定就有不同角度，如“东汉末年刘熙的《释名》，共八卷，二十七篇，是一部探求日常生活中各种用品命名来源的词源学专著。”“《释名》是一部探讨民俗词源的专著，其中的用字，既能看出低层文化与上层文化的差异，又可以从中寻求某些俗词源产生和发展的线索。”[②] “东汉末年刘熙撰写的《释名》，共8卷，27篇，全书以声训贯通，它与同时代的《尔雅》《说文解字》《方言》并驾齐驱，成为汉代四部训诂专著。”“《释名》作为一部语源学专著，其地位和价值是不可低估的。”[③] “《释名》作为我国最早的一部字源学专著，它试图运用声训探求事物命名的方法，从而企图证实音近义同说，全面推求词义来源。”[④] “东汉末年刘熙的《释名》，共8卷，27篇，全书用声训的方法来探求事物命名的由来，它与同时代的《尔雅》《说文解字》和《方言》并驾齐驱，成为汉代四部训诂学名著。”[⑤]

据我们所掌握的文献资料，对《释名》性质的认识大致有一个发展过程。从宋代到清代，对《释名》性质的认识大多体现在相关的书目类著作和刻本的序跋文中。宋代对《释名》性质的认识，上文王闰吉已有所引，只是我们认为《中兴馆阁书目》和《崇文总目》的定性没有根本区别，都认为《释名》是就物名以释义之书。明代学者多明确把《释名》视为《尔雅》类训诂著作，如储良材《刻〈释名〉序》曰：“《释名》者，小学文字之书也。古者文字之书有三焉：一、体制，谓点画有纵横、曲直之殊，若《说文》《字原》之类是也。二、训诂，谓称谓有古今、杂俗之异，若《尔雅》《释名》之类是也。三、音韵，谓呼吸有清浊、高下之不同，

---

① 魏宇文：《〈释名〉名源研究》，博士学位论文，暨南大学，2006年，第6—7页。

② 魏宇文：《谈毕沅〈释名疏证〉中的“今本俗字”》，《中国语文》2007年第1期。

③ 魏宇文：《〈释名〉研究综述》，《嘉应大学学报》（哲学社会科学版）2000年第5期。

④ 魏宇文：《论〈释名〉的“同字为训”——兼论词义引申问题》，《嘉应大学学报》（哲学社会科学版）1999年第4期。

⑤ 魏宇文：《从〈释名·释饮食〉看汉代饮食文化》，《湖南社会科学》2006年第3期。

若沈约《四声谱》及西域反切之文是也。"[①] 吕柟《重刊〈释名〉后序》曰："汉征士北海刘熙，著《释名》二十七篇，盖《尔雅》之绪也。"[②] 郎奎金还将《释名》称为《逸雅》，与《尔雅》《小尔雅》《广雅》和《埤雅》合刊，称为《五雅》。清代学者已认识到《释名》以声训为手段的特点，如王先谦《〈释名疏证补〉序》曰："逮刘成国之《释名》出，以声为书，遂为经说之归墟，实亦儒门之奥键已。"[③] 同时还有学者认识到声训手段是为了推论名源，如丁丙《〈新刻释名〉跋》曰："汉刘熙，北海人。其释凡二十七篇，以同声相谐，推论称名辨物之意，虽见间有穿凿，然足以考见古音，又去古未远，所释器物亦足因以推求古人制作之遗。"[④] 当然仍有学者把《释名》看成阐释经义的训诂书，如毕沅等。这就成了后世对《释名》性质认识的各种观点的源头，如训诂著作说、声训著作说、词源学或语源学著作说。现代学者对《释名》性质的认定也有着明显的时代特点。20 世纪 80 年代之前虽然专门研究《释名》的文献不多，但是持训诂著作说、声训著作说、词源学或语源学著作说的学者均有人在。不过，相较而言，声训著作说是主流意见，且对《释名》的声训称赞少，批评多。以丁山提、孙德宣为代表的语源学著作说已引人注意。殷孟伦"以声训求名源"的观点对此后认识《释名》的性质产生了重要影响，他说："刘熙企图把各种事物的名称所以然的意思，都去探索一下，这是作者伟大的志愿，归根结底，他集中地应用了先秦以来传说的训诂法之一，声训法，用它来探求事物典礼命名的本源，这实在是语言学上一大发展。"[⑤] 20 世纪 80 年代以后简单而笼统地认为《释名》是一般训诂著作的学者已不多。认为是声训著作的依然不少。认为是词源学或语源学著作的人最多，属于本时期的强势意见。90 年代后随着语言理据学研究的开展，又有了理据著作

---

① 任继昉：《〈释名〉汇校》，齐鲁书社 2006 年版，第 491 页。

② 同上书，第 492 页。

③ 同上书，第 502 页。

④ 同上书，第 499 页。

⑤ 殷孟伦：《〈说文解字〉〈释名〉两书简析》，《山东大学学报》1961 年第 3 期。

说。还有人认为“《释名》不仅是一部训诂著作，而且又是一部百科全书”①。“作为语文百科综合词典的《释名》，还首次同时反映了兼类词的名词义和动词义……”② 正因为从不同角度可以给《释名》以不同的定性，所以不少论著有关《释名》性质的论述常常是从多角度来界定的，如“汉末刘熙著《释名》，专以声训释物名，探求词源，是先秦两汉声训之集大成者。《释名》是我国第一部有意为之的系统性的词源学专著。”③ “东汉刘熙的《释名》一书，是一部集中运用声训的专著，又是一部汉语语源学的重要著作，向被列为传统训诂学的根底之书。”④ “刘熙的《释名》是我国首部语源学词典，也是集声训之大成的训诂要籍。”“《释名》作为一部义类词典无论在其科学性方面，还是在其翔实性方面较之前有的训诂词典都有大的进步。”⑤

另外，我们还注意到对《释名》一书有人泛称之为“著作”，有人称之为“专著”“专书”，有人称之为“词典”。这实际上也关乎对《释名》性质的认定。著作可以包括专著、词典、资料汇编、文学艺术作品等各种著述。专著或专书是指对某一研究领域或研究对象进行专门研讨的著作，讲究知识的完整性和理论的系统性。词典则是汇集词语并依据一定的体例进行严密编排、精准释义以供人检查参考的工具书。

二　对各种观点的评判

上述判定《释名》性质的各种观点都有它们的切入角度，均有一定的合理性，但是从科学性和准确性方面要求，又皆有可商榷之处。下面就主要观点逐一做些分析和评判。

---

① 崔棠华：《〈释名〉的声训及其训诂价值》，《辽宁大学学报》（哲学社会科学版）1985 年第6 期。

② 邹酆：《〈释名〉的编纂特色》，《辞书研究》1985 年第 1 期。

③ 曾昭聪：《〈释名〉声训中的声符示源功能研究》，《古籍整理研究学刊》1999 年第 4 期。

④ 鲍思陶：《〈释名〉声训的验证标准》，《文史哲》2006 年第 6 期。

⑤ 罗湘英：《对〈释名〉的再认识》，《池州师专学报》2000 年第 4 期。

（一）训诂著作说

传统的中国语言学向来被划分为三个门类，即训诂学、文字学和音韵学。《释名》虽然也使用形训，如“老而不死曰仙。仙，迁也，迁入山也，故其制字，人旁作山也。”（释长幼）“舅谓姊妹之子曰甥。甥亦生也，出配他男而生，故其制字，男旁作生也。”（释亲属）“锦，金也。作之用工重，于其价如金，故其制字，帛与金也。”（释采帛）但是这样的形训全书仅有几例，属偶尔用之。《释名》的训释对象虽然大多数是单音词（即单字词），但是也有数百个双音词（即二字词），甚至还有三音词（即三字词），如“轻疾者曰赤马舟。其体正赤，疾如马也。”（释船）所以《释名》的训释对象是词，不是字。据陈建初统计，《释名》的被释词中既有单音词，也有复音词。单音词为主，占75%强，复音词共计425个，约占总数的24.9%。[①] 由此观之，《释名》显然不是文字学著作。《释名》大量使用声训，这些声训材料对研究秦汉时期的语音系统有重要价值，但是声训只是《释名》探求语源，借以说明事物现象得名之由，即“所以之意”的手段，所以《释名》也不宜视为音韵学著作。如果一定要把《释名》置于传统语言学的门类中，将其看作一部训诂著作是合适的。

不过，将《释名》与《尔雅》相比附，视其为《尔雅》系训诂著作就不够妥当了。《释名》和《尔雅》只是划分篇目的依据相类，整部书的结构相似。《尔雅》分释诂、释言、释训、释亲、释宫、释器、释乐、释天、释地、释丘、释山、释水、释草、释木、释虫、释鱼、释鸟、释兽、释畜共19篇。《释名》分释天、释地、释山、释水、释丘、释道、释州国、释形体、释姿容、释长幼、释亲属、释言语、释饮食、释采帛、释首饰、释衣服、释宫室、释床帐、释书契、释典艺、释用器、释乐器、释兵、释车、释船、释疾病、释丧制共27篇。但是两部书的编写目的和旨趣根本不同，内容有着本质差别。《释名》是就“百姓日称而不知其所以之意”的词语“论叙指归”，揭示事物现象得名之由，使人“知其所以之

① 陈建初：《〈释名〉考论》，博士学位论文，湖南师范大学，2005年，第38页。

意”，不管使用什么样的研究方法，每个被释词都要落实到其理据上。《尔雅》则是汇集经典词语的故训加以分类编排，解释的是词语在经典中的实际意义，是为解经服务的。

（二）声训著作说

这种观点的提出是因为注意到了《释名》在解释词语理据时所使用的声训方法。不过，要判定《释名》是不是声训著作，尤其是不是声训专书或专著，需要做两方面的工作。

其一，要考察声训方法在《释名》中实际使用的情况。有一种意见认为《释名》全书使用声训。王力就持这种意见，他说：“《释名》每条都用声训，与《尔雅》的性质是迥然不同的。”① 相类的看法还有不少，如“东汉刘熙《释名》是一部声训专书，全书都是用同音或音近的字组成声训。”② “刘熙总结了前人的声训经验，创造性地提出‘名之于实，各有义类’的声训理论，并把这一理论付诸实践，完成了我国第一部声训专著——《释名》。该书几乎全部采用了声训方式，是汉代用声训最多的一部书，书中自觉地用语音来训释词义，以语源学的观点研究训诂，可以说，汉代的声训至此才算真正定型，同时也标志着中国古代语源学的正式建立。”③ 随着定量研究在《释名》研究中的展开，有些学者统计了《释名》声训的具体数量以及它在书中所占的比例。“《释名》全书共1502词，用声训就有1335例，其中同韵部或同韵类为训的1237例，声母相同或相近为训的98例，声训字约占总字数的89%。”④ “全书共1379个自然条目，共释1710名，使用声训1298条。被释词中有452个采用直陈的方法解释命名理据，属于非声训，只占全部被释词的26.4%，其余的都用声训法推

① 王力：《中国语言学史》，山西人民出版社1981年版，第49页。

② 祝敏彻：《〈释名〉声训与汉代音系》，《湖北大学学报》（哲学社会科学版）1988年第1期。

③ 李小凤：《〈释名〉附加后缀“然”的复音词研究》，《西北第二民族学院学报》2003年第2期。

④ 黄宇鸿：《〈说文〉与〈释名〉声训之比较研究》，《武汉教育学院学报》1996年第2期。

源。"① 虽然统计数据还不统一，但是不难看出《释名》并非全书每条都使用声训，说它"几乎全部采用了声训方式"也有过头之嫌。

其二，要考察《释名》声训的性质。《释名》不是阐释声训原理的理论著作，这一点是不会有异议的。我们要做的工作是考察《释名》所使用的声训类型和功用。一般认为声训是解释字义或词义的训诂方法，但是《释名》用声训所解释的既不是被释词的概念义，也不是被释词的文献使用义，而是借助声训探求词的理据，即"名"之"所以之意"，如"昏，损也。阳精损灭也。"（释天）"渎，独也。各独出其所而入海也。"（释水）"宋，送也。地接淮泗而东南倾，以为殷后，若云滓秽所在，送使随流东入海也。"（释州国）"奔，变也。有急变，奔赴之也。"（释姿容）"缃，桑也。如桑叶初生之色也。"（释采帛）所以有人认为："声训的运用可分为两种情况：其一，声训作为训诂条例，在古籍传注中经常用来解释词义；其二，声训作为一种理论体系，它主要用来推求语源，有时也兼释词义。关键是要分清词义和语源的不同，词义是指一个词所表示的意义，即它的概念内涵，而语源是指事物称名的理据，即一个词何以有这么一个意义，有这样一个名称。以往人们常说《释名》是声训专著，其实，应该说《释名》是我国第一部探求语源的专著，它探求语源的方法，主要是声训，然并非只有声训而已，此外还有形训和义训，如《释丧制》云'丘，象丘形也'即为形训，《释州国》云'河南，在河之南也'即为义训。"②

可见声训只是《释名》借以探求词语理据的手段之一，而不是用来训释一般词义的训诂方式，并且《释名》的声训不能独立使用，在说明词语理据时还要借助声训之后的申述内容，如"未，昧也。日中则昃，向幽昧也。"（释天）用"日中则昃，向幽昧也"进一步申说用"昧"释"未"的缘由，所以简单地把《释名》看成声训著作，尤其是将其视为声训专著，没有抓住《释名》的实质。

① 陈建初：《〈释名〉语源探索的理论与方法论贡献》，《湖南城市学院学报》2006年第5期。

② 吴辛丑：《〈释名〉训释条例略说——兼谈与"声训"有关的几个问题》，《华南师范大学学报》（社会科学版）1998年第5期。

（三）词源学或语源学著作说

细究起来，认为《释名》是词源学或语源学著作的意见有两种：一种认为《释名》的训释词与被训释词是同源关系，因此《释名》是同源词研究专著或同源词词典；另一种认为《释名》探寻事物现象命名之由就是在推求词源或语源，因此《释名》是词源学或语源学著作。也有的学者是从这两个方面认定《释名》是词源学著作的，如上文所引张永言的观点。

第一种意见所看到的是《释名》部分条目的情况而不是全部条目的情况。《释名》的确有相当一部分条目的声训所系联的训释词与被训释词是同源词，如“山夹水曰涧。涧，间也，言在两山之间也。”（释水）“足后曰跟。在下方着地，一体任之，象木根也。”（释形体）“水直波曰泾。泾，径也，言如道径也。”（释水）“径，经也。人所经由也。”（释道）“胫，茎也。直而长似茎也。”（释形体）“颈，径也。径，挺而长也。”（释形体）“经，径也，常典也。如径路无所不通可常用也。”（释典艺）“间”与“涧”、“跟”与“根”、“泾”“径”“胫”“茎”“颈”与“经”之间有同源关系，这是可以确定的。但是由此就判定《释名》是同源词专著或同源词词典，是不符合实际的。原因有三：其一，有些条目使用了声训，但没有充分根据可以确定训释词与被训释词是同源词，像“露，虑也。覆虑物也。”（释天）“已耕者曰田。田，填也，五稼填满其中也。”（释地）“秦，津也。其地沃衍，有津润也。”（释州国）“赵，朝也。本小邑，朝事于大国也。”（释州国）“手，须也。事业之所须也。”（释形体）“八十曰耋。耋，铁也，皮肤变黑，色如铁也。”（释长幼）“无父曰孤。孤，顾也，顾望无所瞻见也。”（释亲属）“苦，吐也。人所吐也。”（释言语）说“露”与“虑”、“田”与“填”、“秦”与“津”、“赵”与“朝”、“手”与“须”、“耋”与“铁”、“孤”与“顾”、“苦”与“吐”之间有同源关系，是难以令人信服的。其二，复音词的训释一般采用直陈或分释语素义的方式，根本不存在训释词与被训释词是同源词的问题，如“笔星，星气有一枝，末锐似笔也。”（释天）“流星，星转行如流水也。”（释天）“土赤曰鼠肝。似鼠肝色也。”（释地）“山东曰朝阳，山西曰夕阳，随日所照而名之也。”（释山）“亩丘，丘体满一亩之地也。”（释丘）“兖州，取兖水以为名也。”（释州国）“东郡、南郡，皆以京师方面言之也。”（释州国）“韩羊、韩兔、韩鸡，本法出韩国所为也，犹酒言‘宜城醪’‘苍梧清’之属也。”（释饮食）“步摇，上有垂珠，步则摇也。”（释首饰）“中衣，言在小衣之外、大衣之中也。”（释衣服）“貂席，连貂皮以为席也。”（释床帐）“仇矛，头有三叉，言可以讨仇敌之矛也。”（释兵）“墨车，漆之正黑，无文饰，大夫所乘也。”（释车）“狱死曰考竟。考得其情，竟其命于狱也。”（释丧制）其三，还有的条目采用同词为训（也称同字为训或本字为训）、异体为训等，训释词与被训释词也不是同源词。同词为训的如“济，济也。源出河北，济河而南也。”（释水）“弟，弟也。相次弟而上也。”（释亲属）“乐，乐也。使人好乐之也。”（释言语）“被，被也。被覆人也。”（释衣服）异体为训的如“曜，燿也。光明照燿也。”（释天）

第二种意见将探寻事物现象命名之由视为推求词源或语源，并由此认定《释名》是词源学或语源学著作是有一定道理的。但是应该看到《释名》不是一般的词源学或语源学著作。尽管《释名》大量使用声训推源，客观上系联了一批同源词，但是它推源的目的既不是为了说明一个词的历史源头，也不是为了说明词与词之间的同源关系，而是以此为手段说明词的理据，即用某个词指称某种事物现象的理由和根据。我们承认将《释名》看作词源学或语源学著作有一定的道理，那是因为词的理据问题向来被认为是传统词源学或语源学的问题。“词的理据，是当代语义学对应论的内容之一，是传统词源学内容（至少有五个方面）之一，也是造词法和名称学的内容之一。词的理据，在中国古代，常以声训（至少有三种作用）的形式来探寻。”① 不过，把词的理据问题看作词源或语源问题是传统词源学的观点。随着语言理据研究的深入，语言理据学已成为独立的语言学分支学科，现代语言学更倾向于将词的理据问题看成语言理据学研究的主要内容之一。再者，即使按照传统词源学的观点，词的理据研究也只是词源学研究的一个方面而已。“词源学作为词汇学的一个分支，它至少应

① 张志毅、张庆云：《词和词典》，中国广播电视出版社 1994 年版，第 23 页。

该研究以下五项内容：一、一个词的来源：（1）起源于何时；（2）最早见于何种典籍；（3）来自何种语言或方言，跟其相对应的词有什么关系。二、一个词可追溯的原始形式：主要是语音形式及其书写形式。三、一个词可追溯的最古的意义。四、一个词的原始形式和最古意义之间的联系：（1）词的语音形式和词义的联系，事物命名的理由与根据；（2）词的书写形式和词义的联系。五、一个词的形式（语音及其书写形式）与意义的演变及其结果。”① 由此可见，如果仅仅根据《释名》所释词的理据属于传统词源学或语源学研究的范畴就断定它是词源学或语源学著作，那么定位显然有失准确。

（四）理据著作说

刘熙在自序中说：“夫名之于实，各有义类。百姓日称而不知其所以之意。故撰天地、阴阳、四时、邦国、都鄙、车服、丧纪，下及民庶应用之器，论叙指归，谓之《释名》。”由此可以清楚地得知刘熙编撰《释名》的宗旨是就“百姓日称”之名“论叙指归”，探寻“义类”，说明“其所以之意”。而“所以之意”就是得名之由，即词的理据；“义类”就是词的理据类型。不同学者对它所揭示的词的理据类型有不同的概括归纳。例如，有人概括归纳为：摹声性理据、借贷性理据、同源性理据和合成性理据。② 有人概括归纳为：（1）形状类。即据事物的外形特征命名。（2）色彩类。即据物体的色彩命名。（3）声响类。即据事物的声响特点命名。（4）原料类。即据事物的原料质地命名。（5）位置类。即据事物所处位置命名。（6）功用类。即据事物的功用命名。（7）性征类。即据事物的性质特征命名。（8）数目类。即据事物的数量命名。（9）温度类。即据事物的温度感知而命名。（10）因果类。即据事物的原因或结果命名。（11）工艺类。即据事物的加工技巧命名。③ 因此，将《释名》定位为理据著作最切

① 张志毅：《〈说文〉的词源学观念——〈说文〉所释“词的理据”》，《辞书研究》1991 年第 4 期。

② 王闰吉：《〈释名〉的理据类型分析》，《南京社会科学》2002 年第 6 期。

③ 陈建初：《〈释名〉语源探索的理论与方法论贡献》，《湖南城市学院学报》2006 年第 5 期。

近其实质。

不过，我们注意到，就著作类型而言，持《释名》为理据著作观点的学者中极少有人将其看作专著，这是因为《释名》虽提出了“义类”概念，但没有集中的理论阐述，甚至连该概念的内涵都没有说明，而对事物现象命名理据的解释和归纳都是散见于具体词的理据探索中的，所以称不上专著。正因为《释名》按词条解释词的理据，于是持《释名》为理据著作观点的学者多将其归于词典类型，除上文提到的符准青、王闰吉外，还有罗庆云，他说“《释名》是一部探求事物得名之由的词典”①。我们认为把《释名》定位为理据词典也不够准确，理由主要有两点。

其一，从《释名》的收词情况看，《释名》只收释1710个词，分27类，所收释的词除《释言语》外绝大部分都是名词，所以收词范围有很大局限，缺乏一般词典收词上的广泛性。这一点刘熙在自序中也说得比较明白：“至于事类，未能究备，凡所不载，亦欲智者以类求之。”它只是选取一定“事类”为纲，每一“事类”选择数量不等的词为目（最多的《释言语》有171个词，最少的《释道》只有15个词），逐条说明理据的分类汇编。

其二，《释名》缺乏严格意义上的词典编写体例。突出表现在以下两个方面。

一是使用训释术语有较大随意性。例如，多用“亦言”标明词的另一种理据，如“光，晃也。晃晃然也。亦言广也，所照广远也。”（释天）“袖，由也。手所由出入也。亦言受也，以受手也。”（释衣服）但有时又用“亦言”标明同一事物现象的又一名称，如“丧祭曰奠。奠，停也，言停久也。亦言朴奠，合体用之也。”（释丧制）有时还用“亦言”标明一个词的同一个理据的不同侧面，如“枉矢，齐鲁谓光景为枉矢。言其光行若射矢之所至也；亦言其气枉暴，有所灾害也。”（释天）“父之世叔父母曰从祖父母。言从己亲祖别而下也；亦言随从己祖以为名也。”（释亲属）再如，标明同一事物现象的又一名称除偶尔使用“亦言”外，更常用“又

① 罗庆云：《试谈〈释名〉被训词和主训词的关系》，《江汉大学学报》（人文科学版）2003年第6期。

曰”“又谓之”“或曰”“或谓之”，有时还用“亦曰”等不同术语，如“父之兄曰世父。言为嫡统继世也。又曰伯父。伯，把也，把持家政也。”（释亲属）“狱，确也。实确人之情伪也。又谓之牢。言所在坚牢也。又谓之圜土。筑其表墙，其形圜也。又谓之囹圄。囹，领也；圄，御也，领录囚徒禁御之也。”（释宫室）“五家为伍，以五为名也。又谓之邻。邻，连也，相接连也。又曰比。相亲比也。”（释州国）“汗衣，近身受汗垢之衣也。《诗》谓之泽，受汗泽也。或曰鄙袒，或曰羞袒。作之用六尺，裁足覆胸背，言羞鄙于袒而衣此也。”（释衣服）“梠，旅也。连旅之也。或谓之槾。槾，绵也，绵连榱头，使齐平也。上入曰爵头。形似爵头也。”（释宫室）“城上垣曰睥睨。言于其孔中睥睨非常也。亦曰郫。郫，裨也，言裨助城之高也。亦曰女墙。言其卑小，比之于城，若女子之于丈夫也。”（释宫室）

二是从整体上看，《释名》是以单个词为词目，像词典之通例，但有时又将理据类型相同的词系联在一起加以解释，甚至不单独立目，只是连类而及，这就有违词典通例。例如，“山东曰朝阳，山西曰夕阳。随日所照而名之也。”（释山）“圜丘、方丘，就其方圜名之也。”（释丘）“东郡、南郡，皆以京师方面言之也。”（释州国）“妻之父曰外舅，母曰外姑。言妻从外来，谓至己家为妇，故反以此义称之，夫妻匹敌之义也。”（释亲属）“胡饼，作之大漫冱也。亦言以胡麻着上也。蒸饼、汤饼、蝎饼、髓饼、金饼、索饼之属，皆随形而名之也。”（释饮食）“韩羊、韩兔、韩鸡，本法出韩国所为也，犹酒言‘宜城醪’‘苍梧清’之属也。”（释饮食）“鸡纤，细擗其腊令纤然，后渍以酢也。兔纤亦然。”（释饮食）“缥犹漂。漂，浅青色也。有碧缥，有天缥，有骨缥，各以其色所象言之也。”（释采帛）“盾，遁也。跪其后，避以隐遁也。太而平者曰吴魁，本出于吴，为魁帅者所持也。隆者曰须盾，本出于蜀，须所持也。或曰羌盾，言出于羌也。约胁而邹者曰陷虏，言可以陷破虏敌也，今谓之曰‘露见’是也。狭而长者曰步盾，步兵所持，与刀相配者也。狭而短者曰孑盾，车上所持者也。孑，小称也。以缝编板谓之木络，以犀皮作之曰犀盾，以木作之曰木盾，皆因所用为名也。”（释兵）有时每个词虽然单独立目，但对相关的一类词有一个总括性说明，这也不符合词典惯例。如在分别解释了“燕、宋、郑、楚、周、秦、晋、赵、鲁、卫、齐、吴越”各国得名理据之后，总括说：“此十二国，上应列宿，各以其地及于事宜制其名也。至秦改诸侯、置郡县，随其所在山川土形而立其名，汉就而因之也。”

（五）百科全书或语文百科综合词典说

《释名》的训释内容比较丰富，不仅训释词的理据，保存了大量古音古义，而且不少条目还反映出中国古代人文地理、方言俚俗、宗法礼制、哲学思想、物质文化、科学技术等方面的知识，可以帮助我们多方面了解古代历史文化。有的条目所训释的内容还非常特殊，具有独特的认识价值，如“三达曰剧旁。古者列树以表道，道有夹沟以通水潦，恒见修治，此道旁转多，用功稍剧也。”（释道）“以丹注面曰旳。旳，灼也。此本天子、诸侯群妾当以次进御，其有月事者，止而不御，重以口说，故注此于面，灼然为识，女史见之，则不书其名于第录也。”（释首饰）

近10多年来，学术界有些学者也开始注意挖掘《释名》的文化价值，从社会历史文化等角度撰写了一些论文，如卢烈红的《〈释名〉声训的文化内涵》（《中州学刊》1991年第5期），周国杰的《〈释名·释形体〉的文化阐释》（《东方丛刊》1995年第4期），刘兴均的《从〈释名〉声训看汉代人的思维特征及其文化背景》（《广西师范大学学报》（哲学社会科学版）2002年第1期），魏宇文的《从〈释名·释饮食〉看汉代饮食文化》（《湖南社会科学》2006年第3期），付雅丽、曲黎敏的《〈释名〉字义的医学内涵研究》（《中华中医药杂志》2007年增刊）等。

但是不管我们如何强调《释名》介绍的历史文化知识内容，都得不出《释名》是百科全书或语文百科综合词典的结论。从整体来看，《释名》还算不上大型工具书，它只是有部分条目涉及百科内容，与收录各种专门词语、全面系统地介绍文化科学知识的百科全书绝然不同。从具体条目的训释看，即使涉及百科内容的条目，释文也往往非常简单，跟现代百科全书或百科性质词典的释义很不一样。例如，“抱腹，上下有带，抱裹其腹上，无裆者也。”“心衣，抱腹而施钩肩，钩肩之间施一裆，以奄心也。”“反闭，襦之小者也。却向着之，领反于背后，闭其襟也。”“留幕，冀州所名大褶，下至膝者也。留，牢也；幕，络也，言牢络在衣表也。”这些《释衣服》篇中的条目都说明了这些衣服的形制特点，可以算得上是百科内容，然而它们的释义仍较简单，而且重心依然在于说明理据。

三　结论

给一部著作定性虽然应该注意它所使用的研究方法，但是首先考虑的应该是研究内容。对于研究内容比较复杂的著作，定性时应看作者写作的主旨是什么，主要研究的内容是什么，而不是看它的细枝末节。在归并它的著作类型时宜具体不宜过于宽泛。从这些原则出发，综合以上分析，《释名》的性质可界定为：以声训推源为主要方式，以义训、形训和直陈等为辅助方式，以揭示词的理据为目的的词汇类编。

主要参考文献：

[1] 张志毅：《词的理据》，《语言教学与研究》1990 年第 3 期。
[2] 王艾录、司富珍：《汉语的语词理据》，商务印书馆 2001 年版。
[3] 王艾录：《语言理据研究》，中国社会科学出版社 2002 年版。
[4] 王先谦：《释名疏证补》，上海古籍出版社 1984 年版。
[5] 张永言：《语文学论集》（增补本），语文出版社 1999 年版。
[6] 任继昉：《〈释名〉汇校》，齐鲁书社 2006 年版。
[7] 王宁：《训诂学原理》，中国国际广播出版社 1996 年版。
[8] 陈建初：《〈释名〉同源词疏证》，《古汉语研究》2006 年第 3 期。
[9] 卢烈红：《〈释名〉语言学价值新论》，《武汉大学学报》（社会科学版）1991 年第 2 期。
[10] 王力：《同源字典》，商务印书馆 1982 年版。
[11] 徐复：《徐复语言文字论稿》，江苏教育出版社 1995 年版。
[12] 殷寄明：《语源学概论》，上海教育出版社 2000 年版。

《释名》“一词二据”现象及其产生原因探析*

东汉末年刘熙编撰的《释名》是一部旨在探求事物现象得名之由的著作。全书1379个自然条目，共释1710名，使用声训1298条。[①]释1710名也就是解释了1710个词的理据。值得注意的是，《释名》对绝大部分词的理据只有一种解释，但对少部分词的理据作出了两种解释，出现了“一词二据”的现象。研究这种现象的人很少，成果也不多，而且至今还没有人分析这种现象产生的原因。本文在考察《释名》“一词二据”实际条目的基础上，试图分析其产生的原因。

陈建初先生和魏宇文先生将《释名》对词的理据解释视为对词源的解释，把我们叫作“一词二据”的现象称为“一词二源”，并统计出《释名》“一词二源”的数量，但由于个人认识上的差异，统计数据有一定出入。陈建初先生统计共49条，并指出两个训释词均为声训的有37例；其中一个为声训，另一个或为义训，或就被释词而直陈命名含义的有9例；只推出一个声训词，但对声训词的意义作出了两种不同解释的有3例。[②]魏宇文先生统计共39条。[③]两人共同认定的有“天、光、风、雨、火、戌、

---

* 本文曾刊于《山东大学学报》（哲学社会科学版）2009年第2期。

① 陈建初：《〈释名〉语源探索的理论与方法论贡献》，《湖南城市学院学报》2006年第5期。

② 陈建初：《〈释名〉考论》，博士学位论文，湖南师范大学，2005年，第295—299页。

③ 魏宇文：《〈释名〉名源研究》，博士学位论文，暨南大学，2006年，第187页。

亥、雲、地、岛、毛、睫、频、吻、须、腹、悼、叔、胡饼、酒、冕、刷、领、袖、裾、瓦、印、符、书、题、剑、车、浸、考、柳”35条。我们根据四部丛刊影印江南图书馆藏明嘉靖翻宋本统计，“一词二据”条目共有48条，它们是：天、光、风、火、戌、亥、雲、地、岛、晋、毛、睫、频、吻、须、腹、踝、怀、悼、叔、亚、孝、恭、绥、御、詈、胡饼、酒、布、冕、簪、刷、副、领、袖、裾、瓦、印、书、题、镰、机、剑、车、浸、徂落、考、柳。

从训释方式看，《释名》“一词二据”主要采用先解释一种理据，再使用术语“亦言”（或“亦”）、“又言”（或“又”）来解释第二个理据的方式，共有40条。如：

［1］光，晃也，晃晃然也。亦言广也，所照广远也。（释天）

［2］火，化也，消化物也。亦言毁也，物入中皆毁坏也。（释天）

［3］雲犹云云，众盛意也。又言运，运行也。（释天）

［4］地者，底也，其体底下，载万物也。亦言谛也，五土所生，莫不信谛也。（释地）

［5］海中可居者曰岛。岛，到也，人所奔到也。亦言鸟也，物所趋如鸟之下也。（释水）

［6］晋，进也，其土在北，有事于中国，则进而南也。又取晋水以为名，其水迅进也。（释州国）

［7］频，夹也，两旁称也。亦取挟敛食物也。（释形体）

［8］七年曰悼。悼，逃也，知有廉耻，隐逃其情也。亦言是时而死，可伤悼也。（释长幼）

［9］叔，少也，幼者称也。叔亦俶也，见嫂俶然却退也。（释亲属）

［10］恭，拱也，自拱持也。亦言供给事人也。（释言语）

［11］袖，由也，手所由出入也。亦言受也，以受手也。（释衣服）

［12］剑，检也，所以防检非常也。又其在身拱时敛在臂内也。（释兵）

［13］舆棺之车曰輀。……其盖曰柳。柳，聚也，众饰所聚，亦

其形偻也。(释丧制)

《释名》偶尔也使用“亦言”来说明同一事物对象的另一名称或用来分释复合词的不同理据侧面，应注意不要把这样的条目视为“一词二据”。如：

[1] 阴肿曰隤，气下隤也。又曰疝。亦言诜也，诜诜引小腹急痛也。(释疾病)

[2] 丧祭曰奠，奠，停也，言停久也。亦言朴奠，合体用之也。(释丧制)

[3] 枉矢，齐鲁谓光景为枉矢。言其光行若射矢之所至也；亦言其气枉暴，有所灾害也。(释天)

[4] 父之世叔父母曰从祖父母，言从己亲祖别而下也；亦言随从己祖以为名也。(释亲属)

其他8条没有使用训释术语，它们是：

[1] 天，豫、司、兖、冀以舌腹言之，天，显也，在上高显也。青、徐以舌头言之，天，坦也，坦然高而远也。(释天)

[2] 风，兖、豫、司、冀横口合唇言之，风，氾，其气博氾而动物也。青、徐言风，踧口开唇推气言之，风，放也，气放散也。(释天)

[3] 古者曰车，声如居，言行所以居人也。今曰车，车，舍也，行者所处，若车舍也。(释车)

[4] 孝，好也，爱好父母，如所悦好也。《孝经说》曰：“孝，畜也，畜养也。”(释言语)

[5] 毛，貌也，冒也，在表所以别形貌，且以自覆冒也。(释形体)

[6] 睫，插也，接也，插于眼眶而相接也。(释形体)

[7] 腹，複也，富也，肠胃之属以自裹盛，复于外複之，其中多

品，似富者也。(释形体)

[8] 缓，浣也，断也，持之不急，则动摇浣断，自放纵也。(释言语)

需要注意的是，《释兵》："鋋，延也，达也，去此至彼之言也。"此条很像[5][6][7][8]各条，但实质不同，"达"是转训"延"的，所以吴志忠校《小学汇函》本作："鋋，延也；延，达也。去此至彼之言也。"所以不能把该条作为"一词二据"例看待。

有的学者将《释名》视为词源学著作，把"一词二据"现象看作"一词二源"现象，认为《释名》的"一词二源"现象是不科学的，甚至是错误的。较早注意这一问题的是李茂康先生，他说："'毛'同时得名于'貌'与'冒'，'睫'的音义也同时源于'插'与'接'。依刘氏此释，同一事物名称兼有两个来源。……同一个词的音义来源只有一个，不可能有两个。刘熙以上之释，对同一事物的名称来源，或以为同时兼有两个，或以为两说均可。从语言理论上讲，这类解释是不科学的。"① 陈建初先生认定在其统计出的49条"一词二训"的词条中有16条一训可信，从系源的角度看有3条两训皆正确可从，最终得出结论："《释名》由一词二训所形成的'一词二源'现象在整体上是错误的，不可信的。"② 魏宇文先生指出："按照刘熙的解释，同一事物的名称来源，或以为同时兼有两个，或以为两说均可，这样一来，同一个词在同一本书中而有意义不同的声训，这显然不够严密，不够科学。"③ 又说："在《释名》中，刘熙对于同一个词给出不止一个名源解释者有39条。一般来说，一个词不可能有两个来源，也就是说，刘熙在给事物命名的解释中至少有一个是错误的。"④ 她还对每条作了具体分析，结论是两个解释都错的有28条，两个解释正误各一的有11条。

① 李茂康：《试论〈释名〉中不合理的声训》，《广州师院学报》(社会科学版)1998年第10期。

② 陈建初：《〈释名〉考论》，博士学位论文，湖南师范大学，2005年，第304页。

③ 魏宇文：《〈释名〉研究综述》，《嘉应大学学报》(哲学社会科学版)2000年第5期。

④ 魏宇文：《〈释名〉名源研究》，博士学位论文，暨南大学，2006年，第187页。

我们认为揭示词的理据跟探讨词源虽然有密切关系，但不是一回事。《释名》尽管客观上系联了大量同源词，但本质上不属于词源学著作。刘熙写作《释名》的根本目的在于探寻词的理据，即事物现象的得名之由。关于这一点，刘熙在自序中讲得非常清楚，他说："夫名之于实，各有义类。百姓日称，而不知其所以之意。故撰天地、阴阳、四时、邦国、都鄙、车服、丧纪，下及民庶应用之器，论叙指归，谓之《释名》。"所以《释名》"一词二训"的性质既不是词的两个语文义，也不是词的两个词源义，而是词的两个理据。因此，《释名》的"一词两训"是正是误，既不能从普通释义的角度要求，也不能从系联词源的角度看待，而应该用理据阐释的眼光来分析。

同一事物现象往往有多方面的性质特征，人们可以从不同角度认识同一事物现象的不同性质特征，形成不同的认识成果，因而同一事物现象可以获得不同的得名之由，从而得到不同的名称，出现"同实异名"现象。《释名》就有数十个"同实异名"的条目，如：

[1] 五家为伍，以五为名也。又谓之邻，邻，连也，相接连也。又曰比，相亲比也。(释州国)

[2] 九十曰鲐背，背有鲐文也。或曰黄耇，鬓发变黄也；耇，垢也，皮色骊悴，恒如有垢者也。或曰胡耇，咽皮如鸡胡也。或曰冻梨，皮有班（斑）黑，如冻梨色也。或曰齯齯，大齿落尽，更生细者如小儿齿也。(释长幼)。

[3] 汗衣，近身受汗垢之衣也。《诗》谓之泽，受汗泽也。或曰鄙袒，或曰羞袒，作之用六尺，裁足覆胸背，言羞鄙于袒而衣此也。(释衣服)

[4] 城上垣曰睥睨，言于其孔中睥睨非常也。亦曰郫，郫，裨也，言裨助城之高也。亦曰女墙，言其卑小，比之于城，若女子之于丈夫也。(释宫室)

[5] 佩刀，在佩旁之刀也。或曰容刀，有刀形而无刃，备仪容而已。(释兵)

[6] 舟中床以荐物者曰笭，言但有箦，如笭床也。南方人谓之笭突，言湿漏之水突然从下过也。(释船)

同一个名称也可能有不同的理据侧面，从而体现出被指称事物现象的不同方面的性质特征。《释名》对不少复合词条目的理据解释也反映了这方面的情况，如上举"枉矢""从祖父母"条。再如：

[1] 五行者，五气也，于其方各施行也。(释天)

[2] 二达曰岐旁。物两为岐，在边曰旁，此道并通出似之也。(释道)

[3] 南阳，在国之南而地阳也。(释州国)

[4] 貊炙，全体炙之，各自以刀割，出于胡貊之为也。(释饮食)

[5] 要襦，形如襦，其要上翘，下齐要也。(释衣服)

[6] 榻登，施大床之前、小榻之上，所以登床也。(释床帐)

[7] 轻疾者曰赤马舟，其体正赤，疾如马也。(释船)

但是同一个名称的得名之由应该是确定的，一个词的理据只能做出一种解释，而不应该随意解释。《释名》何以有48条出现了"一词二据"现象呢？我们认为《释名》"一词二据"现象的出现表面看来是刘熙在解释词的理据时带有随意性所致，然细加思考，就会发现它的出现是有原因的，具有某种程度上的合理性和必然性。经初步判断，产生"一词二据"现象的原因主要有以下几点。

其一，前人对同一个词往往有不同的训释，刘熙采用兼容并收的做法，将不同的训释作为同一个词的理据加以采纳，造成了"一词二据"。刘熙撰写《释名》在东汉末年，此时已积累了大量的训诂材料，而且有《尔雅》《方言》和《说文解字》等著作传世，这些既有成果，尤其是那些阐释名义的训诂材料，不可能不对刘熙撰写《释名》产生影响。例如，"光，晃也，晃晃然也。亦言广也，所照广远也。"（释天）王先慎在"亦言广也，所照广远也"之后曰："《诗·敬之》传：'光，广也。'即成国所本。"① 再如，"雲犹云云，众盛意也。又言运，运行也。"（释天）毕沅在"雲犹云云，众盛意也"之后曰："《吕氏春秋·圜道篇》：'雲气西行，云云然。'"② 孙楷在"又言运，运行也"之后曰："《管子·戒篇》：'四时雲下。'注云：'运也'。《初学记》引《春秋说题辞》云：'雲之为言运也。动阴路，触石而起，谓之雲。合阳而起，以精运也。'是雲义为运，与《释名》合。"③ 又如，《白虎通·五行》："火，化，阳气用事，万物变化。"《说文解字》："火，燬也。南方之行，炎而上。"《释名·释天》："火，化也，消化物也。亦言毁也，物入中皆毁坏也。"（按：毁，张步瀛校作燬）所以，有人指出："《释名》一书，充分汇聚了两汉时期训释之精华，在继承中有所发明和创新。我们把《释名》所训跟经典、《说文》《尔雅》、诸子、传注、纬书等作一比较，从中可以发现《释名》一书的训释，多有所本，并非像王力所说的那样，随心所欲的找同音词或音近词。"④ 还有人从义界来源和推源所本两方面考察过《释名》训释与其他经典传注的承继关系，结果是：义界本于《尔雅》者 95 条，本于《三礼》者 52 条，本于《说文》者 29 条，本于《毛传》者 11 条；推源本于《白虎通》者 35 条，本于《说文》者 77 条，本于《毛传》者 22 条，本于郑玄《三礼注》及郑笺者 106 条，本于高诱注者 5 条，本于《史记·律书》者 6 条，本于《春秋元命苞》者 6 条。⑤

其二，两汉声训盛行，刘熙《释名》可谓声训集大成之作，而两汉的声训具有主观随意性的特点⑥，刘熙在运用声训说明词的理据时自然也难免有随意系联之嫌。两汉声训材料中不乏一词多训的实例，这些不同的声训往往是从不同角度以同音词或近音词来阐释对同一个词的不同理解，如《春秋繁露·深察名号篇》曰："深察王号之大意，其中有五科：皇科，方

① （清）王先谦：《释名疏证补》，上海古籍出版社 1984 年版，第 24 页。
② 同上书，第 41 页。
③ 同上。
④ 王闰吉：《〈释名〉的科学性》，《丽水师范专科学校学报》2003 年第 1 期。
⑤ 郭文超：《刘熙〈释名〉训诂研究》，硕士学位论文，湖南师范大学，2001 年，第 21—28 页。
⑥ 何九盈：《中国古代语言学史》（新增订本），北京大学出版社 2006 年版，第 69—70 页。

科，匡科，黄科，往科。合此五科以一言，谓之王。王者，皇也，方也，匡也，黄也，往也。是故王意不普大而皇，则道不能正直而方；道不能正直而方，则德不能匡运周遍；德不能匡运周遍，则美不能黄；美不能黄，则四方不能往；四方不能往，则不全于王。"又曰："君者，元也；君者，原也；君者，权也；君者，温也；君者，群也。"至于不同学者对同一个词的不同声训就更为普遍了，如"春"，《礼记·乡饮酒义》释为"蠢"；《尚书大传》释为"出"；《白虎通·五行》释为"偆偆动"；《说文解字》释为"推"。又如"霸"，《白虎通·号》释为"伯""迫"；《风俗通·皇霸》释为"把""驳"。《释名》48个"一词二训"条目中有31条也是两训都使用声训，如"戌，恤也，物当收敛，矜恤之也。亦言脱也，物脱落也。"（释天）"毛，貌也，冒也，在表所以别形貌，且以自覆冒也。"（释形体）"怀，回也，本有去意，回来就己也。亦言归也，来归己也。"（释姿容）"詈，历也，以恶言相弥历也。亦言离也，以此挂离也。"（释言语）"袖，由也，手所由出入也。亦言受也，以受手也。"（释衣服）"裾，倨也，倨倨然直。亦言在后，常见踞也。"（释衣服）"印，信也，所以封物为信验也。亦言因也，封物相因付也。"（释书契）"书称题。题，谛也，审谛其名号也。亦言第，因其第次也。"（释书契）由于受当时声训风尚的影响，加上运用声训非常方便，只要同音词或近音词能够在理据系联上找到一定线索，哪怕这种线索非常牵强，也就可以将两个同音词或近音词联系起来构成声训，所以当同一个词可以跟两个同音词或近音词进行理据系联时，就会出现一个词有两个声训理据的情况。

其三，刘熙在探索词的理据时，利用了各种因素和方法来寻求命名之意，就是同一个词有时也从不同角度探寻理据线索，从而造成"一词二据"。有一部分"一词二训"条目一为声训，一为义训或直陈命名理据，如"颐下曰须。须，秀也，物成乃秀，人成而须生也。亦取须体干长而后生也。"（释形体）"御，语也，尊者将有所欲，先语之也。亦言职卑，尊者所勒御，如御牛马然也。"（释言语）"胡饼，作之大漫沍也。亦言以胡麻着上也。"（释饮食）"王后首饰曰副。副，覆也，以覆首。亦言副贰也，兼用众物，成其饰也。"（释首饰）"领，颈也，以壅颈也。亦言总领衣体，为端首也。”（释衣服）“目生肤入眸子曰浸。浸，侵也，言侵明也。亦言浸淫转大也。”（释疾病）个别“一词二训”条目只有一个声训，但对声训词做出了两种理据解释，如“亥，核也。收藏百物，核取其好恶真伪也。亦言物成皆坚核也。”（释天）还有个别“一词二训”条目是以“同词为训”，但同样做出了两种理据解释，如“布，布也。布列众缕为经，以纬横成之也。又太古衣皮，女工之始，始于是，施布其法，使民尽用之也。”（释采帛）当同一个词既可以找到语音联系的理据又可以找到语义联系的理据时，就会出现一个词有一个声训理据和一个义训理据的情况；而一个词又可以有不同的意义，当一个用来作声训的训释词或“同词为训”的训释词可以从两种意义上来理解时，就会出现一个词只有一个声训或“同词为训”，但出现了两种理据解释的情况。“亚”和“机”的情形又有不同，“两婿相谓曰亚。言一人取姊，一人取妹，相亚次也。又并来至女氏门，姊夫在前，妹夫在后，亦相亚而相倚，共成其礼。”（释亲属）“弩，怒也，有势怒也。其柄曰臂，似人臂也。钩弦者曰牙，似齿牙也。牙外曰郭，为牙之规郭也。下曰悬刀，其形然也。合名之曰机，言如机之巧也，亦言如门户之枢机，开阖有节也。”（释兵）这是因对词的理解角度不同而做出的多理据解释。“徂落，徂，祚也，福祚殒落也。徂亦往也，言往去落也。”（释丧制）该条则因对“徂落”的构词语素“徂”有两种不同理解而导致“一词二据”。另外，或因方音不同而理据不同，如“天，豫、司、兖、冀以舌腹言之，天，显也，在上高显也。青、徐以舌头言之，天，坦也，坦然高而远也。”（释天）或因古今语音不同而理据不同，如“古者曰车，声如居，言行所以居人也。今曰车，车，舍也，行者所处，若车舍也。”（释车）或引经为据，如“孝，好也，爱好父母，如所悦好也。《孝经说》曰：‘孝，畜也，畜养也。’”（释言语）或以民俗文化为据，如“叔，少也，幼者称也。叔亦俶也，见嫂俶然却退也。”（释亲属）“叔亦俶也，见嫂俶然却退也”“反映了叔嫂别嫌的文化习俗”[1]。正是因

① 刘兴均：《〈释名〉声训的诠释方法与训释条例》，《烟台师范学院学报》（哲学社会科学版）1995年第1期。

为《释名》蕴含着诸多的民俗要素，所以有人认为：“《释名》是一部探讨民俗词源的专著，其中的用字，既能看出低层文化与上层文化的差异，又可以从中寻求某些俗词源产生和发展的线索。”①

主要参考文献：

[1] 任继昉：《〈释名〉汇校》，齐鲁书社 2006 年版。
[2] 吴辛丑：《〈释名〉训释条例略说——兼谈与“声训”有关的几个问题》，《华南师范大学学报》（社会科学版）1998 年第 5 期。
[3] 魏宇文：《论〈释名〉的“同字为训”——兼论词义引申问题》，《嘉应大学学报》（哲学社会科学版）1999 年第 4 期。
[4] 祝敏彻：《〈释名〉声训与汉代音系》，《湖北大学学报》（哲学社会科学版）1988 年第 1 期。
[5] 崔棠华：《〈释名〉的声训及其训诂价值》，《辽宁大学学报》（哲学社会科学版）1985 年第 6 期。
[6] 王艾录：《语言理据研究》，中国社会科学出版社 2002 年版。
[7] 曾昭聪：《〈释名〉声训中的声符示源功能研究》，《古籍整理研究学刊》1999 年第 4 期。
[8] 龚鹏程：《汉代思潮》，商务印书馆 2005 年版。

① 魏宇文：《谈毕沅〈释名疏证〉中的“今本俗字”》，《中国语文》2007 年第 1 期。

从《释名》“同实异名例”看刘熙的词汇观*

一 《释名》体例述略

东汉末年刘熙编撰的《释名》是一部旨在探求事物现象得名之由（即词的理据）的著作。全书分释天、释地、释山、释水、释丘、释道、释州国、释形体、释姿容、释长幼、释亲属、释言语、释饮食、释采帛、释首饰、释衣服、释宫室、释床帐、释书契、释典艺、释用器、释乐器、释兵、释车、释船、释疾病、释丧制共27篇。每篇之中选取数量不等的词分条解释其理据，也就是说明事物现象得名的理由和根据。

具体条目基本是按“一事一名一词”来设置的，所谓“一事一名一词”，就是一个事物现象只有一个名称，表现在语言上只有一个词。具体条目所释内容情况不同，最多的是用声训方式说明词的理据，不解释词的概念义，如“霜，丧也，其气惨毒，物皆丧也。”（释天）“土，吐也，吐生万物也。”（释地）有的条目在解释词的概念义基础上说明词的理据，如“山有草木曰岵，岵，怙也，人所怙取，以为事用也。”（释山）“山无草木

* 本文曾刊于《山东师范大学学报》（人文社会科学版）2009年第1期。

曰屺，屺，圮也，无所出生也。”（释山）有的条目不用声训方式，而是直接说明词的理据，尤其是复合词条目，如“河内，河水从岐山而南，从雷首而东，从谭首而北，郡在其内也。”（释州国）“妾谓夫之嫡妻曰女君，夫为男君，故名其妻曰女君也。”（释亲属）“唇脂，以丹作之，像唇赤也。”（释首饰）还有的条目采用了多种方式说明理据，如“锦，金也，作之用工重，于其价如金，故其制字，帛与金也。”（释采帛）既用了声训方式，又用了形训方式。就每个条目的理据数量而言，一般是“一名一词一理据”，如以上各例。但是我们也发现有48条出现了两个理据解释的现象，即“一名一词二理据”，如“海中可居者曰岛，岛，到也，人所奔到也。亦言鸟也，物所趋如鸟之下也。”（释水）“毛，貌也，冒也，在表所以别形貌，且以自覆冒也。”（释形体）

《释名》的编撰主旨是探求词的理据类型，所以也出现了表示不同事物现象的不同名称由于得名理据相同而安排为一个条目的情况，即“多事多名多词”而“同条同理据”，如“山东曰朝阳，山西曰夕阳，随日所照而名之也。”（释山）“圜丘、方丘，就其方圜名之也。”（释丘）“东郡、南郡，皆以京师方面言之也。”（释州国）“胡饼，作之大漫冱也。亦言以胡麻着上也。蒸饼、汤饼、蝎饼、髓饼、金饼、索饼之属，皆随形而名之也。”（释饮食）“韩羊、韩兔、韩鸡，本法出韩国所为也，犹酒言‘宜城醪’‘苍梧清’之属也。”（释饮食）“鸡纤，细擗其腊令纤然，后渍以酢也。兔纤亦然。”（释饮食）“缥犹漂，漂，浅青色也。有碧缥，有天缥，有骨缥，各以其色所象言之也。”（释采帛）个别条目包含同一事类的表示不同事物现象的不同名称，这些不同名称理据类型或相同或不同，情况比较复杂，如“盾，遁也，跪其后，避以隐遁也。太而平者曰吴魁，本出于吴，为魁帅者所持也。隆者曰须盾，本出于蜀，须所持也。或曰羌盾，言出于羌也。约胁而邹者曰陷虏，言可以陷破虏敌也，今谓之曰‘露见’是也。狭而长者曰步盾，步兵所持，与刀相配者也。狭而短者曰孑盾，车上所持者也。孑，小称也。以缝编板谓之木络，以犀皮作之曰犀盾，以木作之曰木盾，皆因所用为名也。”（释兵）

同时我们还初步统计出《释名》共有78条是同一事物现象而有不同的名称，分别用不同的词来表示，可称之为“同实异名例”，如“父之兄曰世父，言为嫡统继世也。又曰伯父，伯，把也，把持家政也。”（释亲属）“佩刀，在佩旁之刀也。或曰容刀，有刀形而无刃，备仪容而已。”（释兵）“眸子明而不正曰通视，言通目匡一方也。又谓之丽视，丽，离也，言一目视天，一目视地，目明分离，所视不同也。”（释疾病）这些“同实异名例”不仅告诉我们古代汉语的一些词汇事实，而且从中可以看出作者刘熙在考察名实关系时的词汇观。

二 “同实异名例”的不同类型

从不同角度看，《释名》“同实异名例”有着不同的类型。

（一）从使用的训释方式看

1. 使用术语“又曰”指明异名例，共有13条。如：

［1］震，战也，所击辄破，若攻战也。又曰辟历，辟，折也，所历皆破折也。(释天)

［2］自脐以下曰水腹，水汋所聚也。又曰少腹，少，小也，比于脐以上为小也。(释形体)

［3］两婿相谓曰亚，言一人取姊，一人取妹，相亚次也。又并来至女氏门，姊夫在前，妹夫在后，亦相亚而相倚，共成其礼。又曰友婿，言相亲友也。(释亲属)

2. 使用术语“又谓之”指明异名例，共有10条。如：

［1］祖，祚也，祚物先也。又谓之王父，王，往也，家中所归往也。(释亲属)

［2］草圆屋曰蒲，蒲，敷也，总其上而敷下也。又谓之庵，庵，奄也，所以自覆奄也。（释宫室）

［3］在旁拨水曰櫂，櫂，濯也，濯于水中也，且言使舟櫂进也。又谓之札，形似札也。又谓之楫，楫，捷也，拨水使舟捷疾也。（释船）

3．使用术语“或曰”指明异名例，共有14条。如：

［1］瞳子，瞳，重也，肤幕相裹重也。子，小称也。主谓其精明者也。或曰眸子，眸，冒也，相裹冒也。（释形体）

［2］导，所以导栎鬓发，使入巾帻之里也。或曰栎鬓，以事名之也。（释首饰）

［3］锸，插也，插地起土也。或曰销，销，削也，能有所穿削也。或曰铧，铧，刳也，刳地为坎也。其板曰叶，像木叶也。（释用器）

4．使用术语“或谓之”指明异名例，共有5条。如：

［1］茧曰幕也，贫者着衣，可以幕落絮也。或谓之牵离，煮熟烂，牵引使离散，如绵然也。（释采帛）

［2］桷，确也，其形细而踈确也。或谓之椽，椽，传也，相传次而布列也。或谓之榱，在檼旁下列，衰衰然垂也。（释宫室）

5．使用术语“亦曰”或“亦言”指明异名例，共4条。如：

［1］城上垣曰睥睨，言于其孔中睥睨非常也。亦曰郫，郫，裨也，言裨助城之高也。亦曰女墙，言其卑小，比之于城，若女子之于丈夫也。（释宫室）

［2］丧祭曰奠，奠，停也，言停久也。亦言朴奠，合体用之也。（释丧制）

6. 使用“××人曰”“××人谓××曰”或“××人谓之”指明异名例，共7条。如：

［1］女，如也，妇人外成如人也，故三从之义，少如父教，嫁如夫命，老如子言。青徐人曰娪，娪，忤也，始生时人意不喜，忤忤然也。(释长幼)

［2］青徐人谓长妇曰稙长，禾苗先生者曰稙，取名于此也。荆豫人谓长妇曰熟，熟，祝也；祝，始也。(释亲属)

［3］舟中床以荐物者曰笭，言但有簀，如笭床也。南方人谓之笭突，言湿漏之水突然从下过也。(释船)

7. 使用“××（地名）曰”或“××（地名）谓××曰”等指明异名例，共6条。如：

［1］篱，离也，以柴竹作之，疏离离也。青徐曰椐，椐，居也，居于中也。(释宫室)

［2］库，舍也，物所在之舍也，故齐鲁谓库曰舍也。(释宫室)

8. 使用“××（朝代名）曰”或“××（典籍名）谓之”指明异名例，共4条。如：

［1］岁，越也，越故限也。唐虞曰载，载生物也。殷曰祀，祀，巳也，新气升故气巳也。(释天)

［2］母之姊妹曰姨……《礼》谓之从母，为娣而来，则从母列也。故虽不来，犹以此名之也。(释亲属)

9. 综合使用以上方式及其他方式指明异名例，共15条。如：

［1］五家为伍，以五为名也。又谓之邻，邻，连也，相接连也。又曰比，相亲比也。(释州国)

［2］汗衣，近身受汗垢之衣也。《诗》谓之泽，受汗泽也。或曰

鄙袒，或曰羞袒，作之用六尺，裁足覆胸背，言羞鄙于袒而衣此也。（释衣服）

［3］幅，所以自逼束。今谓之行縢，言以裹脚，可以跳腾轻便也。（释衣服）

《释名》在指出事物现象的异名时使用了不同的训释术语，而这些不同的训释术语有的有标示功能，有的则没有明显的功能分工，表现出一定的随意性。

（二）从异名数量的多少看

1．异名数量是2个的，共50条。如：

［1］脬，鞄也，空虚之言也，主以虚承水汋也。或曰膀胱，言其体短而横广也。（释形体）

［2］瑱，镇也，悬当耳旁，不欲使人妄听，自镇重也。或曰“充耳”，充，塞也，塞耳，亦所以止听也。故里语曰：“不瘖不聋，不成姑公。”（释首饰）

［3］船，循也，循水而行也。又曰舟，言周流也。（释船）

2．异名数量是3个的，共19条。如：

［1］下言上曰表，思之于内，表施于外也。又曰上，示之于上也。又曰言，言其意也。（释书契）

［2］枷，加也，加杖于柄头，以挝穗而出其谷也。或曰罗枷，三杖而用之也。或曰丫丫，杖转于头，故以名之也。（释用器）

3．异名数量是4个的，共7条。如：

［1］虹，攻也，纯阳攻阴气也。又曰蝃蝀，其见，每于日在西而见于东，啜饮东方之水气也；见于西方曰升朝，日始升而出见也。又

曰美人，阴阳不和，婚姻错乱，淫风流行，男美于女，女美于男，互相奔随之时，则此气盛，故以其盛时名之也。（释天）

［2］厕，言人杂在上非一也。或曰溷，言溷浊也。或曰圊，至秽之处，宜常修治，使清洁也。或曰轩，前有伏，似殿轩也。（释宫室）

4. 异名数量是5个的，共2条。它们是：

［1］辅车，其骨强，所以辅持口也。或曰牙车，牙所载也。或曰颔，颔，含也，口含物之车也。或曰颊车，亦所以载物也。或曰鼸车，鼸鼠之食积于颊，人食似之，故取名也。凡系于车，皆取在下载上物也。（释形体）

［2］九十曰鲐背，背有鲐文也。或曰黄耇，鬓发变黄也，耇，垢也，皮色骊悴，恒如有垢者也。或曰胡耇，咽皮如鸡胡也。或曰冻梨，皮有斑黑，如冻梨色也。或曰齯齯，大齿落尽，更生细者如小儿齿也。（释长幼）

三　从“同实异名例”看刘熙的词汇观

同一事物现象常常有多方面的性质特征，不同时代、不同地区、不同文化背景的人们往往可以从不同角度认识同一事物现象的不同性质特征，形成不同的认识成果，找到不同的命名理据，因而同一事物现象可以获得不同的得名之由，从而得到不同的名称，出现“同实异名”现象。可以说刘熙在编撰《释名》时是充分注意到了这种现象的。全书共1379个自然条目①，“同实异名例”就有78条，约占5.66%，比例不算小，而且异名数量从2个到5个不等，也称得上广泛搜罗了。表面看来，《释名》中的这些“同实异名例”只是构成了78组来源不同、理据有别的同义词。其

① 陈建初：《〈释名〉语源探索的理论与方法论贡献》，《湖南城市学院学报》2006年第5期。

实在表面背后，反映出刘熙在考察名实关系时的广阔视域以及看待语言词汇构成的时地观和雅俗观。

明代陈第在《毛诗古音考·自序》中说："盖时有古今，地有南北，字有更革，音有转移，亦势所必至。"这句话向来被认为是说明语言因时地不同而变化的至理名言，由此陈第也常常被视为研究古音时有明确时地观念的第一人。事实上，早在汉末的刘熙就已经比较自觉地意识到语言的时地差异，他在《释名·自序》中说："熙以为自古造化，制器立象，有物以来，迄于近代，或典礼所制，或出自民庶，名号雅俗，各方名殊。"他把这种观念贯彻到了《释名》的撰述之中，由"同实异名例"就可略见一斑。

《释名》"同实异名例"中有的条目是由古今异名构成的，刘熙对这样的条目往往有明确的时代特征说明。或引用经典文献名称跟时用名称对比说明，如"天……《易》谓之乾，乾，健也，健行不息也。又谓之玄，玄，悬也，如悬物在上也。"（释天）"地者，底也，其体底下，载万物也。亦言谛也，五土所生，莫不信谛也。《易》谓之坤，坤，顺也，上顺乾也。"（释地）"汗衣，近身受汗垢之衣也。《诗》谓之泽，受汗泽也。"（释衣服）或者直接用"今谓之"说明今名，如"幅，所以自逼束。今谓之行縢，言以裹脚，可以跳腾轻便也。"（释衣服）"盾，遁也，跪其后，避以隐遁也。……约胁而邹者曰陷虏，言可以陷破虏敌也，今谓之曰'露见'是也。"（释兵）或说明异名的不同时代特征，如"岁，越也，越故限也。唐虞曰载，载生物也。殷曰祀，祀，巳也，新气升，故气巳也。"（释天）还有的条目说明了异名的产生时间，如"汉以来谓死为物故，言其诸物皆就朽故也。既定死曰尸，尸，舒也，骨节解舒，不复能自胜敛也。"（释丧制）事实上其他方式的"同实异名例"有些也是不同时代累积的结果，如"瞳子"条与"眸子"条。据研究，先秦只说"眸子"不说"瞳子"，"瞳子"始见于大约成书于西汉景帝时期的《淮南子》。[1] 这

---

① 参见魏宇文、王彦坤《〈释名〉"或曰"疏证》，《湘潭大学学报》（哲学社会科学版）2006年第1期。

说明刘熙在考察一个事物对象的名实关系时，是观照古今汉语词汇的不同情况的。

《释名》是以当时的通语雅言词汇为主要研究对象的，但同时也非常关注方言词汇，尤其是自己熟悉的青徐、齐鲁方言词汇。书中明确指出方言地域的材料有40条，涉及19个单称或联称的方言地域名称，它们总共出现47次，具体情况是：青徐10次，齐12次，齐鲁4次，鲁和宋鲁各1次，兖冀2次，兖州、冀州、并冀、兖豫各1次，豫司兖冀2次，汝颍2次，荆州2次，荆豫、江南、南方各1次，关西2次，幽州1次，扬豫以东1次。①“同实异名例”中有不少条目就是由通语和方言异名构成的，刘熙对这些条目中的方言名一般都注明分布区域。以上举例中已出现了一些这样的条目，再如：

［1］咽，咽物也。……青徐谓之脰，物投其中，受而下之也。又谓之嗌，气所流通阨要之处也。(释形体)

［2］饵，而也，相黏而也。兖豫曰溏浃，就形名之也。(释饮食)

［3］绡头，绡，钞也，钞发使上从也。或曰陌头，言其从后横陌而前也。齐人谓之幨，言敛发使上从也。(释首饰)

［4］留幕，冀州所名大褶，下至膝者也。留，牢也；幕，络也，言牢络在衣表也。(释衣服)

［5］矢，指也，言其有所指向迅疾也。又谓之箭，前进也。其本曰足，矢形似木，木以下为本，本以根为足也。又谓之镝，镝，敌也，可以御敌也。齐人谓之镞，镞，族也，言其所中皆族灭也。关西曰釭，釭，铰也，言有交刃也。其体曰幹，言梃幹也。其旁曰羽，如鸟羽也。鸟须羽而飞，矢须羽而前也。齐人曰卫，所以导卫矢也。……(释兵)

［6］辋，罔也，罔罗周轮之外也。关西曰輮，言曲輮也。(释车)

① 参见华学诚《论〈释名〉的方言研究》，《扬州大学学报》（人文社会科学版）2003年第2期。

另外，刘熙也注意到了雅言词语与民间俗语之间的不同，尽管“同实异名例”中只有1条明确说明了这种差异，即“夫之兄曰公，公，君也；君，尊称也。俗间曰兄章，章，灼也，章灼敬奉之也。又曰兄忪，是己所敬，见之怔忪，自肃齐也。俗或谓舅曰章，又曰忪，亦如之也。”（释亲属）但是我们还可以找到其他例子中的异名也是属于此种情况的，如“虹”又曰“美人”，“虹”是当时民间通用口语，而“美人”则是来源于民间传说的俚俗词。毕沅在“虹……又曰美人”之后加注曰：“郭璞《尔雅注》云：‘俗名为美人虹。’《异苑》曰：‘古语有之曰：古者有夫妻荒年菜食而死，俱化成青虹，故俗呼为美人虹。’”① 盖“美人”为“美人虹”之省。或许“虹”称作“美人”还跟当时流行的另一观念有关，毕沅在“美人”的申说语“阴阳不和，婚姻错乱，淫风流行，男美于女，女美于男，互相奔随之时，则此气盛”之后引证文献说：“毛诗《蝃蝀传》：‘夫妇过礼则虹气盛。’《月令章句》：‘夫阴阳不和，婚姻失序，即生此气。’”②

① （清）王先谦：《释名疏证补》，上海古籍出版社1984年版，第43页。
② 同上。

《释名》所见反映古代妇女生存状态的特殊词语*

东汉末年刘熙编撰的《释名》是一部探求词语理据的著作，分为释天、释地、释山、释水、释丘、释道、释州国、释形体、释姿容、释长幼、释亲属、释言语、释饮食、释采帛、释首饰、释衣服、释宫室、释床帐、释书契、释典艺、释用器、释乐器、释兵、释车、释船、释疾病、释丧制共27篇。每篇之中选取数量不等的词语分条解释其理据，也就是说明事物现象得名的理由和根据，如"暑，煮也，热如煮物也。"（释天）"已耕者曰田。田，填也，五稼填满其中也。"（释地）"风吹水波成文曰澜。澜，连也，波体转流，相及连也。"（释水）"丘高曰阳丘。体高近阳也。"（释丘）"手戟，手所持擿之戟也。"（释兵）"送死之器曰明器。神明之器，异于人也。"（释丧制）有不少条目在解释词语理据的同时也介绍了一些百科性知识，如"望，月满之名也。月大十六日，小十五日，日在东，月在西，遥相望也。"（释天）"三达曰剧旁。古者列树以表道，道有夹沟以通水潦，恒见修治，此道旁转多，用功稍剧也。"（释道）"布，布也，布列众缕为经，以纬横成之也。又太古衣皮，女工之始，始于是，施布其法，使民尽用之也。"（释采帛）

我们注意到，全书有30多条特殊词语所反映的内容跟古代妇女直接

---

* 本文曾刊于《中华女子学院学报》2008年第6期。

相关，是我们了解和认识古代妇女生活事象和生存状态的极有价值的材料。

中国古代有“阳尊阴卑”的文化心理，这种观念在先秦已经形成。《周易》认为：“天道为乾，地道为坤，乾为阳，坤为阴。”“天尊地卑，乾坤定矣。”“乾道成男，坤道成女。”因此，阳尊阴卑是上天的准则。把这一准则运用到人事，男尊女卑也是上天的安排。董仲舒作《春秋繁露》专章阐释“阳尊阴卑”。说“丈夫虽贱皆为阳，妇人虽贵皆为阴”，并提出“夫为妻纲”，使夫妇关系犹如君臣、父子关系。在他的影响下，汉代贱视妇女与妇女自轻自贱愈益明显。《大戴礼记》曰：“女者如也，子者，孳也，女子者，言如男子之教而长其义理者也。故谓之妇人。”尚有一些承认妇女社会作用的意味。东汉班固《白虎通义·嫁娶》认为“阴卑不得自专，就阳而成之”。其妹班昭作《女诫》更是把男子的地位神圣化：“夫者天也，天固不可逃，夫固不可违也。行违神祇，天则罚之，礼义有愆，夫则薄之。……故事夫如事天，与孝子事父，忠臣事君同也。”并主张若生女子，就让她卧于床下三日，使之从一出生就明白女子天生是卑弱的。把女子看成弱者的象征，是汉民族文化心理的历史积淀。①

上述情况在《释名》的一些词语中有着不同程度的反映。有的词反映了妇女地位卑下，事事都要依附于男子的历史情形，如“女，如也，妇人外成如人也。故三从之义，少如父教，嫁如夫命，老如子言。青徐州曰婼。婼，忤也，始生时人意不喜，忤忤然也。”（释长幼）《说文解字》：“如，从随也。从女从口。”段注：“随从必以口。从女者，女子，从人者也。”此条释文说明女子生来就不招人待见，此后要终生服从男子，恪守“三从之义”。不管是贫民女子，还是宫中贵妇，妇女的天职就是依附于丈夫，不仅要尽心侍奉，而且要恭而敬之。“天子之妃曰后。后，後也，言在後，不敢以副言也。”（释亲属）“诸侯之妃曰夫人。夫，扶也，扶助其君也。”（释亲属）“卿之妃曰内子。子，女子也，在闺门之内也。”（释亲

① 刘兴均：《从〈释名〉声训看汉代人的思维特征及其文化背景》，《广西师范大学学报》（哲学社会科学版）2002 年第 1 期。

属）“大夫之妃曰命妇。妇，服也，服家事也。夫受命于朝，妻受命于家也。”（释亲属）“士、庶人曰妻。妻，齐也。夫贱不足于尊称，故齐等言之。”（释亲属）“拜于丈夫为跌。跌然屈折，下就地也。于妇人为扶，自抽扶而上下也。”（释姿容）一直到死，妇女还是丈夫的影子，“母死曰妣。妣，比也，比之于父亦然也。”（释丧制）就连“城上垣”也有一个具有女性色彩的名字——女墙，“城上垣曰睥睨。言于其孔中睥睨非常也。亦曰郫。郫，裨也，言裨助城之高也。亦曰女墙。言其卑小，比之于城，若女子之于丈夫也。”（释宫室）妇女大概只有在以“嫂”的身份出现，面对“小叔子”时，才能在男人那儿找回一点尊严，不过那仍然是以“叔嫂别嫌”为前提的，“嫂，叟也。叟，老者称也。叟，缩也，人及物老皆缩小于旧也。”（释亲属）“叔，少也，幼者称也。叔亦俶也，见嫂俶然却退也。”清人苏舆曰：“俶与踧同，俶然犹云踧然。《一切经音义》十三引《字林》：‘踧踖，不进也。’不进，即却退之义。嫂叔别嫌，故见而却退。”清人叶德炯曰：“《礼·曲礼》：‘嫂叔不通问。’注：‘通问，谓相称谢也。’此云‘见嫂却退’，盖本礼意。”①

古代妇女有的倒是在同性中成为尊者，这是因为古代妇女有着严格的贵贱嫡庶之分，有尊者，有卑者，不过这种尊卑之别只是在妻妾群里的分别，即使尊者之称也常常是随夫而称，仍然维系着“夫为妻纲”的原则。《释名》的“释亲属”篇有几个亲属称谓就直接反映了这方面的实际情况，从某个侧面反映出“妻妾成群”的男权社会妇女群体的生存状态，如“妾谓夫之嫡妻曰女君。夫为男君，故名其妻曰女君也。”“少妇谓长妇曰姒，言其先来，己所当法似也。”“长妇谓少妇曰娣。娣，弟也，后己来也。或曰先后以来，先后言之也。”“青徐人谓长妇曰稙长。禾苗先生者曰稙，取名于此也。”“妾，接也，以贱见接幸也。”“天子妾有嫔。嫔，宾也，诸妾之中见宾敬也。”

《释名》的“释亲属”篇中还有两个词比较特殊，它们反映了一种“侄娣从媵”的陪嫁制度，说明“侄娣”这个女性群体没有独立的人格，

① （清）王先谦：《释名疏证补》，上海古籍出版社1984年版，第160页。

从一个特殊角度折射出古代妇女的从属地位。“姑谓兄弟之女为姪。姪，迭也，共行事夫，更迭进御也。”关于此条，清人毕沅曰：“此所言唯指娣姪之从嫁者，亦当有不从事一夫者，何可凿定！此谊亦未为允矣！”① 毕沅虽然指出了刘熙所释有片面性，但还是承认“姪娣从媵”制度是存在的。另外一条是：“姪娣曰媵。媵，承也，承事嫡也。”该条反映“姪娣从媵”的陪嫁制度更为直接。毕沅在该条疏证中引《公羊传·庄公十九年》的文献材料为证：“媵者何？诸侯娶一国则二国往媵之，以姪娣从。”② 这也进一步说明“姪娣从媵”的陪嫁制度是历史事实。有人还指出，在春秋时期，姪娣从媵是合礼而不是犯礼。诸侯可以娶同姓的两国之女，卿大夫仿诸侯而地位弗如，就只能娶其夫人之娣姪作媵妾。《左传·襄公二十三年》载，臧宣叔就收其夫人的陪嫁姪女为继室，且继室为他又生一子。像这样的记载在《左传》中还能找到两例。姪女从媵直到近代还有文献记载。《清史稿·列传一》载清顺治皇帝的生母孝庄文皇后博尔济吉特氏就是清太宗（皇太极）的另一皇后（孝端文皇后）的姪女，孝端文皇后是在顺治六年（1650 年）崩逝的，孝庄文皇后是在天命十年（1625 年）陪侍皇太极的，姑姪共事一夫至少也有 10 年以上。③ “姪娣从媵”的陪嫁制度以今天的伦理观念看是很难理解的，这不是乱了辈分，有失体统吗？可是在封建礼法制度里，它却是合理的，因为陪嫁之姪娣就如同陪嫁物一样，只是一种奉送品而已，是没有人格可言的。

在释首饰、释车等篇目中有些词是反映古代妇女用品的，同样也反映了古代妇女的某些生活事象，有的也能反映古代妇女某种特殊的生存状态。例如：

［1］穿耳施珠曰珰。此本出于蛮夷所为也，蛮夷妇女轻浮好走，故以此珰锤之也。今中国人效之耳。（释首饰）

---

① （清）王先谦：《释名疏证补》，上海古籍出版社 1984 年版，第 156 页。
② 同上书，第 165 页。
③ 刘兴均：《从〈释名〉声训看汉代人的思维特征及其文化背景》，《广西师范大学学报》（哲学社会科学版）2002 年第 1 期。

［2］以丹注面曰旳。旳，灼也，此本天子、诸侯群妾当以次进御，其有月事者，止而不御，重以口说，故注此于面，灼然为识，女史见之，则不书其名于第录也。(释首饰)

［3］容车，妇人所乘小车也。其盖施帷，所以隐蔽其形容也。(释车)

［4］軿车，軿，屏也，四面屏蔽，妇人所乘牛车也。辎軿之形同，有邸曰辎，无邸曰軿。(释车)

后　记

收入本论文集的30篇论文均属本人独撰，与师友合撰的论文概未入选，以避掠美之嫌。

论文写作时间跨度近30年，篇幅长短不一，质量参差不齐，早年的几篇尤显稚拙。

编选本论文集时，主要考虑了三点：一是要反映本人的学术成长过程；二是要反映本人的学术志趣；三是所讨论的问题和提出的观点依然有现实意义。

为此，所选论文既有几篇是初入行时发表的习作，也有一篇是2015年参加第五届全国语汇学学术研讨会时才发表的论文。所选论文主要涉及汉语词汇学、文字学、辞书学和文献学等领域，讨论的问题基本是文字问题和词汇问题，近年的论文还特别关注了汉字和汉语词汇的结合研究，所以本论文集定名为《文字词汇探究》。有的篇目讨论的问题和提出的观点今天看来既不前沿，也不深刻，甚至当时所讨论的问题后来已经解决，但考虑到可能还会对相关学科的初学者有一定的帮助和启发，也就没有舍弃。当然，也有个别篇目的观点与当下的某些见解不一致，但本人经再三思考，总觉还算自圆其说，也就坚持了，但愿不被视为固执之表现。

根据内容，将所选论文大致分为上编、中编和下编三个部分，分别名之曰“理论篇”“应用篇”和“文献篇”。除《汉语异形成语琐谈》外，其他论文都曾在不同书刊公开发表过，因原刊体例不同，本次编选统一了体例。部分篇目做了个别文字修改，有的篇目还订正了原来的文字错误，补充了少许内容，但以不影响原论文的基本内容和格局为原则。

在本人的成长过程中，得到了不少师长的关爱与鼓励，也得到了很多学友的帮助和支持。在此，由衷地感谢他们！

一路走来，虽然不算懈怠，但至今尚未登堂，入室更是遥不可及。

人生在继续，学习在继续，写作也在继续。此生只能永远蜗行在追求学术的旅途上！

刘中富

2016年8月8日